Über dieses Buch

Die Eigenschaft, »die in den Bewegungen, der Haltung sichtbar wird, aber vor allem ein Fluidum ist«, Grazie, hat Otto Flake ebenso präzise zu beschreiben verstanden wie Galanterie, die »alles in allem den raschen mutigen Umsatz der Empfindungen und die Freude an der Bewegung, sowohl der körperlichen wie der geistigen« bedeutet. Seine besondere Gabe, Frauen zu verstehen und aus diesem Verstehen heraus zu schildern, gibt diesen historischen Porträts jenes gewisse Etwas, jenen ganz eigenen Charme, ohne daß die einzelnen Charaktere in ihrer Individualität verwischt werden. Nicht der äußere modische Prunk der Kleider und Perücken des Barock wird hier plastisch – vielmehr werden die geheimen und weniger geheimen Wünsche und Sehnsüchte dieser sechzehn großen Damen durch ihr Auftreten und ihre Intrigen offengelegt. Bedenkenlos erstreben sie den eigenen Vorteil, mischen sie sogar Gift, suchen sie das Abenteuer, nicht zuletzt im Erotischen.
Große Damen des Barock – die Nichten des Kardinals Mazarin, Liselotte von der Pfalz, Maria Beatrice, die letzte katholische Königin Englands – zu zeichnen, setzt ein tiefreichendes Interesse am Schicksal Einzelner voraus, die kraft ihrer Persönlichkeit ihr Leben selbst zu bestimmen, zu gestalten suchten und zum Teil auch wußten – Otto Flake war es wie keinem zweiten gegeben.

Der Autor

Am 29. Oktober 1880 wurde Otto Flake in Metz geboren. In Colmar besuchte er das Gymnasium, in Straßburg studierte er Germanistik, Philosophie und Kunstgeschichte und promovierte zum Dr. phil. In den folgenden Jahren unternahm er Reisen nach Rußland, England und Frankreich. Während des Ersten Weltkriegs war er in Brüssel, dann, 1918, ging er nach Zürich und schloß sich dem Dada-Kreis an. 1928 wurde er in Baden-Baden seßhaft, wo er am 10. November 1963 starb. Im Fischer Taschenbuch Verlag sind außerdem von Otto Flake die Autobiographie ›Es wird Abend. Bericht aus einem langen Leben‹ (Bd. 2272) und der Roman ›Hortense oder Die Rückkehr nach Baden-Baden‹ (Bd. 2271) erschienen.

Otto Flake

GROSSE DAMEN DES BAROCK

Historische Porträts

Fischer Taschenbuch Verlag

Fischer Taschenbuch Verlag
Februar 1981
Ungekürzte Ausgabe
Umschlagentwurf: Jan Buchholz / Reni Hinsch
Abbildung: Henriette von Orléans, von Peter Lely
The Goodwood Estate Co. Ltd., Goodwood
Fischer Taschenbuch Verlag GmbH, Frankfurt am Main

Gesamtherstellung: Hanseatische Druckanstalt GmbH, Hamburg
Printed in Germany
1080-ISBN-3-596-22273-7

INHALT

KARDINAL MAZARIN

1

Noch im neunzehnten Jahrhundert stritt man um die wichtigsten Lebensumstände des Italieners Mazarin, der das Werk des Franzosen Richelieu fortsetzte und, als er 1661 starb, einen so gefestigten Staat hinterließ, daß der junge König erklären konnte, er nehme keinen leitenden Minister mehr, er führe die Geschäfte selber.

Die Frage, ob Mazarin Sizilier oder Römer gewesen sei und ob er aus so niederen Verhältnissen, aus der Hefe des Volkes stamme, wie die Pamphletschreiber der Fronde behaupteten, ist einwandfrei geklärt. Das zweite Rätsel gab seine Zugehörigkeit zur Kirche auf. Zwar wurde er Kardinal, doch stand nicht fest, ob er auch nur den Grad eines Diakons bekleidet habe. Es hat Laienkardinäle gegeben, die mit Dispens aus dem heiligen Kollegium austraten, zum Beispiel wenn sie heiraten wollten. Man nimmt heute an, daß Mazarin die Priesterweihe tatsächlich empfangen hat.

Damit erledigt sich auch die dritte Frage, ob er mit Anna von Spanien, der Witwe Ludwigs XIII. und Mutter Ludwigs XIV., eine heimliche Ehe geschlossen habe. Als geweihter Priester konnte er das nicht tun.

Daß seine Beziehung zu Anna mehr als Freundschaft war, unterliegt keinem Zweifel. Wenn Briefe Beweiskraft haben, dann die, die zwischen diesen beiden Menschen gewechselt wurden, bis ins Alter, bis in den Tod. Auch wäre unverständlich, daß Anna als Regentin, der wildesten Gegnerschaft des Hochadels und der Gerichtsparlamente zum Trotz, einen Mann gehalten hätte, der Ausländer war.

Ein gewisser Pietro Mazarini in Palermo, nach den einen Hutmacher, nach den andern Knöpfmacher, also ein Handwerker, wurde zahlungsunfähig und ging nach Rom. Da er einige Bildung besaß, hoffte er sein Glück in einer Stadt zu machen, von der ein Sprichwort sagte, daß sie keinem Stiefmutter sei.

In der Tat, es gelang ihm, dort Fuß zu fassen, vermutlich mit Hilfe seines Bruders, der als Jesuitenprediger einen Namen hatte. Beim Konnetabel Colonna, der zu den reichsten Männern Italiens zählte, wurde er zuerst Kämmerer, dann Intendant. Der Konnetabel gab ihm ein Patenkind zur Frau, Ortensia Bufalini, die sich zum Stadtadel von Castello rechnete. Ihre Mutter ließ sogar einen Versband erscheinen und widmete ihn den Colonna.

Ein Bruder dieser Ortensia genoß die Einkünfte einer Abtei in Piscina. Hier gebar sie bei einem sommerlichen Besuch den Knaben Giulio, der es so weit bringen sollte. Es wird berichtet, daß er mit der Haube der Glückskinder auf die Welt kam. Die Taufnotiz vom 14. Juli 1602 hat sich erhalten. Mazarin war demnach Römer und stammte aus dem Mittelstand.

2

Nach dem Tode Ortensias ging der Vater Giulios eine neue Ehe ein, mit einer Dame, die den tönenden Namen Orsini führte. Er brachte seine Töchter aus erster Ehe gut unter. Die ältere heiratete einen gewissen Martinozzi, der als Majordomussohn selber Majordomus wurde, beim Neffen des Papstes, dem Kardinal Barberini. Die zweite Tochter verband sich mit dem römischen Baron Mancini.

Diesen beiden Ehen entsprangen außer einigen Neffen die sieben Nichten, die Kardinal Mazarin nach Paris kommen ließ, um aus Römerinnen in anständigen, aber doch bescheidenen Verhältnissen Prinzessinnen von königlichem Geblüt und Herzoginnen zu machen. Zwei der Nichten heirateten Fürsten, die zur Regierung gelangten, und die Tochter der einen wurde Königin von England. Eine Schar von Bürgermädchen drang in die große Welt ein und setzte sich darin fest. Unter dem Gesichtspunkt des äußeren Glanzes mißlang nicht einer dieser Aufstieg. Mazarin lächelte der Erfolg, er war in der Tat mit einer Glückshaube geboren worden.

Giulio ging bei den Jesuiten zur Schule und galt schon mit fünf Jahren als Wunderkind, da er die vernommenen Predigten auswendig nachzusprechen wußte. Mit siebzehn begleitete er in der Eigenschaft als Kämmerer den Sohn des

Konnetabel, Abbé Colonna, nach Spanien. In Rom hatte er sich mit dem Zeitlaster, dem Spiel, zu sehr abgegeben. Das Spielen war so verbreitet, daß man einen maître à piper zur Unterweisung in allen Betrügereien nehmen konnte, wie man einen Tanzmeister nahm.

Auch als Student in Alcala ließ Giulio nicht von den Würfeln und Karten. Eines Tages erkundigte sich ein Notar – im alten Spanien begegnet man immer Notaren – nach dem Grund für seine niedergeschlagene Miene. Er erwarte eine Summe aus Rom, der Kurier habe sich verspätet, erwiderte Giulio. Der Notar stellte sich ihm zur Verfügung. Giulio ging ins nächste Spielhaus, gewann und erstattete das Geld zurück, indem er erklärte, der Kurier sei eingetroffen.

Der Notar, von so viel Zuverlässigkeit entzückt, lud den jungen Mann, dem man aus Rom Geld schickte, in sein Haus, und Giulio verliebte sich in das Notarstöchterchen, von dem nicht berichtet wird, ob es Rosina hieß. Aber ohne die Erlaubnis des Abbé Colonna konnte nicht geheiratet werden, und der Abbé gebrauchte eine List. Er schickte den Kämmerer mit einer Depesche nach Rom und sagte, bei dieser Gelegenheit könne Giulio seine Familie vom Heiratsplan unterrichten. In Rom lachte der Konnetabel nur und befahl Giulio, wieder an die Studien zu gehn. So wurde Mazarin nicht Notar in Spanien, als der er schwerlich Weltgeschichte gemacht hätte.

3

Die Jesuiten hielten es für selbstverständlich, daß er die geistliche Laufbahn einschlage. Doch von einem Tag zum andern zog er das Gewand des Soldaten an. Die Offiziere Seiner Heiligkeit hatten reichlich Muße, die sie an die Künste, das allgemein geübte Versemachen, das Spiel und Liebschaften wandten. Aber es trat der Sonderfall ein, daß die päpstliche Garnison ausrückte. Der Hauptmann Mazarin marschierte ins Veltlin.

Viel zu kämpfen gab es nicht, desto mehr zu unterhandeln. Hier entdeckte Giulio sein wahres Talent, das des geborenen Diplomaten. Er verfaßte auch den Schlußbericht. Der Papst las ihn und fand Gefallen daran. Giulio gab das soldatische

Handwerk auf, vervollkommnete seine Kenntnisse in beiden Rechten und ließ sich mehreren päpstlichen Legaten bei ihren Missionen mitgeben.

So kam das Jahr 1628 heran. Frankreich, Spanien, Savoyen gerieten wegen der mantuanischen Erbschaft hart aneinander. Die Kurie, die zwischen Habsburg und Bourbon wählen mußte, entschied sich für Bourbon: das Feld, auf dem Mazarin fortan arbeiten konnte, war damit abgesteckt.

Vorerst begleitete er nur den Legaten, der zwischen den Kriegführenden vermitteln sollte. Die Pest war kein Hindernis für den geschmeidigen Mann. Er unterhandelte nach allen Seiten, berichtete bald dem Papst in Rom, bald hatte er in Saint-Jean-de-Luz Besprechungen mit dem Lenker Frankreichs, Richelieu. Damals also wurde Richelieu auf ihn aufmerksam. Mazarin leistete ihm einen Dienst, indem er nach Péronne ritt und das französische Lager vor einem Überfall der Spanier warnte.

Er wurde päpstlicher Kämmerer, auch Monsignore und legte das geistliche Gewand einschließlich der violetten Strümpfe an. Wenn er die Weihen empfing, dann jedenfalls in dieser Zeit. Er galt als gut aussehender, ja schöner Mann. Zwei Jahre lang hielt er sich, Vizelegat geworden, in Avignon auf, das päpstlich war, und 1634 ging er als außerordentlicher Nuntius nach Paris. Während der ganzen Aufstiegszeit wird ihn Richelieu begünstigt haben. Der Posten in Paris war der erste große Erfolg und der entscheidende Schritt. Der König schickte ihm eine Karosse zum Einzug entgegen, Mazarin selbst kam mit hundertzwanzig Kutschen.

Frankreich griff zu jener Zeit auf dem deutschen Kriegsschauplatz ein und setzte sich im Elsaß fest. Im Innern galt es, die eben niedergeworfenen Hugenotten zu überwachen. Nach zwei Jahren endete die Mission. Wiederum drei Jahre später nahm Mazarin seinen Abschied zu Rom und trat in französische Dienste über. Der König ernannte ihn zu seinem Gesandten für Italien mit dem Sitz in Paris. Der Kurie konnte nichts willkommener sein, als den gewiegten Mann mit den verbindlichen Formen beim Diktator Frankreichs zu wissen.

4

Ludwig XIII., der Sohn Heinrichs IV. und der Maria von Medici, liebte Richelieu nicht. Aber er begriff, was dieser eiserne Wille, der in einem ewig kranken Körper wohnte, für ihn bedeutete. Frankreich war noch nicht der Einheitsstaat, als der es in unsrer Vorstellung lebt. Die Großen, wenn auch zumeist schon nicht mehr souverän, wehrten sich durch Aufstände und Verschwörungen gegen das Ziel Richelieus, die Krone stark, die Magnaten schwach zu machen. Das Zeitalter, das bei den Deutschen der Dreißigjährige Krieg heißt, war auch bei den Franzosen alles andere als friedlich, ausgefüllt mit Bürgerkriegen, Geldnot, Gewalttat und Unsicherheit – zumindest in der ersten Hälfte.

Da Ludwig durch zwei Jahrzehnte von seinem Mannesrecht keinen Gebrauch machte, rechnete sein Bruder, Gaston von Orléans, damit, daß er selber noch den Thron besteigen werde. Ein Zufall, dem eine der Damen der Königin Anna nachhalf, führte zur Begegnung der Ehegatten. Als Anna, man schrieb 1638, mit einem Knaben niederkam, war das Erstaunen groß, es fehlte nicht an Getuschel. Diesem ersten Sohn, Ludwig, folgte 1640 der zweite, Philipp von Anjou, der zwanzig Jahre später, als Gaston gestorben war, den Titel eines Herzogs von Orléans und die Güter übernahm. Hinter großem Titel stand immer großer Besitz.

Die Bourbons waren mit Heinrich IV. zur Macht gekommen. Sie entsprangen wie ihre Vorgänger, die Valois, der zweiten französischen Dynastie, die auf die Karolinger folgte. Im System der Königsmacht bildeten den innersten und höchsten Kreis die Familien, die *du sang* waren, gleichviel ob sie einer legitimen Verbindung entstammten oder durch Anerkennung legitim gemacht wurden. Der Herzog von Vendôme zum Beispiel war ein Sohn Heinrichs IV. und der Gabrielle d'Estrée. Sein Sohn wiederum führte den Titel eines Herzogs von Mercœur.

Vom Onkel Heinrichs IV. stammten die Condés ab, die wichtigste Nebenlinie des Hauses Bourbon. Der Erbprinz nannte sich jeweils Herzog von Enghien. Eine Seitenlinie der Condés hieß Conti, eine andere Soissons. Sie alle standen im Zeitalter Richelieus auf Seite der Opposition. Mochte auch der Chef des Hauses Condé 1626 seinen Frieden mit dem

Minister schließen, so stellte doch sein Sohn, der Große Condé, der Fronde den General, als nämlich nach Beendigung des Dreißigjährigen Krieges die zweite Hälfte des Entscheidungskampfes zwischen Ständen und Krone ausgetragen wurde.

Richelieu verschaffte Mazarin den Kardinalshut und empfahl ihn dem König zum Nachfolger. Er starb im Dezember 1642. Wenige Monate später folgte ihm Ludwig XIII. ins Grab. Ludwig XIV. war noch keine sechs Jahre alt. Anna von Spanien führte die Geschäfte als Regentin und Mazarin als Minister. Die Umstände hatten die beiden, die fast gleichaltrig waren, in reiferen Jahren einander nähergebracht: sie führten sie vollends zusammen. Ausländer und verhaßt, konnte Mazarin sich auf die Dauer nur halten, wenn er in der Königin die Frau gewann.

Er wohnte im Hotel de Clèves und flüchtete in den Louvre, als gleich im ersten Jahr ein jüngerer Vendôme, der Herzog von Beaufort, eine Verschwörung gegen ihn anzettelte. Anna zog gerade ins Palais-Cardinal um, das Richelieu der Krone vermacht hatte und das nun Palais-Royal hieß. Sie bot Mazarin darin eine Wohnung an, der Geschosse waren viele. Die Tatsache, daß man nun unter einem Dach hauste, bedeutete noch nicht Intimität, war ihr aber förderlich.

5

Gouvernante des Thronfolgers war die Marquise von Sénacé, geborene La Rochefoucauld – eine Herkunft, die sie mit ungeheurer Genugtuung erfüllte. Sie lehrte ihren Zögling, das Andenken Richelieus zu hassen. Mazarin griff ein und ließ sich die Oberaufsicht über die Erziehung geben. Fortan ging er bei Anna aus und ein. Das übrige taten die langen Abende, die er bei ihr verbrachte, teils mit der Besprechung der laufenden Geschäfte, teils mit Unterhaltungen, Vorlesen, Musik und Spiel – auf alle diese Dinge verstand er sich bestens.

Anna liebte die Romane, die ausschließlich von Gefühlen handelten, er Verse und italienische Novellen, in denen es weitaus deutlicher als bei den Geschichten von Asträa und Kleopatra zuging. In Statuen und Bildern war er Kenner, in

Büchern auch, und Feingeistigkeit hatte einen hohen Rang, um nicht zu sagen den höchsten, wenn sie mit Gewandtheit, Eleganz und den Manieren eines Mannes von Welt vorgeführt wurde.

Der Weltmann Mazarin trug das Käppchen der Eminenzen auf einem runden Kopf, über einer bedeutenden Stirn. Selbst seine Feinde – selten hat ein Mann gehässigere gehabt – erkennen in ihren Memoiren das Feuer der klaren Augen, die Frische der Haut und die verführerische Schwärze des Bartes auf Kinn und Oberlippe an. Auch daß er nicht den Hochmut der Kardinäle zur Schau trug, sondern durch Höflichkeit und verbindliches Wesen zu gewinnen wußte, kann man bei ihnen nachlesen.

Nichts an seiner Art war rauh, alles war geschmeidig. Seine Gedanken mochten nicht tief sein, dafür durchdrangen sie die Dinge. Wie ein Fechter stieß er nach, wenn er sich ausgelegt hatte. Man machte ihm nichts vor, er fühlte sich überlegen und besaß kühle, kluge Würde. Immerhin war er ein so bedeutender Mann, daß er auch ein einsamer war. Die Angehörigen weilten im fernen Rom.

Wenn er die Statuen zeigte, die man ihm von dort schickte, fügte er gern hinzu, das seien die einzigen italienischen Verwandtschaften, die er um sich haben wolle. Familienglück? Ihm genüge, seine Gefühle dem Wohl der Königinmutter und aller, die ihr dienten, darzubringen. In Wahrheit dachte er als echter Italiener gewiß schon früh an all die Nichten und Neffen, die in Rom heranwuchsen. Aber es war noch nicht ratsam, mit den übrigen Vorwürfen den des Nepotismus auf sich zu nehmen.

Der Hofstaat, die Stadt, der Adel begannen unruhig zu werden, als sie sahn, daß die Königin und der Minister unter demselben Dach so vertraut lebten wie ein Paar, das sich nach den Stürmen draußen gefunden hat und weiß, wie man dem kurzen Dasein das Angenehme abgewinnen kann. Zu Münster in Westfalen saßen unterdessen seine Unterhändler die Jahre hindurch am Verhandlungstisch und zogen den Abschluß hinaus, um die Stellung auf dem Schachbrett zu verbessern, durch Einfälle in Bayern und Verheerungen an Donau oder Rhein. In Spanien unterstützten die beiden am Kamin den Abfall Kataloniens, in Neapel den Aufstand gegen den spanischen Vizekönig. Wilde Nachrichten kamen von den Schreckenstagen zu Neapel, wo der Fischer Masoniello die Macht genoß.

Fräulein von Hautefort war unter den Damen der Königin die erste, die es wagte, auf das Gerede hinzuweisen. Sie fiel in Ungnade. Der erste Kammerdiener des jungen Königs mußte aus demselben Grund den Hof verlassen. Gegen die vielen Kirchgänge Annas, die unaufhörlichen Besuche in Klöstern konnte der Kardinal nichts tun. Er begnügte sich, zu notieren, daß die Zeit, die diese Ausgänge kosteten, die Regentin von ihm fernhalte und daß sie ebensogut daheim in der Kapelle beten könne.

Es gab noch andere Versuche, auf Anna einzuwirken, aber Mazarin hatte nun Fuß gefaßt. Er baute sein eigenes Palais, das zuletzt sieben Höfe umfaßte und die Sammlungen in Galerien aufnahm. Es entsprach den Palästen, die Mazarin in Rom bei den Colonna und Barberini gesehn hatte. Den Grundstock seines Vermögens bildeten die Einkünfte aus sechzig Abteien und dem Erzbistum Reims.

6

Er hatte einen Bruder, der Jakobiner in Rom war. Innozenz X. machte auf sein Verlangen diesen Mönch zum Bischof von Aix, zum Kardinal aber erst, als Mazarin die in Italien stehenden Truppen Orbitello belagern ließ. Der neue Kardinal unterschied sich sehr vom Bruder, er war jähzornig und brutal. Mazarin schickte ihn, um seiner ledig zu sein, als Vizekönig nach Katalonien. Die Herrlichkeit dauerte nicht lange, da der Vizekönig ›ex immodica venere‹ starb.

Dieser erste Versuch, mit dem Bettelmönch, war mißglückt, was Mazarin in den burlesken Versen der Gegner genugsam zu hören bekam. Den zweiten machte er mit dem jungen Nachwuchs seiner Schwestern Mancini und Martinozzi. Als ob es sich um Prinzessinnen gehandelt hätte, erschien Frau von Nailles in Rom, um die Nichten abzuholen. Es war auch ein Neffe dabei, Paolo Mancini. Die Mädchen hießen Laura Mancini, Olympia Mancini und Anna Maria Martinozzi. Laura, die älteste, zählte zwölf oder dreizehn Jahre, Olympia erst sieben.

Gleich am Abend der Ankunft in Paris wurden die Kinder

der Königin Anna vorgestellt und für hübsch befunden. Eine der Mazarinaden, der Schmähschriften, freilich reimte:

Elles ont les yeux d'un hibou,
L'écorce blanche comme un chou,
Les sourcils d'une âme damnée,
Et le teint d'une cheminée.

Eulenaugen, Brauen so dick wie die einer verworfenen Seele und die Haut dunkel wie ein Kamin – die Moritat kennt kein Erbarmen. Dabei war Anna Maria sogar blond. Als die Mädchen am zweiten Tag wieder zur Königin kamen, wurden sie dem Hofstaat vorgestellt. Der Marschall von Villeroy flüsterte dem Herzog von Orléans prophetisch ins Ohr: »Kleine Fräuleins, die nichts haben und alles haben werden, Schlösser, Renten, Diamanten und Silbergeschirr.«

Man war sprachlos, als die Königin anordnete, daß die Kinder der Herren Mancini und Martinozzi bei ihr im Palais-Royal wohnen und zusammen mit dem König erzogen werden sollten. Das ist der stärkste Beweis für die engen Beziehungen, die zwischen Anna und Mazarin bestanden. Der junge Ludwig kam so immerhin zu Gespielinnen. Man machte Verse auf die Heringsmädchen aus Rom, das arme königliche Blut und die schamlose Sénecé, die sich zu diesem Greuel hergab.

Paolo Mancini kam nicht ins Palais-Royal, sondern zu den Jesuiten ins Collège, wo er das Zimmer mit dem Prinzen Conti teilte. Aus ihm wollte der Kardinal seinen Erben machen, und eines Tages war sogar der Große Condé bereit, ihn mit seiner Nichte, einer Retz, zu verloben. Paolo wurde ein tapferer Soldat, und Mazarin sah ihn schon an der Spitze der Armee, als der junge Mann in den Straßenkämpfen der Fronde sein Leben verlor – ein Vorfall, der eine Flut von höhnischen Flugblättern erzeugte.

Mazarin ließ danach den zweiten Neffen aus Rom kommen, und 1655 noch den dritten. Dieser dritte erlitt schon mit zwölf Jahren den Tod. Beim Spiel stürzte er aus der Decke, mit der man ihn hochwarf, und brach das Genick. Zwar blieb dem Kardinal der zweite Neffe, aber er fand keinen Gefallen an ihm und erkannte, daß das Glück ihm nur lächelte, wenn er sich auf Frauen beschränkte.

Der Friede von Münster bestimmte, daß Frankreich im Elsaß in die Rechte sei es des Hauses Habsburg, sei es des Kaisers eintrete. Der Kriegszustand mit Spanien hingegen wurde im Westfälischen Frieden nicht beendet. Er dauerte bis 1659 an.

In den letzten Jahren vor 1648, seit der Ministerschaft Mazarins, hatte der innere Zwist nur geschwelt. Condé und Turenne weilten auf den Kriegsschauplätzen. Als aber Condé nach dem Sieg von Lens im Spätsommer 1648 aus Flandern zurückkehrte, fand er das Parlament, die Stadt Paris, den Koadjutor des Erzbischofs und die großen Damen in hellem Aufruhr gegen den Kardinal. Die Damen hatten in Frankreich immer etwas zu sagen gehabt. Jetzt steckten sie mit dem Koadjutor Gondi, dem späteren Kardinal Retz, zusammen. Er beeinflußte sie im Salon und von der Kanzel. Dieser Katilinarier, der über die reichen Stiftungen des Erzbistums gebot, hatte überdies die ärmere Bevölkerung an der Hand.

Auf Richelieu ging das System der Steuerpächter zurück, bürgerlicher Intendanten, die beispielsweise vier Millionen bar im voraus zahlten und dafür sechs erhoben. An die Spitze stellte Mazarin den Italiener Émery, der eine Menge neuer Ämter erfand und verkaufte. In Paris belegte er Häuser, die entgegen einem alten Verbot jenseits einer gewissen Linie gebaut worden waren, mit schweren Abgaben. Die Sturmglocken läuteten jedes Jahr über Eintreibungstumulten.

Um die Großen in Ruhe zu halten, verlieh ihnen Mazarin Statthalterschaften; aber mit den souveränen Gerichtshöfen, den Parlamenten, wurde er nicht fertig. Trotzdem er Präsidenten und Räte verhaftete, ging der Einspruch dieser Höfe weiter. Ihre Macht beruhte darauf, daß alle Gesetze, um gültig zu sein, von ihnen eingetragen werden mußten.

Im Jahre 1645 eröffnete der siebenjährige König eine Parlamentssitzung und verlangte mit drohender Miene, die man ihm einstudiert hatte, die Eintragung von anderthalb Dutzend Verordnungen, die alle das liebe Geld betrafen. Im nächsten Jahr spitzten sich die Verhältnisse zu, als Émery die in Paris eingeführten Waren mit einem Oktroi belegte.

Nach dem Sieg von Lens rief der Hof Condé zur Hilfe und ließ zugleich den Rat Broussel verhaften. Unter dem Ruf ›Broussel, Broussel‹ ging das Volk gegen die Truppen vor und erzwang die Freilassung der Gefangenen. Diese Lage fand Condé vor. Als Magnat haßte er das Parlament, in der gleichen Eigenschaft aber auch den Vertreter der autoritären Krone, Mazarin.

Vorerst führte er die Truppen gegen das Parlament, das im Jahre 1649 Mazarin als Feind des Vaterlandes ächtete und gemeinsame Sache mit einer Reihe Großer machte. Anna und Mazarin hatten die Stadt mit Saint-Germain vertauscht, wie überhaupt den Erfahrungen dieser Zeit der Gedanke entsprang, den Hof der Neugierde, dem Gerede und der Unberechenbarkeit der Pariser Bevölkerung zu entziehn, indem man draußen Schlösser baute.

Die belagerte Stadt und Mazarin schlossen den Frieden von Rueil. Damit endete der erste Abschnitt des Aufstandes der Fronde. Aber die Erbitterung fraß sich weiter. Mazarin kaufte den Herzog von Orléans und den Koadjutor. Als Condé, Conti und Longueville sich zu einer Besprechung ins Palais-Royal begaben, wurden sie verhaftet. Turenne ging nun zu den Spaniern nach Flandern und fiel in die Champagne ein. Retz wechselte wieder zur Fronde und zog Gaston von Orléans mit. Alle, Stadt, Parlament, Magnaten, verlangten von Anna die Entfernung des Italieners. Anna mußte jene drei Prinzen freilassen, und Mazarin entwich nach Lüttich. Anna in Paris war nicht viel mehr als eine Gefangene in diesem Jahr 1651.

Das Parlament war vorläufig einig mit Condé, obwohl dieser durch sein hochfahrendes, rauhes Auftreten die Sympathien verlor. Es strengte gegen Mazarin einen Prozeß wegen Veruntreuung an und setzte einen Preis auf seinen Kopf. Das Palais des Kardinals wurde beschlagnahmt; die Bibliothek, die Kunstgegenstände wurden Stück für Stück verkauft.

8

Mazarin hatte seine Nichten, nach denen man ebenfalls fahndete, in Sicherheit gebracht. Zuletzt fand er in Brühl beim Erzbischof von Köln, der auch in Stift Lüttich regierte, eine Zuflucht. Von hier aus brachte er die Revolte in Frankreich zum Fall, eine erstaunliche Leistung, zu der seine

Zähigkeit, sein Geschick, seine Ruhe und Überlegenheit nötig waren. Er wartete aus der Ferne die Zersetzung ab und half energisch nach. Auf das Soldatische verstand er sich auch, so sehr er ein Mann der Frauen sein mochte; er warb ein Heer. Mit Anna stand er in dauernder Verbindung, Meister aller Schliche.

Den Koadjutor gewann er durch das Versprechen, ihn zum Kardinal zu machen. Condé verdarb sich durch seine Schroffheit alles, er wurde ein verhaßter Mann. Auch beleidigte er den jungen König, der im September 1651 mit dem vierzehnten Jahr seine Mündigkeit erlangen sollte. Dieser Termin war der Trumpf, den Mazarin und Anna bereithielten. Was immer fortan Anna, von Mazarin beraten, verordnete, galt als Wille des Herrschers selbst.

Hier zeigt sich der Erfolg der Arbeit Richelieus: nicht das Königtum und nicht die Dynastie standen in Frage, nur die Beschränkungen der Vorrechte der Stände. Ludwig XIV. wußte königlich aufzutreten und war beliebt. Wer in dem ungeheueren Wirrwarr denken konnte, sah nur noch einen Ausweg, die Führung durch den neuen Souverän. Es ging nicht an, daß Condé sich mit dem spanischen Erbfeind verbündete.

Bereits einen Monat nach der Mündigkeit Ludwigs rückte ein königliches Heer gegen Condé ins Feld. Als Condé erkannte, daß er die Meinung des Landes gegen sich hatte, bot er Anna an, die Rückkehr Mazarins zu ermöglichen. Mazarin lehnte ab; er vereinigte sich bereits mit den Truppen des Königs bei Sedan.

Das Parlament mußte einerseits auf Verlangen Ludwigs den Landesverräter Condé ächten, andererseits erneuerte es die Ächtung Mazarins: ein Widerspruch und ein Zeichen, daß die Zügel ihm entglitten. Den Befehl über die Truppen Ludwigs und die grünen Schärpen Mazarins führte Turenne, der sich ausgesöhnt hatte.

Im Februar 1652 stieß Mazarin zum Hof, der in Poitiers residierte. Condé schloß zwar Paris ein, wo die Tochter Gastons, die Grande Mademoiselle, sich in die Bastille warf. Aber Turenne drang in die Vorstädte ein, und Condé wurde nur dadurch gerettet, daß die Amazone in jener Trutzburg die Kanonen auf die Königlichen richtete. Ludwig verzieh es ihr nie.

Das Schlußkapitel hob an. Der König rief das Parlament nach Pontoise. Fanden sich auch nur wenige Räte ein, so gab es nun doch zwei Parlamente, und auf das alte fiel das Odium des Aufruhrs. Paris, wo man Condés überdrüssig war, wollte Frieden mit dem König. Völlig anders als in England verlief diese Entwicklung, da der religiöse Gegensatz fehlte: Verdienst Richelieus, der die Macht der Hugenotten gebrochen hatte.

Die Stadt Mantes vermittelte. Der Vorschlag wurde angenommen, der Rat der Gemeinde Paris umbesetzt. Der neue Rat begab sich nach Pontoise, und Ludwig gewann die Kaufleute durch seine Höflichkeit. Am 14. Oktober floh Condé zu den Spaniern, am 21. zogen Anna und Ludwig ein. Mazarin, der noch in Sedan blieb, riet Anna, keine Rache zu nehmen. Anna gehorchte; nur ein paar Marktweiber, die sie beschimpft hatten, ließ sie sich nicht abhandeln.

Orléans wurde verbannt. Von seiner Tochter hieß es, sie habe sich mit den Kanonen der Bastille den Bräutigam, nämlich den jungen König, erschossen. Mazarin erklärte, er werde nicht nach Paris zurückkehren, solange der Kardinal von Retz dort sei. Anna wiegte den gefährlichen Mann in Sicherheit, indem sie ihn freundlich behandelte und einer seiner Predigten beiwohnte. Er machte ihr seinen Besuch, und als er heimkehren wollte, verhaftete man ihn; er kam nach Nantes. Später floh er und lebte bis zum Tode Mazarins in der Verbannung. Es hatte zur Folge, daß aus dem Koadjutor nie ein Erzbischof wurde.

Wie mit einem Zauberschlag brach ein Aufstand ab, der leicht zur Revolution hätte werden können. Ein neues Zeitalter war geboren, die Sonne des Königs ging auf. Kein Großer bedrohte mehr die Stellung des absoluten Monarchen. Er verordnete, und die Parlamente trugen es ein.

9

Im Februar 1653 sah Mazarin Paris wieder. Ludwig fuhr ihm entgegen, stieg aus und bat ihn, in seiner, des Königs Kutsche, den Einzug zu halten. Die Parlamentsräte, die einen Preis auf den Kopf des Kardinals gesetzt hatten, wetteiferten in Besuchen. Die Verfasser der Mazarinaden wurden reimende Chronisten der regierungstreuen Richtung. Fern waren die Zeiten, wo man dem Volk den Pakt zeigte, den Mazarin anno 32 zu Rom mit dem Teufel geschlossen hatte.

Sein Palais freilich fand er leer und wüst. Er siedelte wie Anna in den Louvre über, nahm eine Wohnung über der des Königs und begann von neuem zu sammeln. Überall waren seine Agenten tätig. In London ließ das Parlament die Galerie des enthaupteten Königs Karl verkaufen. Sie stammte vom Herzog von Modena. Durch einen Deutschen, Jabach, der es in Paris zu einem Bankhaus gebracht hatte, erwarb Mazarin die Mehrzahl der Gemälde, darunter Meisterwerke, die heute im Louvre hängen. Als er starb, umfaßten die Sammlungen 546 Originalbilder und gegen 400 Statuen oder Büsten der Antike.

Die Bibliothek, die von Anfang an jedermann offenstand, erlangte wieder den ersten Rang unter ihresgleichen. Mazarin war auch ein leidenschaftlicher Liebhaber von Diamanten und Affen. Der König schenkte ihm nach dem Abschluß des Pyrenäenfriedens im Oberelsaß eine Herrschaft von großen Ausmaßen, Pfirt, Altkirch, Thann und mehr. Im gleichen Jahre 1659 erwarb der Kardinal durch Kauf vom Herzog von Mantua die Herzogtümer Nevers und Mayenne, die zum französischen Besitz der Gonzaga gehörten, und nannte sich danach Herzog von Mayenne.

Sein Reichtum war so groß, daß er, als Ludwig XIV. heiratete, der neuen Königin Edelsteine im Wert von 1 200 000 Livres, ein Service aus reinem Gold und zwei Kaleschen schenkte: die eine war mit sechs moskowitischen, die andere mit sechs indischen Pferden bespannt. Einmal veranstaltete er für den Hof eine Lotterie, die Gewinne hatten eine halbe Million gekostet. Nur noch Fouquet, den er zum Oberintendanten machte, erwarb ein Vermögen von gleichem Umfang, sah sich aber nach dem Tod des Gönners enteignet und zu lebenslänglichem Gefängnis verurteilt.

Es ist nicht leicht, ein Bild von einer so weit zurückliegenden Zeit zu gewinnen. Der Luxus hatte einen Hintergrund, von dem er sich grell abhebt, das Elend, in den die Jahre der Fronde das Land stürzten. Es gab Provinzen, die so gründlich verwüstet waren wie die deutschen Gegenden im Dreißigjährigen Krieg. Die Chroniken sind gefüllt mit den Greueln, die von der Soldateska an Bauern, Frauen, Nonnen, Kindern begangen wurden. Callot lebte zwar schon nicht mehr, aber seine Zeichnungen aus der Zeit Richelieus passen auch auf die der Fronde, die eine Anarchie war. Was die Irländer und die deutschen Söldner Erlachs übrigließen, erledigten die einheimischen Banden der Parteiführer.

1653 ließ Mazarin nochmals drei Nichten und einen Neffen aus Rom kommen, nämlich Laura Martinozzi, Maria Mancini, Ortensia Mancini und Philippo Mancini. Als letzte folgten Maria Anna und Alfonso Mancini nach. Wir haben uns also mit sieben Nichten und dem überlebenden der drei Neffen, Philippo, zu befassen.

Die drei ersten Nichten bilden eine Gruppe für sich: kurzes Leben, fromme Gesinnung, wenig Skandale. Bei der zweiten Gruppe, die ebenfalls drei Damen umfaßt, begegnen wir langem Leben, Weltlichkeit und Skandalsucht. Nur die Herzogin von Bouillon konnte bis ins hohe Alter ihre Stellung behaupten.

DIE SIEBEN NICHTEN MAZARINS

I

LAURA MANCINI

Herzogin von Mercœur

Laura war das älteste der Mancinimädchen und, als sie 1647 nach Paris kam, ungefähr dreizehn Jahre alt. Frau von Motteville, deren Memoiren zu den wichtigsten der Gattung gehören, merkte damals an: »Une agréable brune qui avoit le visage beau.« Laura versprach schon in diesem Übergangsalter, eine Schönheit zu werden. Sie wuchs unter den Augen der Königin Anna im Palais-Royal auf. Der märchenhafte Wechsel der Lebensumstände und Aussichten betäubte sie nicht.

Mazarin wollte das Glück seiner Nichten und benutzte sie zugleich als Mittel der Politik. Sie sollten helfen, die großen Familien mit ihm, dem Ausländer und Emporkömmling, auszusöhnen. Durch diese Mädchen gelangte er als Ahnherr in die Stammbäume, setzte sich sein Name fort.

Als er 1651 nach Lüttich fliehen mußte, war Laura dem Herzog von Mercœur versprochen. Er hatte den nicht mehr jungen Mann ausgewählt, nicht weil er einen sanftmütigen Charakter besaß, sondern weil er der Enkel Heinrichs IV. und der Sohn des Herzogs von Vendôme war.

Der Vater hatte sein halbes Leben in Verbannungen und Gefangenschaften zugebracht. Das Blut des Sohnes kannte die Unruhe nicht mehr. Man rühmte seine Frömmigkeit, und auch Laura war fromm. So kamen, ohne daß es ein Verdienst des Kardinals gewesen wäre, zwei Menschen zusammen, die sich zu verstehn schienen. Aber in jenem Jahre 1651 stand es um den Kardinal nicht gut. Er war vogelfrei, und das Parlament verhängte die Ausweisung für ewige Zeiten über ihn.

Unter diesen Umständen hätten sich die meisten eines andern besonnen. Der Herzog von Mercœur, der schon neununddreißig Jahre alt war, bewies seinen zuverlässigen Charakter, reiste allen Verboten zum Trotz nach Brühl und unterschrieb den Ehevertrag. Ein paar Jahre später wurde der Vertrag in Paris feierlich erneuert, in Anwesenheit Annas und Ludwigs. Mazarin zahlte Laura die Mitgift in klingenden Dukaten aus, und Ludwig fügte aus seiner Schatulle hunderttausend Livres hinzu.

Sobald das Brühler Ereignis bekannt wurde, lud Condé Mercœur als Pair vor die Kammern, damit er sich verteidige. Mercœur habe gleich Jean Doucet, tölpelhaft, dagestanden, fanden die Spötter. Aber schließlich lief auch ihm die Galle über. Er sagte Monsieur le Prince und Monsieur schlechthin, dem Herzog von Orléans, einige Wahrheiten, die ihren Eindruck nicht verfehlten. Das Parlament begnügte sich, seiner Frau den französischen Boden zu verbieten.

Dann kam der Tag, an dem die Herren von der Robe Mazarin so eifrig wie die vom Degen umschwärmten und die Vendômes erkannten, daß sie ein gutes Geschäft gemacht hatten. Cäsar, der Vater Mercœurs, erhielt die Statthalterschaft der Bretagne und die Leitung der Admiralität. Der neue Neffe des Kardinals wurde Statthalter der Provence, wo er sich auch kriegerische Lorbeeren erwarb, durch die Befriedung der Städte, die zu Condé übergegangen waren. Danach befehligte er noch eine Armee in Italien. Zart und furchtsam, bewies er doch Tapferkeit.

Während er im Felde lag, führte Laura das Leben einer frommen Frau, teils am Hof der Königin, teils in Anet, der Residenz der Vendômes. Sogar die Schwiegermutter war ihr zugetan. Die beiden Frauen trafen sich in der Mildtätigkeit. Christine von Schweden, die nach der Abdankung in der Welt umhergeisterte, machte sich über die Bemühungen des Chevalier von Gramont lustig. Bei einer Frau wie der Herzogin von Mercœur hatte man keine Aussichten.

Wenn Laura, was selten geschah, an den Ballettaufführungen teilnahm, die der junge König so liebte, sah sie sich immer aufgefordert, den Tanz mit ihm zu eröffnen. Einmal, als die aus England vertriebene Königin, Ludwigs Tante Henriette, mit ihrem Töchterchen anwesend war, wandte er sich wieder zuerst an Laura. Seine Mutter sprang aus ihrem Sessel auf und zog ihn zurück, indem sie ihm zu verstehn gab, daß er seine Kusine vernachlässige. Henriette erklärte, um die Situation zu retten, die Prinzessin habe einen schlimmen Fuß. Wenn die Prinzessin nicht tanze, werde auch der König

LOUISE VON LA VALLIÈRE

darauf verzichten, erwiderte Anna, und die Prinzessin von England tanzte nun.

Unter vier Augen schalt Anna später den Sohn aus. Er liebe kleine Mädchen nicht, entgegnete er. Diese im übrigen durchaus normale Abneigung war so ausgeprägt, daß die vielen Mädchen, die um Ludwig XIV. waren, dem Knaben nicht schadeten. Sein erstes Erlebnis hatte er mit einer sehr reifen Dame.

In ihrem dritten Wochenbett, 1657, verlor Laura zuerst den Gebrauch der Glieder, dann die Stimme, zuletzt das Leben. Das Kindbettfieber forderte Opfer ohne Zahl. Bis ins neunzehnte Jahrhundert begegnet man in den Lebensbeschreibungen immer wieder dem Umstand, daß die Männer zwei-, dreimal und öfter heirateten, insbesondere die fürstlichen in ihrer alles bestimmenden Angst um ausreichende Nachkommenschaft.

Der einzige Fehler der Herzogin von Mercœur, bemerkt Frau von Motteville, habe darin bestanden, daß ihre Taille etwas zu gedrungen gewesen sei. »Aber da das ein Nachteil ist, der sich im Bett nicht bemerkbar macht, habe ich mir von denen, die sie darin sahn, erzählen lassen, daß sie in diesem Zustand als die schönste Frau der Welt gelten könne.«

Die Ärzte quälten die Sterbende grausam mit den Schröpfköpfen. Da sie nicht mehr sprechen konnte, lächelte sie den vielen Umstehenden zu. Denn man starb, wie man geboren wurde, in einer Öffentlichkeit, die um so größer war, je höher einer stand.

Der Herzog schloß sich nach dem Tode seiner Frau in einer Klosterzelle ein. Dann wurde er Priester. Er starb 1669 als Kardinal und Legat des Heiligen Stuhles am französischen Hof.

Laura hinterließ drei Söhne. Der Marschall von Vendôme wurde Feldherr im Spanischen Erbfolgekrieg, der Großprior von Vendôme spielte eine gewisse Rolle. Beider Lebensführung verriet nichts davon, daß sie von dem sanften Mercœur und der frommen Laura abstammten. Die Unrast des Blutes hatte im Vater eine Generation übersprungen; beim Marschall nahm sie mephistohafte Züge an. Ein Zyniker von hohen Graden, fiel er kurz vor der Régence und hätte bestens in sie gepaßt.

II

ANNA MARIA MARTINOZZI

Prinzessin von Conti

1

Als Anna Maria mit zehn Jahren nach Paris kam, stach sie durch ihr Blond von den beiden andern Mädchen der ersten Sendung ab und zum mindesten von Olympia durch das Versprechen, eine Schönheit zu werden. Man nannte sie »la merveille aux cheveux blonds«, das Wunder mit den blonden Locken.

Es fand sich ein ebenso schöner, ebenso blonder junger Mann, der selbstverständlich auch den Bedingungen Mazarins entsprach. Der Herzog von Candale war der Erbsohn des Hauses Épernon.

Die Épernons wurden in den Zeiten Heinrichs IV. viel erwähnt. Der erste Herzog dieses Namens heiratete eine Bastardtochter des immerfrischen und galanten Königs. Maria Medici fand, als ihre Witwenzeit kam, in ihm den Beschützer. Er war einer dieser Großen, die nach Statthalterschaften dürsteten, nach Provinzen, wo sie so gut wie unabhängig regierten und sich noch für souverän halten konnten.

Candale hatte nichts dagegen, der Neffe des Kardinals zu werden, vorausgesetzt, daß man ihm noch ein paar Jahre ließ, um seine Freiheit zu genießen. Es eilte nicht, Maria Anna war noch sehr jung, und was ihn selbst betraf, so nannten ihn so viele Damen einen charmanten Burschen, daß es ungalant gewesen wäre, ihre gute Meinung nicht zu verdienen.

Die Liebe und das Lieben besaßen noch eine Bedeutung, einen Lebenswert, wie später niemals wieder. An Leichtfertigkeit und Genußsucht hat es auch den folgenden Jahrhunderten nicht gefehlt, wohl aber an der Frische, am Ungestüm, an der Gleichordnung von Liebe und Tat. Wenn man nicht im Felde Festungen belagerte und Attacken ritt, setzte man dieselbe Unbekümmertheit im Salon und im Alkoven fort. Es stand noch sozusagen eine Idee dahinter.

Dem Mann des technischen und arbeitenden Zeitalters ist die Quelle versiegt, er hat kein unmittelbares Verhältnis mehr zur Frau. Die Maschine, das Büro, die Wissenschaft, die Fabrik, das Amt, und wie seine Götter sonst heißen, kurzum der Beruf und die Nüchternheit sind ihm verständlicher als sie. Wenn er auch eine Ehe führt, so weiß er doch in seiner Bürgerlichkeit vom Eros nur noch durchs Hörensagen; im Film schaut er gelieferte Märchen von der Liebe an. Er würde sich als minderwertig vorkommen, wenn man von ihm behaupten wollte, daß er ein Don Juan sei, ein Opernheld, der die ach so wichtige Zeit mit unernsthaften Dingen vertut, statt sich durch Arbeit voranzubringen.

In der Gesellschaftsschicht, die damals führte, brauchte man sich nicht voranzubringen, zum mindesten nicht durch Tugenden, die der dritte und vierte Stand entwickelt haben. Ein junger Mann wie Candale sah sich dank der bloßen Tatsache, daß er Herzog war, früh an die Spitze einer Armee des Königs gestellt, womit die Frage des Berufes erledigt war.

Die neutralen Beschäftigungen fehlten, vor allem Sport und Reisen. Hotel und Restaurant waren unbekannt, Tafeln und Ins-Theater-Gehn Angelegenheiten im kleinen, geschlossenen Kreise. Ein paar gesellschaftliche Vorwände führten immer wieder dieselben Menschen zusammen, und man würde sich zu Tode gelangweilt haben, wenn nicht die Liebe für Spannung, Abwechslung und Erregung gesorgt hätte. Nichts lenkte von der Frau ab, alles führte zu ihr hin. Man heiratete nicht aus Neigung; Romantik und Ernst, Spiel und Leidenschaft waren meist den erwachsenen und das heißt den verheirateten Frauen vorbehalten.

2

Anna Maria, die bei der Rückkehr Mazarins nach Paris fünfzehn oder sechzehn Jahre alt war, wartete auf den Tag, an dem es ihrem Verlobten gefalle, die Heirat festzusetzen. Er richtete Verwüstungen unter den Damen an, die durch die Ehe ihre Freiheit erlangt hatten, und er tat es lachend, charmant. Undenkbar, daß er wie noch der Vater seine Frau in der Öffentlichkeit geschlagen und einen Erzbischof in der Kirche geohrfeigt hätte.

Herr Bartet, ein Agent des Kardinals, ließ sich zu der

Bemerkung hinreißen, wenn man dem schönen Candale die langen Locken, die langen Manschetten und die langen Rüschen wegnähme, sei er »auch nicht mehr als ein andrer Mann«. Zur Strafe wurde Bartets Kutsche am hellen Tage beim Louvre angehalten. Pistolen richteten sich auf ihn, und er mußte dulden, daß man ihm mit einer Schere die Hälfte des Schnurrbarts, des Haupthaars, der Manschetten und des Mantels abschnitt. Ein Spottlied unterrichtete die Stadt, der Sieur Bartet werde sechs Monate brauchen, um »wie ein andrer Mann« auszusehn.

Bartet wartete, bis Candale sein Hotel verließ, dann brachen zweihundert Geworbene ein und verwüsteten es gründlich. In einem Spottlied, das Bartet selbst machte, erklärte er, daß er sich »wie ein anderer Mann« räche. Aber sehr geistvoll war das nicht, und der Richter wies seine Klage ab. Bartet mußte den Hof verlassen, wenn Candale nach Paris kam.

Candale nahm sich noch immer Zeit, ein Ehemann zu werden. Aber da war nun Armand von Conti, Hoheit und Prinz, 1629 geboren, der jüngere Bruder des Großen Condé, aus legitimem bourbonischen Blut. Die Teilnahme an der Fronde hatte er, wie wir sahn, durch eine Haft von mehr als einem Jahr gebüßt. Sein Gesicht mit den langen Locken war einprägsam, die Gestalt jedoch klein; ein Buckel verunzierte sie. Aus diesem Grund sollte er die geistliche Laufbahn einschlagen, ganz wie später sein Vetter, der berühmte Prinz Eugen.

Conti hatte trotz seiner Jugend eine wüste Vergangenheit, an allen Greueln des Bürgerkrieges sich mitschuldig gemacht. Wenn man den Memoiren des Kardinals von Retz glauben will, war er eine Null, zugegeben von königlichem Geblüt, aber eine Null. Das Böse in ihm überflutete alle andern Eigenschaften, die im übrigen auch nur mittelmäßig und von der Schwäche gelähmt seien. Darauf könnte man immerhin erwidern, daß eine Null, in der das Böse lebt, eher eine negative Größe zu nennen sei.

Als Abbé verfügte Conti über Einkünfte in Höhe von 300 000 Livres – es falle ihm nicht ein, darauf um einer Heirat willen zu verzichten, erklärte er. Aber die Schulden schlugen über ihm zusammen, und als es mit der Sache Condés schief ging, als ihre letzte Hochburg, die Stadt Bordeaux, vor seinen Augen Frieden mit Mazarin schloß, war er reif für einen

Vortrag des Dichters Sarrazin, der ihm als Sekretär diente.

»Vergleichen Sie Ihre Lage mit der des Herzogs von Candale«, sagte Sarrazin, »nichts fehlt ihm, Ihnen alles, Hoheit, und Sie brauchen doch nur seinem Beispiel zu folgen, indem Sie sich mit dem Kardinal aussöhnen und eine seiner Nichten zur Prinzessin machen, er hat ihrer genug.«

Conti zuckte Schulter oder Buckel und entließ Sarrazin mit einem Fluch, will sagen, daß er ihm unbeschränkte Vollmacht mitgab. Welche der jungen Damen? Das sei ihm gleich, er heirate den Kardinal, nicht eine bestimmte Nichte.

Mazarin war entzückt, aber er verbarg es und handelte die Mitgift auf 200 000 Taler herab. Dafür zahlte er ohne Zweifel die Schulden des Prinzen. Sarrazin schaute sich die Mädchen an. Olympia gefiel ihm weniger als die schöne und blonde Anna Maria: er bestand auf dieser. Das kleine Hindernis, die Verlobung mit Candale, war bald hinweggeräumt. Candale verzichtete leichten Sinnes und fuhr fort, die Rolle des Charmanten zu spielen.

Der Tod hatte noch größere Hoheitsrechte als heute, wo man ihn zu verjagen sucht. In jenen Tagen war man immer auf ihn gefaßt; mit Tat und Liebe bildete er geradezu den Dritten im Bund. Gift, Duell, Musketenkugel und Krankheit dienten ihm willig. Im Fall Candale war es, wenn nicht ein Gift, so doch ein plötzliches Fieber. Der schöne Liebling wurde in Lyon hinweggerafft. Vielleicht hatte ein Ehemann die Hand im Spiel.

Sein Freund Saint-Évremond, der Schriftsteller, erzählt, wie die Frauen um ihn trauerten: »Die galanten Interessen hatten sie getrennt, die Tränen vereinigten sie nun. Die er geliebt hatte, empfanden noch einmal den Sturm der alten Gefühle und vermeinten ihn zum zweitenmal zu verlieren. Die ihm gleichgültig geblieben waren, dachten, daß es so nicht hätte sein müssen und eine neue Gelegenheit, der sie sich nun beraubt sahn, noch alles würde geändert haben. Und manche, denen er nie begegnet war, weinten unpersönlich, um der Liebe willen.«

Die Marschallin von Baume, und nicht sie allein, schnitt sich ihre berühmten blonden Haare ab. Die Gräfin von Olonne, die eine ganze Nacht schluchzte, ging so weit, ihren Gatten ins Vertrauen zu ziehn. Sie gestand ihm, wie sehr sie Candale geliebt hatte.

3

Anna Maria und Conti heirateten 1654. Der ›Gazette‹, dem Regierungsblatt, zufolge trug die Braut am Vortage, bei der Verlobung, ein Kleid aus schwarzem Samt, das mit Diamanten übersät war, und ersetzte es bei der Eheschließung durch eine Robe aus Brocatelle und Perlen. Unter den Perlen sind echte zu verstehn, die man zu Schnüren und Blumen zusammenfaßte. Am Abend wurde Corneilles ›Cid‹ gespielt. Während die Nichte des Kardinals den jüngeren der Condé heiratete, verurteilte das Parlament in roter Robe den älteren, der flüchtig war, zum Tode. Condé durfte erst nach dem Pyrenäenfrieden zurückkehren.

Mazarin machte Conti zum Statthalter von Guyenne und zum Befehlshaber der Armee, die in Katalonien stand. Überdies baute er für das junge Paar das Hotel Conti um. Conti soll gleichwohl, wenigstens erzählen es die einen, wütend über die Heirat gewesen sein – daher er eines Tages Sarrazin eine Zange auf den Kopf geschlagen und ihn getötet habe.

Andererseits berichtet sein Ratgeber Cosnac, dem Anna Maria zum Bistum Aix verhalf, daß er zur Eifersucht neigte und seine Frau von ihm, Cosnac, überwachen ließ. Während Sarrazin mit Mazarin verhandelt hatte, war Conti von einem Extrem ins andere gefallen, von der Ausschweifung in die Frömmigkeit und aus dieser wieder in die Ausschweifung: die Teilnahme an den öffentlichen Maskenbällen in Montpellier hatte Folgen, deren Opfer später Anna Maria wurde. Verschiedene Memoiren berichten von der Leidenschaft, die er für seine Schwester, die Herzogin von Longueville, empfand.

Leicht hatte Anna Maria es nicht. Da sie Charakter besaß, wählte sie unter den beiden Möglichkeiten, die ihr blieben, Zügellosigkeit und Flucht in die Religion, die zweite. Es war die Zeit von Port-Royal, einer intensiven, strengen Richtung, die des Kalvinismus verdächtigt wurde und wie dieser die Willensunfreiheit, die Ohnmacht des eigenen Strebens lehrte. Als Anna Maria mit siebzehn heiratete, ließen Glaubensdinge sie gleichgültig. In der Ehe sah sie sich mit den Gütern der Welt überhäuft, als schöne Frau von mehr als einem Mann umworben und fühlte doch eine größere Leere als zuvor.

Verzweiflung erfaßte die junge Frau angesichts der menschlichen Nichtigkeiten. Wenn sie in sich hineinschaute, waren da nur »Eis und Dunkel«. Das ist siebzehntes Jahrhundert mit den grell nebeneinander anklingenden Gegensätzen. So unmittelbar empfindet die Seele Europas ihre Spannweite nicht mehr.

Eine Krankheit führte Anna Maria an den Rand des Grabes. Noch war alles tot in ihr, sie konnte nicht glauben. Dann wurde sie dem Leben zurückgegeben, und alles war anders geworden. Sie verzieh dem Prinzen das Leid, das er über sie gebracht hatte, und verlangte nur, fortan im Zölibat leben zu dürfen. Das sichtbare Zeichen der Wandlung war die Änderung, der sie ihre Toiletten unterwarf – kein Schmuck, kein Luxus mehr. Sie machte die Sache der Kranken und der Schwachen zu ihrer eigenen, setzte sich für sie vor den Ministern zur Wehr und erlangte beim König einen Einfluß, mit dem sie zu rechnen hatten.

Als Bourdaloue einmal gegen die Jansenisten, gegen die Lehre von Port-Royal, predigte, verließ sie die Kirche. Im Hungerjahre 1662 verkaufte sie für 60 000 Taler Diamanten und verteilte den Erlös. Wohltätigkeit hatte in Zeiten, die noch nicht die Verantwortlichkeit des Staates kannten, einen tieferen Sinn als heute; verantwortlich war der Christ, der Einzelne. Die Herkunft des Geldes, das der Kardinal ihr gegeben hatte, quälte sie. Zwei Drittel ihrer Mitgift, dreiviertel Millionen, erstattete sie zurück, obwohl sie zwei Söhne geboren hatte.

Sie erlangte Macht über den Prinzen, der von Natur aus keine feste Seele besaß. Als Statthalter von Guyenne, das von ihm einst verwüstet worden war, entschloß er sich zu Wiedergutmachungen. Er verfaßte sogar eine Abhandlung gegen das Schauspiel, obwohl er es so leidenschaftlich geliebt hatte wie Ludwig XIV. das Ballett. Wenn seine Frau in Paris oder Compiègne war, wechselte er mit ihr und seiner Schwester Longueville mystische Schreiben.

Frau von Sévigné berichtet in einem Brief vom Februar 1672 über das Hinscheiden Anna Marias, die nur fünfunddreißig Jahre alt wurde und seit sechs Witwe war: Hundert Personen weilten während der Sterbenacht im Zimmer, dreihundert im Haus. Die Prinzessin, die einen Schlaganfall erlitten hatte, lag bewußtlos. Die Ärzte zwickten sie wie eine

Märtyrerin; die Versammelten machten einen ungeheuren Lärm; alles redete, schluchzte, jammerte. Als sie den Todesschrei ausstieß, bekamen einige Damen Krämpfe und mußten hinausgeschafft werden. Man hatte der Sterbenden zwei Zähne ausgebrochen und die Kopfhaut mit heißen Eisen versengt, um sie aus der Ohnmacht zurückzurufen.

Sie hinterließ den Armen 20000 Taler, ebensoviel der Dienerschaft. Der Körper wurde auf dem allgemeinen Friedhof der Pfarrei beigesetzt, die Eingeweide kamen nach Port-Royal.

Einer der beiden Söhne heiratete eine Tochter Ludwigs XIV. und des Fräuleins von La Vallière, zog nach der Befreiung Wiens mit anderen jungen Leuten nach Ungarn, um die Türken zu verjagen, und verlor schon mit vierundzwanzig das Leben.

Vom zweiten Sohn, François-Louis, der mit dem Bruder gleichfalls nach Ungarn gegangen war, zeichnet Saint-Simon, der nie zufriedenzustellen ist, ein ideales Bild: das Entzücken des Hofs, der Abgott der Soldaten, der Heros der Offiziere, ein Mann von umfassender Bildung, von Urteil, Vornehmheit und Umgänglichkeit. Nach dem Tode Sobieskis wollte ein Teil der polnischen Magnaten ihn zum König wählen, er unterlag August dem Starken.

Sein Urenkel war der letzte des Geschlechts, hatte jedoch eine illegitime Tochter; aus ihren Memoiren zog Goethe den Stoff für seine ›Natürliche Tochter‹.

III

LAURA MARTINOZZI

Herzogin von Modena

Les Mancini, les Martinosses,
Illustres matières de noces...

reimten die bekehrten Frondisten, als sich die dritte Nichte Mazarins verlobte.

Laura kam mit dem zweiten Aufgebot aus Rom. Die Republik Genua stellte den beiden Müttern, die ihre Kinder begleiteten, eine prachtvolle Galeere, und die andere Laura, die mit dem Statthalter der Provence verheiratet war, nahm ihre Verwandten zu Aix in Empfang. Sechs Monate lang blieben die Fremden hier, um sich an das Klima, die französischen Sitten und an die Sprache zu gewöhnen.

Dann reisten sie nach Paris, von wo Ortensia und Maria bald ins Kloster gingen, während Laura den Weg, den sie gekommen war, vor Ablauf von zwei Jahren mit der Tante wieder zurücklegte, als verheiratete Frau, die ihren Gatten noch nicht gesehen hatte. Ihre Mutter war in Paris gestorben.

Der Herzog von Modena, ein Este, brauchte die französische Hilfe, um sich gegen Spanien zu behaupten, hielt für seinen Sohn Alphonso um die Hand Lauras an und bat den Prinzen von Savoyen-Carignan – den Vater des berühmten Eugen –, die Braut als Stellvertreter zu heiraten. Die Schilderung der Festlichkeiten, die in Compiègne stattfanden, gibt einen Begriff von dem, was Mazarin erreicht hatte. Seine Schwester, die ›Dame Martinozzi‹, die an Madame Letizia erinnert, saß bei der Königinmutter. Ludwig XIV., siebzehn alt, war in seinem Element, er eröffnete den Ball und tanzte darin la Renommé, den Ruf.

Laura zählte in diesem Jahre 1655 sechzehn und fand in Modena einen Gatten von einundzwanzig vor. Der Herzog-Vater wurde alsbald Oberbefehlshaber der französischen Truppen für Italien. Da auch der Herzog von Mercœur auf diesem Kriegsschauplatz weilte und der Prinz von Conti auf dem katalonischen, standen drei Generale von Mazarins Gnaden im Jahre 1656 im Feld. Ein tätiger, für die Staatsgeschäfte geborener Mann, blieb der Herzog von Modena doch zeitlebens in seinen engen Verhältnissen gefangen. Er hielt sich nur, indem er bald mit den Spaniern, bald gegen sie ging.

Jetzt hatte er gerade noch Zeit, Mazarin und dem König seine Aufwartung zu machen. Dann raffte ihn bei einer Belagerung das Fieber hinweg. Alphonso bestieg den Thron, und Mazarin sah seine Nichte als Frau eines regierenden Fürsten. Das war 1658. In diesem Jahr starb Laura an einem Tag das erste Kind und gebar sie am nächsten das zweite, eine Tochter. Den Erbprinzen brachte sie 1660 zur Welt.

Der junge Herzog, eine ephemere Erscheinung, auch den Gaben nach kein Licht, legte sich schon 1662 zum Sterben. Zwei böse Genien löschten seine Fackel aus, ›la podagra e la chiragra‹. Für den zweijährigen Thronfolger übernahm Laura die Regentschaft. Mazarin erlebte diesen Tag nicht mehr. An seiner Stelle beriet Ludwig XIV. Laura, und die Regentschaftsjahre verliefen ruhig. Das Land war zufrieden, sie zeigte gerechten Sinn und machte nicht von sich reden.

Die Feststellung, daß sie eine ›virile donna‹ sei, einen männlichen Charakter besitze, war als Kompliment gedacht. Diese Geschlossenheit und die Frömmigkeit vererbte sie auf ihre Tochter Maria Beatrice. Sie ist die dritte und letzte Nichte Mazarins, die der Religion zuneigte. Das ist der Grund, weshalb die Lebensgeschichte dieser Frauen so still und kurz verläuft.

Einmal mußte Laura den Degen ziehn, gegen eine andere Regentin, die Herzogin von Mantua. Die beiden Frauen entzweiten sich wegen ein paar Inselchen im Po, und die Mutterliebe entflammte sie. Man rückte ins Feld und stand sich gegenüber. Der spanische Vizekönig in Mailand griff ein, bevor diesem Amazonenstreit ein Länderkrieg entsprang. Rabelais lebte nicht mehr, ähnliche Geschehnisse hatte er beschrieben.

Die Armee von Modena bestand aus tausend Mann, die Laura an Ludwig XIV. auslieh, als er eine Expedition nach Candia schickte. Ludwig suchte dafür ihrer Tochter einen Gatten aus: den Herzog von York, einen Witwer, der eben katholisch geworden war und eine Frau seines Glaubens suchte. Als Jakob II. bestieg er später den Thron und war der letzte Stuartkönig.

Das junge Mädchen lehnte ab. Es wollte Nonne und nicht Fürstin in einem protestantischen Lande werden. Erst als der Papst eingriff, gab Maria Beatrice nach. Die Mutter begleitete die Tochter bis Versailles, das noch nicht fertig war, man schrieb 1673. Der König zeigte ihnen die jungen Gärten, die neuen Wasserkünste und den Kanal, auf dem ein Kriegsschiff Salut schoß. Nach der Tafel wurden die Damen in die Hauptstadt zurückgebracht. Pagen, die weiße Wachsfackeln trugen, beleuchteten den Weg.

Als in Modena der Erbprinz vierzehn alt wurde, legte Laura die Regentschaft nieder. Der Sohn des gichtigen Vaters war schwach an Körper und nicht stark an Geist. Francesco ließ sich von einem Bastardbruder, Don Cesare, unterjochen. Laura wandte dem Ländchen den Rücken und ging nach Rom. Auch Francesco war eine ephemere Erscheinung. Der Podagricus nahm mit zweiunddreißig eine Frau und starb zwei Jahre später ohne Nachkommenschaft. Sein Onkel Rinaldo folgte ihm. Die beste Erinnerung, die Francesco hinterließ, war die große Bibliothek, zu der er eine Universität gründete.

Als guter Sohn besuchte er Laura öfter mit seinem ganzen Hof und bat sie jedesmal, zurückzukehren. Aber sie hatte wie ihre Schwester Conti mit dem Treiben abgeschlossen. Sie wohnte bei der Mutter. Weder den Tod des Sohnes noch den Sturz der Stuart erlebte sie. Ihr Todesjahr ist 1687.

Wir wenden uns der zweiten Gruppe zu: Olympia, Maria und Ortensia. Ihre Abenteuer hielten Europa in Atem.

IV

OLYMPIA MANCINI

Gräfin von Soissons

1

1640 geboren, zählte Olympia, als sie nach Paris kam, erst sieben Jahre, zwei weniger als der König. Ihre Schwester Laura und ihre Kusine Anna Maria waren älter als er. So gewöhnte Ludwig sich am ersten an Olympia.

Braune Haare, langes Gesicht, spitzes Kinn und lebhafte Augen – während die beiden andern Mädchen schon als schön galten, wußte man bei ihr nicht, ob sie es werde. Ludwig bekam also eine Schwester in ihr: es hatte Wirkungen, doch sie glichen sich aus. Auf der einen Seite entstand eine große Vertraulichkeit, auf der andern ging das romantische Element der Überraschung verloren, es sei denn, daß mit der Pubertät alles ein neues Aussehen bekam.

Von der Vertraulichkeit schlossen die Beobachter, und das war jedermann am Hof, auf eine Neigung, und von der märchenhaften Stellung, die Mazarin nach den Jahren der Fronde einnahm, auf die Möglichkeit, sein Ehrgeiz könne eine Heirat der beiden ins Auge fassen. Als Christine von Schweden zu Besuch kam, sprach sie in ihrer burschikosen Art aus, was viele dachten. Sie lobte in Anwesenheit des Königs mit Worten, die an den Kardinal gerichtet waren, die

Reize Olympias und erklärte, es wäre sehr schlimm, wenn man zwei junge Leute, die so gut zueinander paßten, nicht schleunigst zusammengebe. Auch soll sie dem König direkt gesagt haben, sie an seiner Stelle würde nur eine Person, die sie liebe, heiraten.

Der Aufenthalt der Tochter Gustav Adolfs, die katholisch geworden war, fiel in den Herbst 1656, als der Hof sich in Compiègne aufhielt. Die gute Christine, die vor den Augen der Pariser im Herrensitz, Pistolen am Sattel, eingezogen war, besuchte Compiègne im kurzen Rock und mit Schuhen, die keine hohen Absätze hatten; das Haar war vom Wind zerzaust. Wie eine Zigeunerin sehe sie aus, notierte Frau von Motteville – wie eine der Heldinnen der Ritterromane, fanden andere, und auch Olympia. Der seltsame Gast setzte sich mit offenen Worten für ihre geheimsten Wünsche ein; kein Wunder, daß das Mädchen in den nächsten Tagen als Amazone im Justaucorps oder in der Casaque auftrat.

Christine war voller Neugier gekommen. Man hatte ihr viel von Olympia erzählt, und sie nahm die Verliebtheit des nun achtzehnjährigen Königs in die Sechzehnjährige als Tatsache an. Sie ahnte, daß er ein großer Herrscher werden würde; im Augenblick beschäftigte er sich mit schönen Kleidern, Pferden, Jagd und Tanz. Mazarin hatte Oper und Ballett nach Paris verpflanzt. In der ›Hochzeit der Thetis und des Peleas‹ tanzte der König hintereinander den Apollo, den Mars, eine Dryade, eine Furie und einen Höfling.

Im Winter 1656 trat das Ballett dreimal in der Woche auf, und immer übernahm Olympia dieselbe Rolle; sie stellte die Göttin der Musik dar. Sie war vom König unzertrennlich, und doch entsprach, vermutlich, die Wahrheit nicht dem Geraune und Geflüster. Es ist mehr als unwahrscheinlich, daß die Königinmutter Anna selbst dann, wenn sie mit Mazarin in heimlicher Ehe verbunden war, den König von Frankreich die Tochter eines römischen Majordomus hätte heiraten lassen.

Und Mazarin war zu klug, um den Bogen zu überspannen. Überdies ließ er Horoskope für Olympia stellen, und sie rieten immer ab. Er hielt schon einen Bräutigam bereit. Wenige Monate nach dem Besuch Christines von Schweden heiratete Olympia den Prinzen Eugenio Maurizio di Carignano aus dem Hause Savoyen. Er lebte in Paris. Seine

Mutter war eine Condé, Nebenlinie Soissons. Durch sie hatte er bourbonisches Blut in den Adern.

Man darf vermuten, daß der jungen Olympia die Erregungen der Eifersucht nicht unbekannt waren und daß sie eine gewisse Angst, zu spät zu kommen, empfand. Im Fall Conti, wo der Geschmack des Herrn Sarrazin den Ausschlag gab, war ihr die Kusine vorgezogen worden, im Fall Modena die Schwester. Und seitdem ihre andere Schwester Maria das Kloster mit dem Hof vertauscht hatte, konnte es Olympia nicht entgehn, daß in die dunkeln Augen dieser Maria ein merkwürdig brennender Blick trat, wenn sie den König ansah – der dafür empfänglich war. Zwischen den beiden knisterte es leise, und Funken sprangen.

Die Mutter des Prinzen von Carignan, die ebenfalls Maria hieß, war die letzte Gräfin von Soissons gewesen. Mazarin erneuerte den Titel für den Prinzen, so daß im folgenden, wenn von der Gräfin von Soissons gesprochen wird, darunter Olympia zu verstehen ist. Die Schwiegermutter Maria, die herrschsüchtige, launische Frau, hatte ihre Tochter Luisa dem Erbprinzen von Baden-Baden zwar zur Frau gegeben, aber nicht überlassen. Luisa blieb in Paris, während ihr Gatte mit seinem Söhnchen in die Markgrafschaft am Rhein zurückkehrte. Die Eheleute sahen sich nie wieder, und das Kind wuchs ohne Mutter auf. Es ist Markgraf Ludwig Wilhelm, der spätere Türkenlouis. Luisa lebte im Hotel Soissons einsam dahin.

Dieses Hotel, der größte ältere Adelspalast der Stadt, den Katharina von Medici ausgebaut und mit Gärten, Säulengängen, Springbrunnen versehen hatte, wurde auch der Wohnsitz Olympias. Die Garignano waren eine Seitenlinie des Hauses Savoyen, das in Turin regierte und, wie Modena im kleinen, sich nur durch ein Höchstmaß von Diplomatie zwischen dem französischen und spanischen Mühlstein behaupten konnte.

Von den Carignano, vom Schwager Olympias, stammt nebenbei die heute [1939] in Italien herrschende Linie ab. Olympia, die der ausgeprägten Züge einer Persönlichkeit ermangelt, ist vor allem die Mutter des Prinzen Eugen, der als ihr fünfter Sohn 1663 im Hotel Soissons geboren wurde.

Vom Bruder Ludwigs XIV., Philipp, wird berichtet, daß er in den Kinderjahren kein größeres Vernügen kannte, als sich wie ein Mädchen aufputzen zu lassen. Röcke, Busen, Schminke, Mouche, Parfüm, Frisur und Schmuck, alles wurde genau beachtet. Was dann noch fehlte, das Wiegende, Schmachtende und Lockende, fiel ihm nicht schwer.

Ludwig war männlicher und seiner Würde bewußt. Der stärkste Akzent des kindlichen Gesichts waren nicht die blonden Locken, sondern die starke Nase, die kühn vorsprang. Einer der Vorfahren aus der italienischen Renaissance hatte sie ihm vererbt. Er war ein wenig schwer, ein wenig schüchtern, aber sehr gesund, ein guter Reiter und ein Freiluftmensch. Der Knabe nimmt die Parade der ihm zugeteilten Musketiere ab und lernt an einem kleinen Fort das Belagern. Im Innern des Palais atmet er die Luft des Weiblichen, und er besitzt eine vitale Natur.

Sein Vater hatte eine tugendhafte Freundin gehabt. Sie wurde auch die Freundin der Witwe. Wenn sie unpäßlich war, setzte sich der Prinz auf ihr Bett, spielte mit ihr, aß in ihrem Zimmer und nannte diese Madame de Hautefort scherzend seine Frau. Und dann entzündete er sich an Isabella Angelika von Montmorency.

Gaspard von Coligny, Träger eines berühmten Hugenottennamens, eine harte, wild lebende Männerschönheit, war aus dem Entführer seiner Gattin wieder der allgemeine Verführer geworden und im Erbgang Herzog von Châtillon. Die Herzogin hielt sich schadlos. Sie war die Tochter eines unter Richelieu enthaupteten Montmorency, die Schwester des Marschalls von Luxembourg und, als sie 1645 heiratete – vermutlich neunzehn alt –, eine schwarzhaarige Zauberin, aber berechnend und treulos. Die Schwäger Nemours und Beaufort duellierten sich ihretwegen, Nemours blieb auf dem Platz. Auch Coligny fiel im Duell, das blaue Strumpfband der Geliebten trug er am Arm. Im Verlauf ihrer weiteren Schicksale wurde die Herzogin von Châtillon Herzogin von Mecklenburg.

Anna sah die junge Frau nicht gern, wohl aber Ludwig. Heimlich streichelte er ihre Hände. Vielleicht waren sie so schön wie die vielgerühmten seiner Mutter – es lohnt sich, diese auf dem Bild des Rubens anzusehen. Als Benserade, einer der Hoteldichter, der Herzogin seinen Rat, vorsichtig zu sein, in unvorsichtigen Versen aufdrängte, drohte der Herzog, ihn verprügeln zu lassen. Das bewog Paul Scarron, den burlesken Frondedichter, an die Spitze seiner Briefe den Zweizeiler zu setzen:

Im Jahr, da der Sieur de Benserade
Bedroht ward mit der Bastonade.

Scarron, der Verfasser des ›Komischen Romans‹, war schon über vierzig und ein Krüppel, als er das fünfzehnjährige Fräulein von Aubigné heiratete, dem damals niemand sagte, daß es die heimliche, aber legitime zweite Frau des Königs werden sollte: die Marquise von Maintenon.

Ludwig wuchs heran, und Anna verschärfte die Wachsamkeit. Um die Zeit, da seine Mündigkeit – mit vierzehn – bevorstand, verbot Anna die Ausritte mit Frau von Frontenac, die er zu lieben schien. Er brach in Tränen aus und schrie, wenn er hier Herr sei, werde er tun, was er wolle, bald sei es so weit. Der Bericht steht in den Memoiren der Grande Mademoiselle, und bei dieser Gelegenheit erfahren wir, daß sie den königlichen Vetter zu heiraten hoffte, obwohl sie elf Jahre älter war.

Nach der Rückkehr des Hofes stand Ludwig im fünfzehnten Jahr, sah aber reifer aus. Es konnte ihm nicht entgehen, wie unbekümmert man im Hotel Condé, bei der Herzogin von Rohan, in den Häusern des hohen Adels und der Robe lebte. Der Geist des Jahrhunderts wehte ihn an und der seiner eigenen kräftigen Natur. Das Textbuch des Hofballetts hat sich erhalten. In einer Maskerade von 1651 spielte er den ›Kleinen Herrn‹, den Stutzer, und als sein Auftritt kam, sagte man Verse auf, die frei übersetzt etwa so lauteten:

Er trägt des Alters wegen
Bloß erst der Pagen Degen.
Doch nur Geduld,
Der Damen Huld
Muß ihm bald lachen,
Und von den Sachen,
Die sie mit ihm vollbringen,
Mag man noch singen.

Wenn sich die Zeit erfüllt hat,
Wird man in der ganzen Stadt
Vernehmen, was er kann –
Er steht seinen Mann.

Die Kammerfrau Annas nannte sich Madame de Beauvais. Sie war die Tochter eines Lastträgers oder eines Trödlers der Markthallen und um 1655 schon über vierzig, auch einäugig, aber eine wohlerhaltene, in den Liebeskünsten und der Macht ihres Geschlechts erfahrene Frau. Vor allem wird ihre körperliche Sauberkeit gerühmt, in einer Zeit, die dem Baden entfremdet war und die Gerüche des Leibes durch die starken Parfüms übertäubte, die Mazarin aus Italien einführte. Cateau la borgnesse, Kati Einauge, war es, die eines Tages dem jungen König die erste Liebesstunde gab.

Der Eindruck, den er empfing, war so stark, daß er noch lange Zeit »Blicke auf den Altar warf, dem er zuerst geopfert hatte«. Es bestand immerhin die Gefahr, daß er wie sein Bruder den Weg jenes Lasters hätte gehn können, das man das italienische nannte. Er bewies der Beauvais Dankbarkeit und schenkte ihr ein Haus. Vielleicht hatte der Kardinal ihr einen Wink gegeben. In den regierenden Häusern gehörte die Frage, wer den Novizen einweihen solle, allezeit zu den Sorgen eines Erziehers.

Die Beauvais führte in dem ihr geschenkten Hotel großes Haus. Sie lebte noch über drei Jahrzehnte, und Saint-Simon stellt fest, daß sie, längst häßlich geworden, bei ihren Besuchen am Hof eine unerklärliche Beachtung fand. Ihr Sohn wurde der Baron Beauvais, ihre Tochter gar heiratete den Marquis Richelieu, und einen ihrer Liebhaber, einen Bürgerlichen, machte sie zum Stammvater der Herzöge von La Vauguyon. Die Gunst des Hofes brachte diese Wunder zustande, und doch war sie nichts als eine Dienerin. Man vermutet, daß Anna und Mazarin gezwungen waren, die erste Kammerfrau ins Vertrauen zu ziehen, wenn sie wie Eheleute lebten.

Ludwig überkam, nachdem das Siegel gelöst war, das stürmische Verlangen, weiter in dem schönen Bilderbuch zu blättern. Alles sei ihm damals recht gewesen, berichtet Liselotte von der Pfalz nach dem Hörensagen, Bäuerinnen, Küchenmädchen, Zofen und Damen von Stand, wenn sie nur seiner aufflammenden Begierde entgegenkamen. Eine Gärtnerin gebar ihm eine Tochter, die nicht wie seine späteren natürlichen Kinder einen blendenden Aufstieg nahm: sie wurde nur mit einem kleinen Adligen verheiratet.

Venus, die ihm zulächelte, wies ihm eines Tages die kalte Schulter, als er gerade nach Flandern ins Feld ziehen wollte. Er mußte in die Bäder von Forges reisen und monatelang die schmerzhaften Mittel über sich ergehen lassen, mit denen die Ärzte Kavaliersunfälle behandelten.

Olympia war schon verheiratet, als Fräulein von La Motte-Argencourt Ehrendame bei Anna wurde und dem König den Kopf verdrehte. Beinahe hätte sie das nun beginnende System der Favoritinnen eröffnet. Sie hatte eine Mutter, die zu allem bereit war, und einen Liebhaber oder Verehrer, jenen Richelieu, der die Tochter der Beauvais heiratete. Das Ehrenfräulein bezauberte Ludwig durch ihre Art, zu tanzen, eine Unterhaltung zu führen und jede Grazie zu entwickeln. Er bekam einen roten Kopf, sooft er den blonden Engel sah, und Anna hatte Angst vor seinem fordernden Naturell.

Sie führte eine Unterredung mit ihm herbei. Er brach in Tränen aus, versprach, seine Leidenschaft zu unterdrücken, beichtete, kommunizierte und verbrachte eine Woche in Vincennes mit dem Kardinal, der ihm seinerseits ins Gewissen redete, sei es auch nur unter dem Gesichtspunkt, daß ein junger König nicht gut tue, eine erklärte Favoritin zu nehmen, solange er nicht geheiratet habe. Zerknirscht kehrte Ludwig an den Hof zurück, aber kaum sah er die Schöne wieder, unterlag er ihr von neuem.

Die Mahnungen hatten versagt, Mazarin spielte eine neue Karte aus. Er konnte dem König schriftliche Beweise vorlegen, die ihm zeigten, daß die junge Dame alles, was er ihr sagte, an die Mutter oder den Liebhaber oder beide weitergab. Ludwig spürte die Berechnung, fühlte die Demütigung und brach die Beziehung schroff ab. Vielleicht griff die Beauvais als Schwiegermutter ein, oder das Fräulein ließ sich irgend etwas Neues zuschulden kommen – Anna verbannte das Mädchen ein paar Jahre später vom Hof und schickte es nach Chaillot zu den Nonnen.

Das war ein oft benutzter Ausweg. Man wurde Pensionärin in einem Kloster, konnte ausgehen und Freunde empfangen, war aber der Hausordnung unterstellt.

3

Die Heirat Olympias fand im Februar 1657 statt. Der Prinz von Carignan, nunmehr Graf von Soissons, dazu Kommandant der Schweizergarde und Statthalter der Champagne, erwies sich als der nachsichtigste aller vertrauenden und unschwierigen Ehemänner. Olympia gebar ihm acht Kinder, unter denen Eugen das schwächlichste war.

Der Charakter Olympias ist undurchsichtiger als der der andern Nichten Mazarins. Weniger schön als die Herzogin von Mercœur und die Prinzessin von Conti, gleichgültiger gegen die Religion als sie und die Herzogin von Modena, läßt sie die edlen Züge dieser drei Frauen vermissen. Sie war ehrgeiziger und äußerlicher.

Das Hotel Soissons wurde für ein Jahrzehnt und länger ein gesellschaftlicher Mittelpunkt. Ein italienischer Besucher merkt an, er habe bei Olympia so viele Damen, Herren und abwechselnde Vergnügungen gefunden, daß für die Königin nichts übriggeblieben sei. Die Königin war Maria Theresia von Spanien, die Ludwig 1660 heiratete. Olympia wurde ihre Oberintendantin und damit die erste Dame dieses Hofstaates.

Die Lebensführung im Hotel Soissons kostete viel Geld. Ludwig steuerte unaufhörlich bei. Das geringste Geschenk belief sich auf 2000 Louis, wie man durch Liselotte erfährt. Bald nach der Heirat sah Olympia den König als beinahe täglichen Gast. Sie sorgte dafür, daß er bei ihr alles fand, nur eines nicht, die Langeweile, die ihn aus den engen Zimmern des Louvre trieb.

Der Louvre war ein altmodischer Palast, den schlechtriechende Gräben umgaben. Es roch auch in den Gängen nicht gut. Merkwürdig genug muten die Berichte über die Unsauberkeit an. Es gab nur in primitivster Form das, was man heute Toilette nennt, und die Unmenge von Garden, Höflingen, Bittstellern und Lieferanten gehorchte der Natur, wo sie von ihr bedrängt wurde, hinter Vorhängen, auf Balkonen und in den Ecken.

1658 trat eine Pause in den Besuchen des Königs ein. Damals beschäftigte seine Beziehung zu Maria Mancini, der Schwester Olympias, die Stadt. Maria erwartete, daß er sich von Olympia fernhalte, und er gehorchte. Nachher ging alles wieder den alten Gang, und wenn der König beim Herzog von Orléans der Komödie beiwohnte, brauchte Monsieur nicht mehr zwischen ihm und der Gräfin von Soissons zu sitzen. Als Ludwig zur Zeit des Pyrenäenfriedens seine junge Frau von Bordeaux nach Paris brachte, stieg er schon am zweiten Tag in die Kutsche über, worin Olympia und die Herzogin von Usèz saßen, verspielte ein paar hundert Pistolen und nahm auch die Mahlzeiten bei diesen Damen ein.

In Paris wechselten die Komödien mit lebenden Bildern oder Bällen ab, die Bälle mit Stunden am Spieltisch und diese mit Boudoirstündchen um Mitternacht. Mehr als einer wollte darin Olympias Schäferstunde mit dem jungen Ehemann Ludwig sehn.

Fast hätte der Graf von Soissons sich mit dem Herzog von Navailles geschlagen. Die Herzogin, Ehrendame der neuen Königin, ordnete an, daß gewisse Fenster zugemauert würden, durch die der König zu leicht in die Gemächer der Ehrenfräuleins gelangen konnte. Olympia als Oberhofmeisterin gab andere Anweisungen, und die beiden Frauen bekriegten sich.

Als Fräulein von La Vallière die erste Favoritin wurde, ließ Olympia ihre Eifersucht zu deutlich durchblicken. Der Vertraute des Königs in dieser Sache war der Marquis von Vardes, der Sohn einer ehemaligen Geliebten Heinrichs IV., also kein Jüngling mehr, ein großer Duellant und Frauenfreund. Vardes erklärte einmal, im kommenden Winter werde er die Herzogin von Roquelaure lieben. Die junge schöne Frau ging auch ins Garn und ›gab ihm das gemünzte Gold der Leidenschaft für sein schlechtes Scheidegeld‹. Sie starb schon mit dreiundzwanzig Jahren.

Dieser Vardes bemühte sich auch um Olympia, während der König mit der La Vallière beschäftigt war, und hatte den gleichen Erfolg wie bei der Herzogin von Roquelaure. Er sah gut aus, was man nicht von allen Verführern sagen konnte. Lauzun, der die Grande Mademoiselle gewann, war klein, häßlich, ein beißender Spötter, aber brutal. Der brave Eugen Moritz von Carignan merkte nichts. Als es zwischen seiner Frau und Vardes Streit gab, ging er zu ihm und bestand darauf, daß der ungetreue Freund zurückkehrte.

Luise von La Vallière, die den König liebte und, nachdem sie ihm vier Kinder geboren hatte, mit dreißig den Schleier nahm, schloß sich keiner Partei an. Sie hatte für die Intrige nicht das geringste Talent, besaß einen sanften Charakter und wurde Herzogin nicht aus Ehrgeiz, sondern nach dem Willen Ludwigs. Im Anfang, als er die Beziehung noch vor der Königin geheimhielt, fädelten Olympia und Vardes eine Kabale ein, an der sich der Graf von Guiche beteiligte.

Auch er war ein Unwiderstehlicher, von Abenteuerlichkeit umwoben, da er wie ein Paladin des Mittelalters sich in fernen Ländern geschlagen hatte und unbekannte Sprachen verstand. Frau von Sévigné spendete ihm das höchste Lob: einem Romanhelden zu gleichen. Der Nimbus, der von ihm ausging, zog Madame an, die reizvolle Henriette Stuart, erste Frau Philipps von Orléans. Er setzte viel aufs Spiel, um sie zu sprechen, indem er sich als Frau verkleidete.

Eines Tages hob Olympia im Zimmer der Königin den Umschlag eines Briefes auf, den Maria Theresia von ihrem Vater aus Spanien erhalten hatte. Vardes verfaßte einen andern Brief, und Guiche übersetzte ihn ins Spanische: der Vater unterrichtete darin seine Tochter über die Beziehungen Ludwigs zum Fräulein von La Vallière. Señora Molina, die Kammerfrau, sollte dieses neueste Schreiben aus Madrid ihrer Gebieterin übergeben, faßte aber Verdacht und brachte es Ludwig, der seinen roten Kopf bekam und fragte, ob Maria Theresia schon gelesen habe. Er zog Vardes ins Vertrauen; Vardes erklärte, dahinter müsse die Herzogin von Navailles stecken. Die Herzogin wurde entlassen.

In der Folge ersetzte Vardes bei Henriette von Orléans den jungen Guiche, und Olympia erlitt schärfere Qualen der Eifersucht, als die La Vallière ihr bereiten konnte. Vardes ließ die erste der Kavalierspflichten vermissen, als er zum Chevalier von Lothringen sagte, es sei töricht, sich mit Theatermädchen herumzutreiben, da es nicht schwer falle, bei Madame – von Orléans – Erfolg zu haben. Jetzt endlich nahm Henriette ihre Zuflucht zum König. Vardes wurde in die Bastille geschickt.

Olympia in ihrer Verzweiflung klagte nun Madame und Guiche eines Verhältnisses an, und alles kam ans Licht, auch die Fälschung jenes Briefes aus Madrid. Vardes saß zwei Jahre in den Festungen, dann sah er sich in seine Statthalterschaft nach Aigues-Mortes verbannt. Das gleiche Schicksal, die Verbannung, traf Olympia und den Grafen von Soissons, der schuldlos war. Die Ungnade dauerte zwar nicht lange, aber von diesem Jahre 1665 an kühlte sich die Freundschaft des Königs merklich ab.

Vardes blieb in Aigues-Mortes, und Löwe wurde am Hof der junge Marquis von Villeroy. Er trat auch bei Olympia an die Stelle des Vorgängers. Solange sie Oberhofmeisterin der Königin war, behauptete sie ihren Rang in der Gesellschaft, wenn auch der König nur noch selten das Hotel Soissons betrat. Man gab sich hier nun viel mit Astrologie, Magie, Horoskopen und dem ab, was später Spiritismus hieß. Die Astrologie war in diesem Hotel zu Hause. Im Eingangshof stand die berühmte hohe Säule, die Katharina von Medici für die Beobachtungen ihres Astronomen errichtet hatte.

Mit dreiunddreißig wurde Olympia Witwe. Es war während des holländischen Krieges. Der Graf, der gerade zur Armee Turennes abgehen sollte, starb unerwartet. Bei allen plötzlichen Todesfällen vermutete man in diesem Jahrhundert Gift, nicht nur in Frankreich. Es ist nicht einzusehn, weshalb Olympia sich eines so gutartigen Gatten hätte entledigen sollen – es sei denn, daß sie wie so viele andere Frauen ihres Alters von der Torschlußpanik ergriffen wurde und einen jüngeren Mann an der Hand hatte. Man würde es unbedingt in den einen oder anderen Memoiren erwähnt finden.

4

Auch beim Tode Henriettes von Orléans, auch bei dem des Ministers Lionne sprach man von Gift. Dieses Wort war in jenen Jahren noch mehr zu hören als das Wort Krieg.

1672 hinterließ ein gewisser Sainte-Croix, der Kavalleriekapitän gewesen war, unter anderem eine Kassette. Die Anstrengungen der Marquise von Brinvilliers, sie an sich zu bringen, erregten Verdacht. Als die Kassette geöffnet werden sollte, floh die Marquise nach England. Sie war mit dem Sohn eines hohen Richters verheiratet, der vom Gründer der Teppichmanufaktur, Herrn Gobelin, abstammte, und hatte ein Verhältnis mit diesem Sainte-Croix gehabt. Man wußte auch, daß der Vater der Marquise eingeschritten war und Sainte-Croix eine Zeitlang in die Bastille hatte sperren lassen.

Die Kassette enthielt Gift in flüssiger und gepulverter

GRANDE MADEMOISELLE

Form. Noch belastender waren Briefe von der Hand der Marquise. Einer der Lakaien gestand auf der Folter, was er wußte. Sie hatte ihren Vater, um sich an ihm zu rächen, mit Arsenik vergiftet, desgleichen ihre beiden Brüder. Alle waren eines jämmerlichen, sich hinziehenden Todes gestorben. Die Giftmischerei hatte Sainte-Croix in der Bastille bei Mitgefangenen gelernt; nachher war er mit der Marquise bei einem Schweizer Apotheker in die Lehre gegangen. Die Sachverständigen stellten fest, daß das Gift in der Kassette Arsenik, Vitriol und Krötenfett enthielt. Die Marquise hatte auch außer ihrem Mann Sainte-Croix selbst, den Lakaien und den Hauslehrer zu vergiften versucht. Diese drei Männer waren zugleich ihre Liebhaber.

Endlich verhaftet, wurde sie im Jahre 1676 prozessiert. Der König verlangte vom Polizeileutnant ein durchgreifendes Verfahren angesichts des Entsetzens in der Stadt. Die Marquise, eine zarte junge Frau mit blauen Augen und einem Engelsgesicht, hatte Nerven von Eisen. Als der Hauslehrer gestand, sagte sie: »Sie haben kein Herz, Sie weinen ja.« Am Portal von Notre-Dame tat sie Buße, mit nackten Füßen, eine brennende Fackel in der Hand und einen Strick um den Hals. Dann erlitt sie die Folter, die darin bestand, daß der Henker ihr Unmengen von Wasser einflößte, was mit entsetzlichen Schmerzen verbunden war. Zuletzt wurde sie enthauptet und verbrannt.

Man glaubte es mit einem Einzelfall zu tun zu haben. Aber die Beichtväter von Notre-Dame, aufs tiefste beunruhigt, teilten den Behörden mit, daß ihnen Vergiftungsversuche in erschreckender Zahl anvertraut würden. Der energische Polizeileutnant, La Reynie, nahm Verhaftungen vor. Die wichtigste war die eines Damenschneiders namens Vigoureux. Bei einem Gelage, das in seinem Hause stattfand, hatte eine betrunkene Person die Gäste wissen lassen, die Vigoureux werde von Marquisen und Herzoginnen, von Herren und Prinzen überlaufen – nur noch drei, vier kleine Vergiftungen mit dem Sukzessionspulver der Brinvilliers, und die Schneiderin habe ihr Schäfchen im trocknen.

Daraufhin schickte La Reynie die Frau eines seiner Polizisten zu dieser Vigoureux. Sie gab an, ihres Mannes überdrüssig zu sein, und erhielt schon beim zweiten Besuch das Gift. Man hob das Nest aus, die Untersuchung zog immer weitere

Kreise. Giftmischer, Falschmünzer, Alchimisten und Magiker hingen wie die Kletten zusammen. Nach und nach arbeitete man sich ein und stieß so auf die Frau eines Trödlerjuweliers, die Voisin. Es öffnete sich ein erschütternder Einblick in den Umfang der schwarzen Künste – die auch die weißen hießen.

Die Voisin gab an, daß in Paris mehr als vierhundert Wahrsagerinnen lebten, die von ihren Kundinnen und Kunden die verschwiegensten Geheimnisse hörten. Man wolle die Zukunft erfahren, Schätze finden, die Frucht abtreiben, den Ehemann aus dem Wege räumen, von Krankheiten geheilt werden, rascher erben, sich rächen.

Spezifisch für das Jahrhundert sind die Beschwörungen des Dämons, der den Zugang zu Schätzen weisen kann und dafür Kindesopfer verlangt. Es verschwinden Kinder von der Straße; am liebsten aber nimmt man Neugeborene, an denen es bei den Hebammen und Dirnen nicht fehlt. Sie werden getauft, erwürgt, verscharrt. La Reynie ist fassungslos angesichts der Protokolle, worin die scheußlichsten Träume des Marquis von Sade vorweggenommen sind – vermutlich stellen sie die Quelle dar, aus der dieser Irre schöpfte.

Ob bei diesen Geständnissen nicht die Folter zu stark nachhalf, bleibe dahingestellt. Überzeugender sind die Angaben über die Tätigkeit der Alchimisten. Chasteuil suchte mit Hilfe des Quecksilbers den philosophischen Stein, der die Metalle, die man mit ihm berührt, in Gold verwandelt – oder das flüssige Goldelixier, das Jugend, Kraft, Gesundheit zurückgibt. Ein Arzt, ein Bankier und ein Advokat organisierten die Forschung in einem Laboratorium. Der Arzt, Rabel, erfand das Rabelwasser, das sich bis ins neunzehnte Jahrhundert behauptete. Die Propaganda, die er in Vers und Prosa dafür machte, hält den Vergleich mit der modernen Reklame aus.

Die Voisin nahm so viel Geld ein, wie sie wollte. Man ging einzeln zu ihr und in Scharen nach Gesellschaften. Ihr Sprechzimmer war schon gefüllt, wenn sie aufstand, und am Abend bewirtete sie wie eine große Dame. Einer ihrer Liebhaber war der Henker von Paris, neben einem Weinhändler, einem Vicomte und einem Grafen. Sie legte ihre Einnahmen in Beteiligungen an den damals entstehenden Fabriken an oder unterstützte die Versuche der Alchimisten.

Sie weissagte in einem Kleid und einem Mantel, die 15 000 Livres gekostet hatten. Sie unterhielt einen verkommenen Priester, der mit abscheulichen Zeremonien die schwarze Messe las; nähere Angaben verbieten sich. Für alles wußte sie Rat, vom Pickel im Gesicht bis zur unerwünschten Mutterschaft. Sie gestand oder behauptete, mehr als zweitausendfünfhundert Frühgeburten beseitigt zu haben.

Dieser Prozeß entrollt das erste Sittenbild aus einer der kommenden Großstädte. In London hätte man ohne Zweifel ähnliche Zustände gefunden. In beiden Ländern hatten durch die Jahrzehnte die Religions- und Bürgerkriege getobt. Generationen, hinter denen ein Dreißigjähriger Krieg liegt, zeichnen sich nicht durch hohen Stand der Sitten aus. Sie werfen sich der Genußsucht in die Arme; Luxus und Armut ergänzen sich wie grelles Licht und tiefer Schatten. In Frankreich, um nur von diesem zu reden, lieferte der König, der in seinen jungen Jahren unbekümmert und souverän jede Frau nahm, der Moral der Bürger kein gutes Vorbild. Daß es auch andere Lebenshaltungen, andere Auffassungen gab, ist selbstverständlich. Wer sich an Prozesse und Zeitungsberichte hält, müßte annehmen, daß die amerikanischen Städte nur Gangsterhöhlen seien.

Fürsorge, Hygiene, Organisation, Verantwortungsgefühl des Staates sind sehr späte Errungenschaften. Den nachhaltigsten Eindruck hinterläßt der Prozeß gegen die Voisin und Konsorten nicht durch die schlimmen Einzelheiten, sondern durch die Tatsache, daß die gute Gesellschaft jener Tage nicht anders als die kleinen Leute in Scharen den chthonischen Gottheiten, der Unterwelt des Magischen und Apokryphen, zudrängt. Der einfache Christ glaubte an den Teufel, die großen Damen an die Dämonen.

5

Die Voisin wurde dem Scheiterhaufen übergeben. Die Untersuchung lag in den Händen der angesehensten Staatsräte. Sie tagten in einer eigens eingerichteten schwarz ausgeschlagenen Kammer, die man die brennende, la chambre ardente, nannte, weil sie wie ein Katafalk mit flammenden Kerzen umstellt war. Man wollte das Übel an der Wurzel ausrotten, um so mehr, als die Wissenschaft sich noch nicht darauf verstand, im sezierten Körper raffiniertere Gifte nachzuweisen.

Die Kammer bestand zweieinhalb Jahre lang und befaßte sich mit vierhundertzweiundvierzig Personen, von denen sechsunddreißig hingerichtet wurden. Einige Zeugen nahmen eine so hohe Stellung ein, daß man auf sie verzichtete, so Frau von Montespan, die Gefährtin des Königs. Die mehr als fünfzigjährige Präsidentin Leféron, die den Gatten vergiftet hatte, um den Liebhaber zu heiraten, wurde nur aus Versailles verbannt, und die junge Frau von Dreux, die noch süßer als die Brinvilliers aussah, gar nur verwarnt, was doch zuwenig Strafe für eine Dame war, die mehrere ihrer Geliebten nur deshalb vergiftete, weil sie ihrer Untreue zuvorkommen wollte. Da sie, aus der Brennenden Kammer entlassen, sofort wieder zu einer andern Giftmischerin ging, verbannte man auch sie.

Die hübsche Frau von Poulaillon, eine Verschwenderin, ließ die Hemden ihres geizigen Gatten mit einer Arseniklösung waschen, die sie 4000 Livres kostete. Herr von Poulaillon kam mit einer Entzündung der Haut davon, worauf sie Soldaten mietete, die ihn ermorden sollten, jedoch zum Ehemann gingen. Sie wurde auf dem Armesünderstühlchen verhört und wußte so rührend die Reuige zu spielen, daß die Richter auch sie nur verbannten. Der bürgerlichen Madame Brunet hingegen, die ihren Mann vergiftete, um einen Flötenspieler zu heiraten, schlug der Henker die Hand ab, bevor er sie hängte und ins Feuer warf.

Der König war mit der Milde der Richter so unzufrieden wie die Öffentlichkeit und forderte sie auf, ohne Rücksicht auf Rang und Geschlecht zu urteilen. Gleichwohl folterte man die Voisin nur zum Schein – aus Angst, sie könne zu viel gestehen. Als sie hingerichtet war, sagte ihre Tochter alles, was sie wußte, und die Giftmischerin Filastre packte förmlich aus. Jetzt verbot der König, bestimmte Geständnisse in die Akten aufzunehmen. Diese ausgesonderten Schriftstücke wurden versiegelt und erst wieder 1709 vor den Augen Ludwigs geöffnet, der sie persönlich verbrannte. Jedoch damit war nur eine der Quellen verstopft, aus denen die Nachwelt ihre Kenntnisse geschöpft hat.

Obgleich die meisten Aussagen in der Folterkammer

erfolgten, stimmten sie darin überein, daß Frau von Montespan von Anfang an mit ihren Wünschen und Nöten zu der Voisin gegangen war. 1641 als Tochter des Herzogs von Mortemart geboren, wurde die junge Françoise 1660 Ehrenfräulein der Königin Maria Theresia, nach der Heirat mit dem Marquis von Montespan Ehrendame, 1668 die Geliebte des Königs, 1669 zum erstenmal Mutter durch ihn. Ein weißer Rabe unter Höflingen, fand sich der Marquis nicht mit seiner Rolle ab. Schwarz gekleidet, in schwarzer Kutsche vorfahrend, nahm er Abschied von einem Hof, an dem er es weit hätte bringen können. Molière schrieb den ›Amphitryon‹, die Geschichte des Mannes, der seine Frau mit Zeus teilen muß. Bei der Stelle

> Un partage avec Jupiter
> N'a rien du tout qui déshonore...

(eine Teilung mit Jupiter hat nichts Entehrendes an sich) klatschte die Hofgesellschaft, froh, nun zu wissen, was von dem törichten Montespan zu halten sei.

Die Frau war eine geborene Herzogin, aber sie glaubte an Beschwörungen und Zauberei. Die Voisin knetete aus Fliegen, getrockneten Maulwürfen, dem Blut von Fledermäusen und noch ekelhafteren Dingen eine Paste, die während der Messe jener verkommene Priester unter den Kelch stellte und segnete. Dieses Liebespulver mischte die Montespan unter die Speisen des Königs. Seine Ärzte notieren in ihren Tagebüchern mehr als einmal, daß er von Sehstörungen und Schmerzen befallen worden sei.

Die Montespan, die dem König ein Kind nach dem anderen gebar – im ganzen waren es sieben –, setzte durch, daß das Gericht zwischen ihr und dem Marquis die Trennung von Bett und Vermögen aussprach. Die Kinder, die dem Gesetz nach den Marquis zum Vater hatten, erhielten den Rang der Prinzen und Prinzessinnen von Geblüt. Die Treue des Königs hielt nicht ewig an. Die ehrgeizige Frau tobte und verstand sich zu den Schimpflichkeiten der schwarzen Messe.

1675 wandte Ludwig einer Dame nach der andern seine Gunst zu. 1676 ging der Stern der Witwe Scarron auf, die seit Jahren die Erziehung der Montespanschen Kinder leitete und Marquise von Maintenon geworden war – eine Frau, die auf den König mäßigend wirkte, sie war nicht mehr jung. Im folgenden Jahre triumphierte Frau von Montespan von neuem, beim Kartenspiel gewann und verlor sie Millionen. Aber 1679 mußte die Voisin wieder helfen, als Ludwig das kindlich schöne, achtzehnjährige Fräulein von Fontanges liebte. Der Name der jungen Dame erinnerte zwar an die Engel, doch ließ sie sich zur Herzogin mit einer Pension von 20 000 Talern machen.

Der Beistand der Voisin hatte nichts genützt, Frau von Montespan ging abermals zu ihr. Nach der Aussage der Tochter verlangte sie jetzt Vergiftung des Königs und seiner Geliebten. Die ersten Versuche scheiterten, dem geplanten neuen kam die Verhaftung der Voisin zuvor.

Diese Aussagen waren es, die der König nicht in den Akten wissen wollte. Die Einsichten, die er erhielt, müssen ihn niedergeschmettert haben. Nicht nur sein Vertrauen, noch mehr seine Würde war aufs tiefste verletzt. Der mutige Polizeileutnant empfahl, dem Gesetz seinen Lauf zu lassen. Dann erinnerte man sich, daß es auch noch die Lettres de cachet gab. Die am stärksten Belasteten unter den Angeklagten verschwanden in den Festungen. Ludwig ersparte der Mutter der Kinder von Geblüt und seinem eigenen Ansehen den offenen Bruch. Er zog sich langsam zurück, und als Frau von Montespan eines Tages sah, daß alles aus war, ging sie wie die La Vallière ins Kloster.

In den Verhören nun hatte die Voisin als Kunden auch den Marschall von Luxembourg, die Gräfin von Soissons und ihre Schwester, die Herzogin von Bouillon, angegeben. Der Marschall saß zwei Jahre in der Bastille; die Herzogin verließ erhobenen Hauptes die Richter; Olympia aber floh im Januar 1680.

Der König soll erklärt haben, es sei auf seine Veranlassung geschehen, wofür er sich vielleicht vor Gott und seinem Volk verantworten müsse. Olympia selbst gab der Flucht, die den Verdacht, ihren Gatten vergiftet zu haben, stärkte, eine andere Auslegung: Louvois würde die Gelegenheit benutzt haben, um sich dafür zu rächen, daß seinem Sohn die Hand ihrer Tochter verweigert worden sei. Er würde sie mit Hilfe falscher Zeugen aufs Schafott geschickt oder zum wenigsten lebenslänglich eingesperrt haben. Sehr einleuchtend sind diese Erklärungen nicht.

6

Olympia floh mit zwei Kindern und einem Gefolge von zwanzig Personen; acht Pferde zogen ihre Kutsche. Überall unterwegs glaubte sie, den Haß Louvois' zu spüren. Keines der großen Wirtshäuser nahm sie auf, das Volk beschimpfte sie als Giftmörderin.

In Brüssel verfolgte man sie auf der Straße, und einmal mußte sie bei den Beghinen schlafen, um nicht einem Haufen in die Hände zu fallen. Sie behauptete, ein von Louvois nachgeschickter Kapitän sei daran schuld. Aber die Affäre Voisin erregte wie überall so auch in Brüssel die Gemüter, und für die Leute war sie die Frau, die ihrem Mann Gift gegeben hatte. Namur und Antwerpen verweigerten ihr den Einlaß. Zuletzt nahm der Gouverneur der spanischen Niederlande sie unter seinen Schutz.

Sie war nun vierzig alt. Man ließ sie in Ruhe, die Hofgesellschaft verkehrte mit ihr. Bis zum Tode, der 1708 erfolgte, sah sie Frankreich nicht wieder. Ludwig XIV., der sich gegen andere so nachsichtig zeigte, verzieh ihr nicht, daß sie die Mutter des Prinzen Eugen war.

Eugen, 1663 geboren, hatte den König angefleht, ihm ein Regiment zu geben, der König hatte spöttisch erwidert, ein Mann von der körperlichen Beschaffenheit des Prinzen könne nur Abbé, nicht Soldat werden. Mit zwanzig verließ Eugen heimlich die Stadt, ging nach Linz, wohin Kaiser Leopold vor den Türken geflohen war, trat als Freiwilliger ins Heer, machte die Entsetzung Wiens und die Belagerung Budapests mit, stieg in den ungarischen Feldzügen zum General auf, kämpfte in Savoyen gegen die Franzosen, schlug 1697 bei Zenta die Entscheidungsschlacht, die den Sultan in die Knie zwang, und brachte im Spanischen Erbfolgekrieg Ludwig XIV. fast in dieselbe Lage. Diesen Triumph erlebte Olympia noch.

Eine Zeitlang war sie in Madrid, um für Eugen eine Frau zu suchen, aber er heiratete nie. Olympia reiste viel, sie kam auch nach Hamburg und nach London. In Madrid erklärte der arme Karl II., von ihr verhext zu sein, er könne nicht mehr zeugen, und unterzog sich, wie der französische Botschafter gehört haben wollte, mit seiner Gattin einer schwarzen Messe. Er war mit der Tochter des Herzogs von Orléans verheiratet. Sie vertrat naturgemäß die französische Partei, während Olympia ihren Einfluß dem Botschafter des Kaisers zur Verfügung stellte.

An einem heißen Tag verlangte die Königin nach eisgekühlter Milch, einer Seltenheit in Spanien. Olympia hatte sie zur Hand, und die Königin starb. Da Olympia der Ruf der Giftmischerin gefolgt war, hieß es sofort, sie habe dem kaiserlichen Botschafter einen Dienst erwiesen. Im Charakter der alternden Frau läßt sich nichts finden, was sie näherbrächte.

Die Kinder, die sie in Paris zurückgelassen hatte, erfreuten sich so wenig wie sie der Gunst des Königs. Der älteste Sohn, Graf von Soissons, heiratete tief unter seinem Stand, die uneheliche Tochter eines Stallmeisters, Fräulein La Cropte-Beauvais. Der Vater weigerte sich noch auf dem Sterbebett, die Mutter zu legitimieren. Nach Saint-Simon war Urania La Cropte schön wie der Tag, groß, braun und sanft. Die Mutter Olympias, die das Hotel Soissons wie eine Drachenhöhle hütete, enterbte den Enkel, Olympia den Sohn.

Die jüngere Gräfin von Soissons gewann durch ihren Reiz sogar den König, der zwischen ihr und der Fontanges schwankte. Urania wies ihn, ohne zu verletzen, ab. Er setzte zwar dem enterbten Paar, damit es nicht verhungere, eine Pension aus, tat jedoch nichts, als Louvois dem Grafen die soldatische Laufbahn verlegte. Soissons bot seinen Degen den verschiedensten Herren an, zuletzt beim Ausbruch des Spanischen Erbfolgekrieges dem Gegner Ludwigs, dem Kaiser. Gleich zu Beginn fiel er vor Landau.

Urania zog sich ins Kloster zurück und war so arm, daß der Herzog von Orléans ihr von Zeit zu Zeit einen Betrag zukommen ließ. Eine ihrer Töchter heiratete einen Prinzen von Sachsen-Hildburghausen. Der Name Soissons erlosch 1734. Eugen hatte ihn nie geführt, er wollte mit Frankreich nichts zu tun haben. Als Ludwig zur Zeit des ungarischen Krieges erfuhr, daß er sich weigere, zurückzukehren, fragte er lachend, ob das wohl ein Verlust sei. Später dachte er anders. Er hat kaum einen größeren Mißgriff getan als den, Eugen von sich zu stoßen.

Vom zweiten Sohn Olympias ist nur einmal die Rede, als er in London das Unglück hatte, im Duell einen schwedischen Baron zu töten. Der dritte Sohn wurde schon 1683 in

Ungarn von seinen Leuten bei einer Panik über den Haufen geritten und starb daran. Den vierten Sohn rafften die Pocken hinweg. Der fünfte ist Eugen.

Jener Vardes, den Olympia geliebt hatte, blieb sechzehn Jahre in Aigues-Mortes, wo er so unbekümmert wie in Paris lebte und mit fünfzig eine Zwanzigjährige zuerst leidenschaftlich in sich verliebt machte, dann sitzen ließ. Eines Tages kam Louvois in die Provence und fand ihn so bezaubernd, daß er dem König empfahl, den Verbannten zurückzurufen.

Der König erwartete ihn in seinem Zimmer zu Versailles. Vardes trat ein, und die Höflinge brachen in ein Gelächter aus: er trug das Kostüm von vor sechzehn Jahren, einen blauen, mit Gold und Silber bestickten Rock, ähnlich dem des Königs, wozu man einst einer Erlaubnis bedurfte. Auch der König lachte und rief den Dauphin herbei. Vardes begrüßte ihn. Der König: »Vardes, das sind Dummheiten, man grüßt niemand in meiner Gegenwart.« – Vardes: »Sire, ich habe alles vergessen, Euer Majestät wird mir dreißig Dummheiten vergeben müssen.« – »Einverstanden, Sie haben noch neunundzwanzig zu gut«, erwiderte Ludwig.

Vardes hatte sich diese Rückkehr vortrefflich ausgedacht. Er war noch mit siebzig der Liebling der Welt. Auch er beschäftigte sich in seinen freien Stunden mit Chemie, um das flüssige Gold, das Lebenselixier, zu finden.

V

MARIA MANCINI

Fürstin von Colonna

1

Dem Horoskop nach war sie berufen, große Dinge zu vollbringen. Die Mutter erschrak, aber Mazarin hörte es gern. Davon, daß Maria ins Kloster gehe, wollte er nichts wissen.

So fuhr Maria, auf der von den Genuesern gestellten Galeere, nach Aix, wo die Damen sich an die französische Luft anpaßten, später nach Paris. Zwei Jahre verbrachte sie im Kloster, dann kehrte sie in den Louvre zurück. Man schrieb 1655, und sie zählte nun sechzehn. Als Kind war sie so groß und mager gewesen und hatte so lange Arme gehabt, daß Frau von Motteville nur die Figur und die Zähne gelten ließ: den Augen fehle das Feuer, die Haut sei zu gelb, der Mund zu groß.

Mit neunzehn hatte sich alles zum Besseren gewandt, die dunkeln Augen besaßen jetzt Glanz. War sie auch keine Schönheit, so hatte sie doch einen geschmeidigen Geist. Sie kannte sich vollkommen in der Sprache und Literatur der neuen Heimat aus, was man von Olympia, die darin aufgewachsen war, nicht sagen konnte. Eine gewisse Kühnheit und Leidenschaft waren Maria zu eigen. Frau von La Fayette nennt sie einen Freigeist, Höflichkeit und verbindliches Wesen lasse sie vermissen.

Ohne Zweifel ging etwas Beschwingendes von ihr aus. Der junge König, für den es seit einiger Zeit auch Frauen und Abenteuer gab, begann für dieses Impulsive empfänglich zu werden. Zu Olympia, die jüngst geheiratet hatte, ging er, um der Langenweile zu entfliehn – bei Maria lernte er die persönlicheren Werte schätzen.

In einer Rechtfertigung, die Maria Mancini später drucken ließ, erzählt sie die Anfänge ihrer Beziehungen zu Ludwig: »Die Vertraulichkeit, in der ich mit dem König und seinem Bruder lebte, war so ungezwungen und angenehm, daß ich alles, was ich dachte, aussprach. Bei der Rückkehr von einer Reise nach Fontainebleau merkte ich, daß er mich nicht haßte. Meine Fassungskraft war schon groß genug, um zu verstehn, daß es eine beredte Sprache gibt, die der schönen Worte nicht bedarf. Es kann auch sein, daß meine Zuneigung in ihm größere Gaben als in jedem anderen Mann des Königsreichs ahnte und mich besonders hellfühlend gemacht hat. Das Zeugnis meiner Augen genügte mir nicht, um mich zu überzeugen, daß mir eine Eroberung von diesem Gewicht gelungen war. Die Hofleute, die alles, was ein König tut, belauern, wurden so gut wie ich darauf aufmerksam, daß Seine Majestät Liebe für mich empfand. Sie bewiesen es durch den außerordentlichen Eifer, mit dem sie mir ihre Achtung bezeugten.«

So drückt sich eine Frau aus, die Intelligenz besitzt. Mit Anstand sagt sie zweierlei: daß sie dem König eine Neigung entgegenbrachte, die nicht nur sinnlicher Natur war, und daß sie den Ehrgeiz hatte, die Führerin eines jungen Fürsten zu werden, in dem sie einen nicht alltäglichen Menschen sah. Man darf sie für die bedeutendste der Nichten Mazarins halten. Da sie kühn dachte, schreckte sie nicht vor dem Gedanken zurück, den König von Frankreich zu heiraten. Für das, was Olympia ihm bot, wird sie nur ein Achselzucken gehabt haben. Sie besaß die Fähigkeit, die Dinge beim Namen zu nennen und entschlossen anzugehn.

Weder die täglichen Besuche Ludwigs bei der Schwester, noch die Aufmerksamkeit, die er der blonden La Motte-Argencourt schenkte, beirrten sie. Ihre Zeit kam, als Turenne den Spaniern die entscheidenden Schläge versetzte, die Schlacht in den Dünen gewann und Dünkirchen nahm. Ludwig ging an die Front und beteiligte sich an verschiedenen Belagerungen. In diesem sumpfigen und verpesteten Landstrich zog er sich Typhus zu. Man brachte ihn nach Calais, wo er mit dem Tode rang.

Sein Zustand schien so hoffnungslos zu sein, daß die Höflinge sich schon auf den Nachfolger Philipp umstellten und Mazarin Anstalten traf, für seine Sicherheit zu sorgen. Inmitten dieses nicht erhebenden Schauspiels bezeugte Maria so leidenschaftlich ihren Schmerz und dann, als der Kranke wider Erwarten mit Hilfe von Antimon und vielem Purgieren genas, ihre Freude, daß Ludwig, der vom Verhalten Marias erfuhr, einen Eindruck empfing, den er bisher nicht gekannt hatte.

An allen Höfen sprach man von der Neigung eines zwanzigjährigen Monarchen, dessen Charakter, Pläne und Politik sich noch nicht abzeichneten. Auch der Papst wünschte zu wissen, was mit diesem römischen Mädchen und dem König sei. Schöne Dinge haben kurze Zeit. Maria hatte ein paar Wochen, im besten Fall ein paar Monate Ludwig ganz für sich. Er ging nicht mehr ins Hotel Soissons zur Schwester, lernte mit ihr Italienisch, erfuhr durch sie, daß ein König auch die Literatur seines Landes kennen müsse, las, was sie ihm gab, vernahm, was für ein bedeutender Mann Corneille sei, und hörte bei dem selbständigen Mädchen, daß er sich zu wenig um die Staatsgeschäfte kümmere, noch viel zu sehr von seiner Mutter und von Mazarin abhänge.

Sie hatte ihn richtig eingeschätzt. Er zeigte sich für das

MARIA MANCINI

Wort Ruhm empfänglich, denn er war kein Schwächling, sondern ein gesunder Mensch, man brauchte nur sein Selbstbewußtsein zu wecken. Mag das alles auch etwas zu deutlich ausgedrückt sein, so ist doch gewiß, daß er in Maria die erste Frau traf, die ihm nicht nur schöne Augen machte, vielmehr ihre Impulse auf ihn übertrug.

Heiratet er sie oder nicht, das war die Frage, die jedermann erörterte. Die Königinmutter hatte diesmal allen Grund, zu erschrecken. Entscheidend war, daß Mazarin umsichtig dachte. Maria ging ihm zu weit. Sie soll Ludwig die ersten Mitteilungen über die Beziehungen des Onkels zu seiner Mutter gemacht haben. Unter Umständen konnte sie gefährlich werden. Mazarin beschloß, den König zu verheiraten.

Er eröffnete ihm im Oktober 1658, daß der Hof sich nach Lyon begeben werde, um die Herzoginmutter von Savoyen zu treffen. Sie war die Tante Ludwigs von Vatersseite her, hieß Christine und führte den Titel Madame Royale. Außer ihrer Tochter, der Schwester des jungen Herzogs, kam für Mazarin noch eine spanische Prinzessin in Betracht. Der Friedensschluß mit Spanien, das eben in Flandern geschlagen worden war, stand vor der Tür, und in einer Verbindung der Häuser Habsburg und Bourbon sah der Kardinal das beste Mittel, um die Feindschaft der beiden Nationen zu begraben.

König in Spanien war der Bruder der französischen Königinmutter Anna, und aus seiner ersten Ehe mit einer Tochter Heinrichs IV. von Frankreich stammte Maria Theresia, gleichen Alters mit Ludwig XIV. Der Kardinal legte größeren Wert auf die spanische Prinzessin. Er scheint ein nicht gerade faires Spiel eingefädelt zu haben, indem er die savoyische Möglichkeit benutzte, um die noch zögernden Madrider in Bewegung zu setzen.

2

Vier seiner Nichten nahm Mazarin mit: Olympia, Maria, die Prinzessin von Conti und die noch nicht verheiratete Ortensia. An Olympia richtete Ludwig auf der Reise nach Lyon nicht ein einziges Mal das Wort; er hatte nur Augen für Maria. Da das Wetter schön war, legte er den größeren Teil des Weges zu Pferde zurück, und das Mädchen ritt neben ihm im Kostüm einer Amazone. An Allerheiligen gab es Aufenthalt in Auxerre, nachher noch in Dijon, wo die Stände in die Tasche greifen und das Reisegeld herausholen mußten.

Jeden Abend wurde getanzt, nachher speiste der König in seinen Zimmern mit Maria, unabhängig von seiner Mutter, was sehr auffiel. Manchmal setzten sich Ortensia und Anna Maria Conti hinzu. Die Mahlzeiten dauerten stundenlang und die Reise einen ganzen Monat; man übernachtete in allen möglichen Orten. Der Kardinal war in diesen erstaunlich ungebundenen Tagen mit seiner Gicht und seinen Blasensteinen beschäftigt, Olympia mußte mit Königin Anna Karten spielen.

Mazarin hatte gegen die Unbekümmertheit, in der seine Nichte und der König miteinander verkehrten, wenig einzuwenden. Maria sollte jedenfalls verhindern, daß Ludwig die Brautschau ernst nahm. Sie wußte jetzt, daß für ihn nur eine Prinzessin, nicht sie in Betracht kam, und nach seiner Meinung war die Sache damit erledigt. Maria dachte anders. Ludwig ließ sich vorerst treiben. Jede Aussicht, einer Frau zu begegnen, versetzte ihn in Spannung, so auch die Neugier auf die Kusine von Savoyen. Es hinderte ihn nicht, zu denken, daß im Augenblick Maria da sei.

In Lyon warteten Christine von Savoyen und ihre Tochter Margarete schon seit drei Tagen. Sie waren mit Equipagen, Sänften und Maultieren gekommen. Als Anna der Besuch Christines gemeldet wurde, sprengte Ludwig der Tante entgegen, aber der Eifer galt weniger ihr als der Kusine. Er kehrte gleich zurück, um der Mutter zu melden, daß Margarete ihm auf den ersten Blick gefallen habe. Sie sei klein, doch reizend gewachsen – eine Olivenhaut, doch er finde sie ›fort à sa fantasie‹.

Anna dagegen war enttäuscht, nachdem sie das Mädchen, das drei Jahre älter als Ludwig war, gesehen hatte, und die Grande Mademoiselle mit ihren nüchternen Augen erkannte gleich, worin die Mängel der Prinzessin bestanden: zu dicke Hüften und für die kleine Figur ein zu großer Kopf. Der Herzog von Bayern hatte sich geweigert, um sie zu werben, und ihre jüngere Schwester genommen. Margarete selbst war ungern nach Lyon gegangen, weil sie fürchtete, zum zweiten Male verschmäht zu werden.

Aber Ludwig bestand darauf, daß sie ihm gefalle, und

erklärte seiner Mutter, die abriet, er werde sie heiraten. Was Maria empfand, läßt sich unschwer denken. Alles, was sich auf der Kavalkade von vier Wochen angesponnen hatte, war bei einem jungen Mann vergessen, der mit seinen zwanzig Jahren nur Entzündlichkeit, noch keine Persönlichkeit besaß. Es ist unwahrscheinlich, daß sie ihm unterwegs nachgegeben hat; aber wenn es je geschah, dann während jener verzauberten Tage.

Anna beschwor Mazarin, ein Machtwort zu sprechen; sie wollte die Prinzessin von Savoyen nicht zur Schwiegertochter. Mazarin erwiderte, der König müsse selbst entscheiden. Er gab sich den Anschein der Sachlichkeit und hielt schon den Theatercoup bereit, der auf die andern wie ein Blitzstrahl wirkte.

Als in Madrid Philipp IV. von der Reise nach Lyon erfuhr, benahm er sich genau, wie Mazarin berechnet hatte. Savoyen war zu wichtig für den ungehinderten Verkehr zwischen der spanischen und der österreichischen Hälfte des habsburgischen Reiches, als daß es sich mit Frankreich verbünden durfte. Alsbald wurde Don Antonio Pimentel abgeschickt, und es ging so überhastet zu, daß er vergaß, einen Paß mitzunehmen.

Er gelangte glücklich, ohne verhaftet zu werden, bis Macon, wo er den französischen Hof durchziehn sah und sich versteckte. Von hier aus schrieb er Mazarin, der König von Spanien habe ihn mit einer wichtigen Botschaft betraut. Colbert, damals Hausintendant des Kardinals, führte ihn zu seinem Herrn, und Pimentel bot mit der Hand der Infantin Maria Theresia den Frieden an. Anna betrat das Zimmer, als Pimentel sich verabschiedete, erfuhr die Neuigkeit und war glücklich über den Entschluß des Bruders in Madrid.

Das geschah am Tag nach der Begegnung der beiden Höfe. Am Morgen dieses zweiten Tages erlebte man das Schauspiel, Ludwig ins Zimmer der Kusine von Savoyen eindringen zu sehen. Es war ihm gesagt worden, sie verdanke ihre Taille nur einem Korsett. Der Wink ging vermutlich von Maria aus, die nun in die hinterhältigen Gefühle der Eifersucht und des Hasses getrieben wurde. Die schönen Dinge haben kurze Zeit, das Feld behaupten die häßlichen.

Was immer der König im Zimmer der armen Prinzessin festgestellt haben mag, sie sah sich zum zweiten Male verschmäht. Ludwig stimmte sofort dem spanischen Vorschlag zu, und die Hoheiten von Savoyen traten die Rückreise an. Es war ein schwerer Schimpf; sie hatten in einer vom Kardinal aufgezogenen Komödie eine demütigende Rolle gespielt. Zum Überfluß traf auch noch der Bruder Margaretes ein, der regierende Herzog, ein junger Mann.

In den französischen Memoiren erfährt man mit der größten Regelmäßigkeit nicht nur, welche körperlichen Eigenschaften oder wieviel Geist jemand besaß, sondern auch, wie er gekleidet war. Der Herzog von Savoyen machte gute Figur, aber zum schwarzen Rock, den er einer Trauer wegen trug, hatte er ein feuerfarbenes Tuch umgebunden. Als er sah, welche Wendung die Brautschau nahm, reiste er ohne seine Damen schleunigst ab und schwor, von den Franzosen habe er genug.

Nirgends ist das Gedächtnis kürzer als in der Politik. Fünf Jahre später heiratete der Herzog eine Tochter Gastons von Orléans. Die verschmähte kleine Prinzessin nahm einen italienischen Fürsten, den von Parma, und starb in jungen Jahren.

3

Es gibt Historiker, die nicht an die Komödie Mazarins glauben: er habe Bedenken gegen das Angebot Pimentels gehabt und nach den Tagen von Lyon seinerseits eine Zeitlang mit dem Gedanken gespielt, seine Nichte zur Königin von Frankreich zu machen.

Gewiß ist, daß Maria ihre Hoffnungen nicht aufgab und daß Ludwig sich wieder der Frau zuwandte, die da war. Man blieb noch einige Monate in Lyon, offenbar weil es Winter wurde. Reisen in dieser Jahreszeit gehörten nicht zu den Annehmlichkeiten. Anna nahm Anstoß daran, daß Ludwig, selbst wenn er bei ihr eintrat, immer von Maria begleitet war und daß sie ihm in ihrer, Annas, Gegenwart stets etwas ins Ohr zu flüstern hatte.

Ludwig gab Feste, und Maria war ihre Königin. Sie wich nicht von seiner Seite, sei es beim Jeu de paume, dem Tennis jener Zeit, sei es beim Drill der Musketiere. Wenn Anna abends zum Handleuchter griff, brachte Ludwig die vier

Nichten des Kardinals in ihre Wohnung zurück. Am Anfang fuhr er hinter ihrer Kutsche her, dann setzte er sich als Lenker auf den Bock, zuletzt schlüpfte er zu den Damen in den Wagen. Der Stolz und die Klugheit geboten Maria, ihn kurz zu halten. Hätte sie bewilligt, was er vermutlich begehrte, so würde sie ihn rasch verloren haben.

Später, in Paris, folgte eine Abwechslung der andern, und immer drehte sich alles um Maria. Ihre Liebe war nun bewußt und fordernd geworden, sie verfolgte ein Ziel. Als Mazarin zu den Friedensverhandlungen an die spanische Grenze reisen sollte, fiel die Entscheidung.

Laut Frau von Motteville erklärte Anna, ganz Frankreich werde wie ein Mann aufstehen, wenn Ludwig sich mit Maria verlobe, und sie, Anna, die Führung übernehmen. Angesichts dieser Entschlossenheit versicherte Mazarin, er wolle alles tun, was die Königinmutter verlange. Sie verlangte die Trennung des Paares. Mazarin wies Frau von Venelle, die Marias Gouvernante gewesen war, an, sie nach La Rochelle zu geleiten und als Gesellschafterinnen sowohl Ortensia wie Maria Mancini mitzunehmen.

Der König widersprach. Anna schloß sich mit ihm ein. Als er wieder zum Vorschein kam, sah man ihn weinen. Maria wehrte sich verzweifelt. Ludwig ging zum Kardinal und verlangte seine Einwilligung: er wolle nicht die spanische Prinzessin, sondern Maria. Ja, er sei Mazarin zu Füßen gefallen. Anna blieb fest. Erstens, wünschte er sich und das Land mit einem ungeheuren Skandal zu belasten, indem er dem König von Spanien absagte? Zweitens, grundsätzlich, wenn der Herrscher von Frankreich eine Frau nahm, konnte es ein Mädchen ohne Ahnen sein?

Am nächsten Tag, man schrieb Juni 1659, reiste Maria mit ihren Schwestern ab. Der König begleitete sie bis zur Kutsche. Maria sagte: »Sie weinen, und sind doch der Herr.« Nach andern: »Sie sind der König, Sie weinen, und ich – ich reise.« In der ›Bérénice‹, die Racine ein paar Jahre später schrieb, steht der Vers: »Sie sind der Kaiser, und Sie weinen!«

Mazarin brauchte die Friedensverhandlungen in Saint-Jean-de-Luz nicht mit der Erklärung zu eröffnen, daß man auf die Infantin keinen Wert lege. Jeder Beruf, der ernst genommen wird, hat seinen ihm eigentümlichen Verzicht. Ein Priester entsagt der Sinnlichkeit, ein König der Romantik, ein Künstler dem Schwert, ein Soldat der Freiheit des Geistes.

Mazarin ließ sich fortlaufend Bericht aus Paris erstatten und erfuhr, daß Maria und Ludwig sich schrieben. Der König sitze vor dem Papier und händige den Kurieren Bündel von Briefen aus. Die Königinmutter habe seinem Flehen nachgegeben, sie habe ihm erlaubt, Maria ein letztes Mal zu sehn. Mazarin wies darauf hin, daß dieser Besuch seine Stellung bei den Spaniern schwäche, und um ein Ende zu machen, veröffentlichte er die Verlobung Ludwigs XIV. mit Maria Theresia von Habsburg.

In seiner wechselreichen Laufbahn waren diese Tage nicht die unbewegtesten. Vollauf mit den Lebensinteressen des Königreichs beschäftigt, mußte er die eindringlichsten Briefe an Ludwig schreiben. Er verlor Appetit und Schlaf. Gicht und Blasenstein verursachten ihm heftige Schmerzen. Maria war eine ernsthafte Gegnerin geworden. Um einen sicheren Boten zu gewinnen, half sie ihrem Bruder aus der Zitadelle von Breisach, wo der junge Mann eine vom Kardinal verhängte Haft absaß.

Sie gewann auch ihren eigenen Wächter, einen Vetter Colberts, für sich. Aber als die Verlobung des Königs mit der Infantin veröffentlicht wurde, sprach sie mit einem kurzen, stolzen Entschluß die Unterwerfung aus. Der Kardinal war überrascht und beglückt.

Sie hatte die Partie verloren. Ein Schauspiel wollte sie nicht geben, weder das der leidenden Frau, noch das einer, die noch immer hofft. Das Frohe, Schuldlose der ersten Zeit mochte sie schon verloren haben, Charakterstärke hatte sie sich bewahrt. Sie brach den Briefwechsel mit Ludwig ab. Mazarin schrieb der Gouvernante, er werde Maria gut verheiraten, und empfahl als trostreiche Lektüre – Seneca. Im übrigen ordnete er an, daß Maria erst nach der Heirat des Königs an den Hof zurückkehren dürfe.

4

Auch Ludwig fand sich ab, wie immer vor einer neuen Tatsache, wenn darunter eine neue Frau verstanden wurde. Er fand sich so rasch ab, daß er Ungeduld verriet, als die Spanier die Heirat um einige Monate verschoben. Er reiste nach Südfrankreich, um auf die Infantin zu warten. Condé kam nach Toulouse und versöhnte sich mit dem Kardinal. Anna und Ludwig begaben sich gleichfalls zu Mazarin, dem Friedensbringer, dem triumphierenden Mann. Damals bat der vertriebene Sohn Karls I. von England ihn vergeblich um die Hand Ortensias. Er hätte auch Maria genommen – sie wäre ein Jahr später Königin von England geworden, die Stuart kehrten unvermutet zurück.

Um sein Versprechen einzulösen, schickte Mazarin zu Maria den Bischof von Fréjus und bot ihr die Heirat mit dem römischen Fürsten Colonna an. Maria lehnte ab, sie wolle Frankreich nicht verlassen. Mazarin lockerte die Zügel, indem er ihr die Rückkehr nach Paris erlaubte, während der Hof noch im Süden war. Die jungen Damen wohnten im Palais-Royal. Die Gouvernante erhielt die striktesten Anweisungen. Was die Besuche anlangt, so ist der erste bei Ludwigs Tante, Henriette von England, zu machen. Dann kommen in Betracht Frau von Carignano als Mutter des Grafen von Soissons, Frau von Vendôme und andere. In die Komödie darf man nur in Begleitung einer dieser Damen gehn.

Es wurde Juni 1660, bis in Fontarabia der spanische Gesandte am französischen Hof die Infantin für Ludwig XIV. heiratete. Mazarin war zugegen und sagte nach der Trauung, ein Unbekannter stehe vor der Tür, er wünsche die Infantin zu sprechen. Als sie den Fremden sah, wußte sie sofort, daß es Ludwig sei. Man hatte ihm so viel von ihrer Schönheit erzählt, daß er über die Grenze gekommen war. Die Hochzeit fand einige Tage später auf französischem Boden statt.

Maria Theresia, pausbäckig, weiß, blauäugig, blond, war rechtschaffen verliebt und blieb ihrem Gefühle treu, auch als sie schon nach einem Jahr die Kutsche mit Fräulein von La Vallière teilen mußte. Jetzt, auf der Heimreise, machte Ludwig unter dem Vorwand, La Rochelle zu besichtigen, allein einen Abstecher und besuchte das Fort, wo Maria gewohnt hatte. Die Erinnerung an sie war noch wach. Aber als er sie wiedersah, hatte sich allerlei begeben, was sein Selbstgefühl beleidigte.

Eine der ersten Familien Europas war die der Herzöge von Lothringen – in ihren eigenen Augen die erste. Karl III., im Dreißigjährigen Krieg Parteigänger des Kaisers, dann der

Fronde, hatte sich 1653, nach dem Sieg Mazarins, geweigert, unter dem aufständischen Condé zu dienen, und war als Gefangener nach Spanien gebracht worden. Der Friede von 1659 gab ihm die Freiheit zurück. Er war fünfundfünfzig – sein Neffe und vorgesehener Nachfolger gleichen Namens sechzehn.

Der ältere Karl hatte manches Stück seines Landes an Frankreich abtreten müssen. Jetzt bat er, in der Hoffnung, das Verlorene zurückzugewinnen, Mazarin um die Hand Marias, für den Neffen, der vier Jahre weniger als sie zählte.

Die Ausdrücke des regierenden Herzogs waren so derb, daß Soldaten erröten konnten. Die vornehmen Damen fanden, daß sie eine Abwechslung seien. Er kaufte sich seine Stiefel selbst ein, hielt keine eigene Kutsche, benutzte vielmehr die eben eingeführten öffentlichen zu fünf Sous die Fahrt und schlief jede Nacht anderswo, wie es gerade kam, am liebsten bei den Karmelitern. Die ewigen Kriege, Gefangenschaften, Wechselfälle hatten einen fürstlichen Zigeuner aus ihm gemacht. Seine Eheabenteuer entsprachen diesem Stil. Die erste Verbindung, mit einer Kusine, löste er eigenmächtig durch Verstoßung. Die zweite, mit der verwitweten Prinzessin Cantacroix, erkannte der Papst nicht an, er exkommunizierte das Paar.

Der Onkel warb um Maria, der Neffe begann ihr den Hof zu machen. Er war, nunmehr siebzehn, ein schöner Junge, und die Aussicht, regierende Herzogin zu werden, sagte ihr mehr zu als die auf einen Colonna. Ludwig war ein unfertiger junger Mensch, und Karl in noch höherem Grade: der Instinkt sagte ihr, daß sie Frauen ihrer Art brauchten.

Sie traf sich mit Karl in den Tuilerien und in den Kirchen. Ihr Temperament war ungestümer geworden, sie riß den Jüngling mit. Jedoch der ältere Karl stand nicht gut mit seinem Bruder und sagte sich, daß er selbst noch Kinder zeugen könne. Launisch, wie er war, ließ er Mazarin plötzlich wissen, um Maria werbe er für seine eigene Person. Der Prinzessin Cantacroix, die sich als seine Frau betrachtete, schrieb er, alles sei nur eine Komödie, um die verlorenen Gebiete zurückzugewinnen, man werde schon einen Ausweg finden, wenn es so weit sei.

Die neue Werbung um Maria wurde Mazarin vom Herzog von Guise, einem Mitglied des Hauses Lothringen, überbracht. Mazarin gelangte auf Schleichwegen in den Besitz jenes für die Prinzessin Cantacroix bestimmten Briefes. Er wies Onkel und Neffen die Tür.

Maria raste. Nach diesem zweiten Mißerfolg drohte sie, ins Kloster zu gehn. Um diese Zeit führte Ludwig XIV. seine junge Frau heim. Maria wurde ihr in Fontainebleau vorgestellt, ein schmerzlicher Augenblick, und doch folgte ihm ein noch schmerzlicherer. Der König, der eben erst zu La Rochelle in den Spuren der Erinnerung gewandelt war, fühlte sich enttäuscht. Er behandelte Maria kalt, nachdem er von ihren Begegnungen mit dem jungen Lothringer gehört hatte. Er verzieh nicht, daß man ihn so schnell vergessen konnte.

Maria mied den Hof und ging auch in Paris allen aus dem Wege, um so mehr, als der Knabe Karl nun mit der zwar sechzehn Jahre älteren, aber sehr reichen Grande Mademoiselle zusammengebracht wurde. Wenn auch dieser Plan auf sich beruhen blieb, so empfand Maria doch die Qualen der Eifersucht neben denen der Demütigung, die sowohl Ludwig wie Karl ihr bereiteten. Sie verlor an innerem Halt und war nicht mehr die Maria der Lyoner Zeit.

Der Bruder der savoyischen Prinzessin, die Ludwig in Lyon besichtigt hatte, der regierende Herzog, bot Mazarin an, eine seiner Nichten zu heiraten, wenn Savoyen die Festung Pinerolo zurückerhalte. Vor allem wäre Maria in Betracht gekommen. Aber das Besatzungsrecht in Pinerolo war zu wichtig, als daß der Minister es hätte darangeben können.

Um über die beiden Karl noch ein Wort zu sagen, so wollte der Onkel in der Folge die Tochter eines Apothekers heiraten und setzte fest, daß die Kinder aus dieser Ehe thronfähig seien. Ludwig XIV., zu dessen Zielen es gehörte, das unentbehrliche Lothringen seinem Reich einzuverleiben, ließ das Mädchen kurzerhand ausheben und in ein Kloster stecken. Daraufhin heiratete der einundsechzigjährige Karl eine Aspremont von dreizehn und starb anno 75 kinderlos, nachdem er zum Kaiser übergegangen war und am Oberrhein gegen Turenne gekämpft hatte.

Sein Nachfolger als Feldherr wurde der jüngere Karl, nunmehr der Vierte – es gibt auch eine andere Zählung, nach der er der Fünfte ist. Wir werden ihm noch begegnen. Durch ihn wurde jene Verbindung der Häuser Habsburg und Lothringen hergestellt, der zur Zeit Maria Theresias die lothringische Fortführung des Stammes Habsburg entsprach.

5

Die Aufregungen zur Zeit des Pyrenäenfriedens und der lange Aufenthalt in einer sumpfigen Gegend waren dem Befinden Mazarins nicht günstig gewesen. Die Gicht ergriff den ganzen Körper, und er fühlte das Ende nahen.

Lorenzo Colonna, Großkonnetabel von Neapel, später Vizekönig der spanischen Krone daselbst, hatte seine Bewerbung um Maria aufrechterhalten. Sie klammerte sich noch immer an den Gedanken, den Neffen des Herzogs von Lothringen zu heiraten, mit der Verzweiflung der zweiten Leidenschaft. Nur die Angst, durch den Tod des Kardinals an Wert zu verlieren, bestimmte sie, nachzugeben. Sie haßte Colonna, ohne ihn gesehn zu haben.

Mazarin starb am 9. März 1661, einer der erfolgreichsten Männer der Geschichte. Er hinterließ ein ungeheures Vermögen. Noch während seiner Krankheit hatte er jeden Abend die im Spiel gewonnenen Goldstücke gewogen, um die leichtesten für die Karten des nächsten Tages auszusuchen. Zuletzt gab er Zeichen einer ungewohnten Frömmigkeit, aber auch einer gefaßten Haltung. Von seinen Erben wird verallgemeinernd berichtet, daß sie ausgerufen hätten, nun sei er endlich krepiert.

Er vermachte Maria eine Rente von 100000 Livres aus italienischen Werten und sein schönes Haus in Rom. Als er starb, war der an Colonna zur Unterschrift gesandte Ehevertrag noch nicht zurückgekommen. Maria glaubte schon, der Konnetabel verzichte. Das Schriftstück traf ein, und die Heirat fand in der Kapelle des Königs statt, durch Stellvertretung. Maria war Fürstin geworden und erhielt bei der Königin die Ehre des Tabourets, das heißt, sie durfte sich bei ihr setzen.

In Begleitung des Erzbischofs, der sie getraut hatte, des Gattenstellvertreters, der Gouvernante und von fünfzig Garden des verstorbenen Onkels brach sie nach Mailand auf.

Colonna war ihr bis hierher entgegengereist, ein hitziger Mann, der noch am gleichen Abend seine Eherechte geltend machen wollte, obwohl Maria krank und in schrecklicher Stimmung eintraf. Die Gouvernante gab ihm zu bedenken, daß er die Messe des nächsten Tages abwarten müsse.

Er mußte sich noch längere Zeit gedulden, sie hatte offenbar einen seelischen Zusammenbruch erlitten und kam mit allen widerstrebenden Gefühlen. Erst in Rom verstand sie sich dazu, ihm nachzugeben. Er war so entzückt, sie unberührt zu finden, daß er seine Meinung über die Sittenlosigkeit der Pariser Frauen änderte und Maria erlaubte, in Rom so frei, wie sie es gewohnt war, zu leben. Diese Mitteilungen stehn in den Memoiren ihrer Schwester Ortensia.

Maria führte in Rom die Teilnahme der Frauen am Kartenspiel, die Tanzabende und die Unterhaltungen im Salon ein. Die Römerinnen waren nicht gewohnt, den Mittelpunkt der Veranstaltungen zu bilden. Die französischen Kavaliere strömten dem Palazzo Colonna zu und verbreiteten den Ruhm seiner Gemälde, Springbrunnen, Reichtümer jeder Art.

Das Bett Marias hatte die Gestalt einer von Seeungeheuern getragenen Muschel. Auf den Ungeheuern kauerten Sirenen, und zwölf Kupidos hielten die Vorhänge des Betthimmels, der aus Goldbrokat war. Die Colonna besaßen gewaltige Landgüter mit Villen. Jagden im Gebirge, die vierzehn Tage dauerten, führten nicht aus ihrem Bezirk heraus. Es kam vor, daß sechzig Eber auf der Strecke lagen. Das Ehepaar reiste zum Karneval von Venedig, der berühmt war. Die Vergnügungssüchtigen von ganz Europa, nicht zuletzt deutsche Prinzen, trafen dort zusammen.

Eine Anekdote, wonach Colonna seiner Frau gleich zu Anfang das Zimmer ihres Großvaters zeigte, der Kammerdiener bei dem seinigen gewesen war, und Maria erwiderte, sie wisse nicht viel von diesem Großvater, wohl aber, daß von allen ihren Schwestern keine unglücklicher verheiratet sei, bereitet die kommenden Ereignisse vor.

Dadurch, daß Maria eine in Rom unbekannte Freiheit einführte, wurde sie auf die natürlichste Weise die Nebenbuhlerin Christines von Schweden, die seit der Abdankung und dem Übertritt in Rom wohnte. Christine richtete das erste allgemeine Theater ein, das im Winter täglich spielte. Sie hatte darin eine mit Damast ausgeschlagene, mit goldenen Fransen und Spitzen garnierte Loge. Hier saß sie jeden Abend inmitten eines Dutzends Kardinäle. Mit dem noch jungen Kardinal Azzolino verbanden sie wärmere Beziehungen. Er achtete darauf, daß es bei ihr im Palazzo Riario nicht mehr so zigeunerhaft wie im ersten Jahre zuging, litt aber an Geldmangel wie sie und unterhielt ein Laboratorium, worin sie zusammen nach dem philosophischen Stein suchten. Christines Hofstaat bestand fast nur aus Männern.

Beim Karneval sah Christine aus einer Loge den Rennen und Maskeraden zu, Maria aus einer andern, die gegenüberlag, und die vornehme Welt versammelte sich bei ihr, nicht bei der Königin, schon deshalb, weil Colonna die Rennen veranstaltete. Christine beklagte sich über nicht genügende Beachtung der Herren, und der Papst befahl, daß sie aus Rücksicht auf die Königin unbedeckt zu bleiben hätten.

Hausdichter Marias war Filippo Acciajoli, ein Mann, der die Welt einschließlich Amerikas kannte, ein vorzüglicher Unterhalter war und Libretti zu Melodramen schrieb. Melani und Stradella verfaßten die Musik dazu. Auch Marionettenspiele führte Acciajoli im Haus der Konnetablin auf. Ein Marionettentheater, das er dem Großherzog von Toskana schenkte, hatte hundertzwanzig Figuren.

6

Maria gebar so rasch, wie es sich machen ließ, drei Söhne. Dann streikte sie und verlangte von dem heißblütigen Fürsten unter dem Vorwand, die letzte Geburt sei zu schwer gewesen, daß man fortan wie Bruder und Schwester lebe. Colonna hielt das nicht lange aus. Er stahl sich in den Nächten fort, stieg auf einer Strickleiter über den Balkon der Marchesa Murti oder schlüpfte durch ein geheimes Pförtchen, das sein Haus mit dem der Marchesa Rusca verband. Sein Benehmen gegen Maria wurde täglich kühler, er öffnete kaum mehr den Mund.

Als man gerade in Venedig war, kam eine schöne junge Dame zu Besuch. Dem Fürsten entgingen ihre Reize so wenig wie andern. Auch ein würdiger französischer Präsident und ein milchbärtiger Italiener umwarben sie, doch trug der Hausherr den Sieg davon. Diese Marchesa schloß sich dem Fürsten und der Fürstin auf der Heimreise an, der Marchesa wiederum Präsident und Milchbart – im Land der Patiti und des Cicisbeo kein seltenes Schauspiel. Den Italiener raffte in Bologna ein Fieber hinweg; man schrieb es der verschmachtenden Liebe zu.

Maria versagte sich zwar dem Gatten, nahm es ihm aber sehr übel, daß er ihr nicht treu blieb, und leitete daraus das Recht ab, sich schadlos zu halten. In der Entwicklung ihres Charakters war wieder ein Wegstück zurückgelegt. Die Entwicklungen bestehen meistens darin, daß man sich den Verhältnissen anpaßt und dem Stolz, mit dem man angefangen hat, den Abschied gibt.

Sie kam mit einem Kardinal, der der Neffe Alexanders VII. war und nicht eben vorbildlich lebte, ins Gerede, gelegentlich einer dieser Jagden, die zwei Wochen dauerten und bei denen man oft im Freien schlief. Wie burschikos sie mit ihm stand und wie sehr sie sich geändert hatte, geht daraus hervor, daß sie ihm nachher in Rom, während er noch schlief, die Gewänder fortnahm und selber anzog, mit dem Anerbieten, an seiner Statt Audienz zu erteilen.

So weit waren die Dinge gediehen, als 1670 der Chevalier de Lorraine, den Ludwig XIV. schon seit längerem aus Frankreich verbannt hatte, sich vornahm, bei der Frau, die des Königs Jugendliebe gewesen war, Erfolge zu haben. Er zählte siebenundzwanzig, sie einunddreißig. Chevalier wurde er als Anwärter des Malteserordens genannt, und verbannt war er worden, weil Henriette von Orléans sich bei ihrem Schwager, dem König, beklagt hatte, er zerstöre ihre Ehe – der Herzog war dem jungen Mann, der als ein Apoll oder Adonis geschildert wird, so hörig, daß er einen Kniefall tat, um den Liebling zu behalten. Henriette starb in diesem Jahr 1670 plötzlich, nach ihrer eigenen Behauptung an Gift. Es gab Leute, die überzeugt waren, der Chevalier habe es einem seiner Vertrauten geschickt, um die Herzogin zu beseitigen.

Der Chevalier war in Rom nicht beliebt. Er trug seine französische Überlegenheit zur Schau. Der Konnetabel wütete, der Kardinal beklagte sich, als Maria den Lothringer zu ihrem ständigen Begleiter bei Spaziergängen, bei den Serenaden der Sommernächte, bei Jagden und am Spieltisch machte. Für sie war es ein Grund mehr, auf seiner Gesellschaft zu bestehn. Er veranlaßte seinen Gönner, den Herzog von Orléans, Maria ein Jagdkostüm im Wert von tausend Pistolen zu schicken, Pariser Arbeit, aufs reichste verziert.

Das Ziel der Spaziergänge war das Tiberufer außerhalb der Stadt und eine Badehütte, die sich im Grünen versteckte. »Als ich bis zum Hals im Wasser stand«, heißt es in den Memoiren Marias, »bat der Chevalier um die Erlaubnis, mich so malen zu lassen, da er nie einen Körper von so guten Proportionen gesehn habe. Der Konnetabel behauptete, ich hätte mich dem Chevalier ganz nackt gezeigt, aber meine Leute wissen, daß ich das Badehäuschen nicht verließ, ohne ein Hemd von Gaze zu tragen, das mich bis zu den Füßen einhüllte. Der Konnetabel schickte Spione hinter mir her, wohin ich auch ging, und bediente sich dazu der ältesten Gettojuden, die gewohnt waren, überall herumzustreichen... Man hat mich wie die größte Verbrecherin der Welt behandelt. Ich ertrug diese römischen Bosheiten nicht mehr und beschloß, nach Frankreich zurückzukehren.«

Außer dem Einfluß des Chevaliers von Lothringen unterstand Maria dem ihrer Schwester Ortensia und ihres Bruders Philipp, beide im Augenblick in Rom und beide wenig geeignet, zur Vernunft zu reden. Ortensia, die vor ihrem Mann nach Italien geflohen war und sich in Rom schlecht aufführte, sollte in ein Kloster gesteckt werden, daher sie auf neue Flucht sann. Maria wiederum hatte Angst, Colonna wolle sich ihrer entledigen, und schrieb ein Unwohlsein einer Vergiftung zu. Auch sie bereitete die Flucht vor.

Der Chevalier, der beim König in Ungnade stand, wird ihr die Einreiseerlaubnis schwerlich verschafft haben, ging vielmehr, um nicht der Beihilfe verdächtigt zu werden, nach Neapel, als es so weit war. Sie fand andere Mittel und Wege. Daß Ludwig XIV. einwilligte, muß überraschen. Vielleicht hatte sie ihm direkt geschrieben, von ihrer Furcht vor Gift erzählt und versichert, sie werde nicht an den Hof kommen. Jedenfalls überlegte er, der sonst grundsätzlich lange überlegte, nicht genug, daß Colonna sich an den Papst wenden könne. Es ist auch möglich, daß Maria nicht von einer Flucht, sondern nur von einem Besuch sprach.

Die Flucht erfüllte alle Vorschriften eines Romans im Geschmack der Zeit. Als Colonna gerade abwesend war, setzten sich Maria, Ortensia und zwei Dienerinnen, darunter eine türkische, in einen Wagen, um angeblich nach Frascati zu fahren. Vor der Stadt gaben sie dem Kutscher ein anderes Ziel an, Cività Vecchia, wo eine Feluke wartete.

Maria hatte siebenhundert Pistolen, ihre Perlen und viele Schmuckstücke mitgenommen, Ortensia ihr ganzes Gepäck zurückgelassen. Jede der vier Frauen trug Männerkleidung unter den Röcken. Unterwegs legten sie die Röcke ab. Zuerst fanden sie die Barke nicht, dann mußten sie sich von Fischern, die wohl merkten, daß ihnen keine Männer am Halse hingen, durchs Wasser tragen lassen. Die Leute in der Barke hatten Galgengesichter. Um nicht umgebracht oder an türkische Korsaren verkauft zu werden, mußten die Damen tief in den Beutel greifen.

Neun Tage dauerte die Fahrt bis Monaco. Da die Reisenden aus einem Pesthafen kamen, sollten sie in Quarantäne gehn. Sie kehrten aufs Meer zurück und irrten vor der Küste hin und her. Colonna suchte sie mit vierzehn Spähern zu Land und der gesamten Flotte des Großherzogtums Toskana. Endlich stiegen sie in einem kleinen Hafen aus, legten wieder Frauenkleidung an und ritten nach Marseille. Hier übergab ihnen der Galeerenkommandant die Pässe mit einem Empfehlungsbrief Ludwigs an den Königsleutnant in Aix.

Der Königsleutnant war der Schwiegersohn der Frau von Sévigné, die ihre Tochter in Briefen, die der Literaturgeschichte angehören, über die Pariser Dinge und Menschen auf dem laufenden hielt. Das erste, was Frau von Grignan tat, war, daß sie den Romanheldinnen mit den Perlen die fehlenden Hemden schickte. Die Schwestern blieben einen Monat in Aix. Das Parlament forderte Ortensia auf, zu ihrem Mann zurückzukehren, und Colonna, den der Papst unterstützte, verlangte vom König, er solle Maria nach Italien abschieben. Ganz Europa, soweit es die ›Gazette de Hollande‹ las, nahm den Skandal zur Kenntnis.

Aus Angst vor der Verhaftung begaben sich die Schwestern auf Schloß Mirabeau und warteten die Antwort des Königs ab. Maria hatte ihn angefleht, ihr eine Unterredung zu gewähren. Die Damen reisten dem Bescheid entgegen; als er eintraf, hatten sie sich bis in die Dauphiné vorgewagt. Der König befahl der Frau Konnetabel, Aufenthalt im Kloster zu nehmen.

Sie beschloß, alles auf eine Karte zu setzen – die Aussprache zu erzwingen. Ludwig wies die Postmeister an, ihr keine Pferde zu stellen. Trotzdem gelangte sie bis in die Nähe von Paris, aber das war auch alles. Da der König sich weigerte, sie zu sehn, mußte sie in einem Kloster absteigen; da sie keine Ruhe gab, mußte sie es mit einem entfernteren vertauschen, das in der Nähe von Reims lag. Ludwig schickte ihr tausend Pistolen, die alle sechs Monate erneuert werden sollten.

Einer Zermürbung ausgesetzt, der sie mit leeren Gebärden des Stolzes begegnete, verließ Maria Frankreich und ging nach Savoyen. Hier war Ortensia und hatte es besser getroffen, sie ließe sich mit dem Herzog ein, demselben, den wir aus Lyon kennen. Maria wollte er nicht auch noch auf sich nehmen; er wies ihr ein Kloster an. Mit dem Stolz war es nicht mehr weit her, sie bestürmte den König von Frankreich, sie über die Grenze zu lassen. Die Grenze wurde ausdrücklich für sie gesperrt. Der Herzog von Savoyen war ihrer überdrüssig und empfahl ihr die Aussöhnung mit Colonna. Sie überwarfen sich.

Hinter dem Rat, nach Flandern zu gehn, steckte Colonna, der Einfluß in Spanien hatte. Maria ahnte es nicht und reiste nach Norden, durch das Kriegsgebiet am Rhein. Kaum in Mecheln angelangt, wurde sie vom spanischen Gouverneur verhaftet. Ein Kriegsschiff der verbündeten Engländer brachte sie nach San Sebastian. Man behandelte sie sehr höflich, der Nuntius schickte ihr seine Kutsche aus Madrid entgegen, aber dem Kloster entging sie nicht. Selbst die Erlaubnis, einmal in der Woche auszugehn, wurde ihr verweigert. Sie machte einen Fluchtversuch. Die Nonnen nahmen sie erst wieder auf, als der Nuntius mit der Exkommunizierung drohte.

Inzwischen war es 1677 geworden. Achtunddreißig Jahre hatte sie erreicht, achtunddreißig noch zu leben. Bei Frauen, die in der ersten Hälfte des Lebens nicht Wurzel geschlagen haben, ist die zweite inhaltlos. Maria hielt den Staatsrat durch Bittschriften und neue Fluchtversuche in Atem. Einmal erlangte sie die Erlaubnis, in Madrid zu wohnen, wurde aber zu den Nonnen, die sich mit Händen und Füßen wehrten, zurückgeschafft. Man bewilligte ihr nun größere Freiheit. Sie liebte es, abends in der Stadt zu sein, und ließ sich auf dem Prado ansprechen.

So lernte sie einen häßlichen Spanier kennen, mit dem sie eine Liebschaft unterhielt. Vor Colonna, der Vizekönig von Aragon geworden war, verschloß sie sich. Kaum daß sie ans Gitter im Sprechzimmer ging, wenn er Besuch im Kloster machte.

8

1680 finden wir sie als Insassin eines anderen Klosters, aber häufig zu Gast bei Frau von Villars, der neuen Botschafterin, aber auch – im Hause Colonnas. Wenn in einer Ehegeschichte und, entsprechend, im Charakter der Beteiligten ein bestimmter Grad der Zersetzung erreicht ist, fehlt allem, was getan und gefühlt wird, der Logos, weil die Haltung fehlt. Colonna, weit entfernt, sie zu vergiften, ist plötzlich ein duldsamer Ehemann. Sie wird nun als schöne, lebhafte Frau mit tiefschwarzen Locken geschildert, trotz ihrer einundvierzig Jahre.

Colonna sollte nach Rom zurückkehren. Sie weigerte sich, ihm zu folgen: das Horoskop verkünde ihr den Tod, wenn sie noch ein Kind von diesem Mann bekomme. Offenbar hatte sie das, was man heute ein Trauma nennt, eine hysterische Angst vor seinen hahnenhaften Vaterschaftsgelüsten.

Eines Abends drangen ein Mitglied des Staatsrats, Colonna, ein Alkade und seine Häscher in ihr Schlafzimmer ein. Sie stach den Alkalden mit einem Messer, wurde gebunden und auf die Festung nach Segovia geführt. Die großen Damen empörten sich darüber; um diese Zeit feierte die Tochter Marias ihre Verlobung mit dem Herzog von Medina Celi. Man bearbeitete Colonna und war über die Lösung, die er vorschlug, verblüfft: Maria solle den Schleier nehmen, er werde in den Malteserorden eintreten.

Dabei blieb er, wenigstens was seine Frau betraf. 1681 kam sie nach Madrid. An der Klosterpforte nahmen die Nonnen, die Kerzen trugen, die Novize in Empfang und geleiteten sie in den Chor zur Einkleidung. In der Folge, wenn die Nonnen nicht zugegen waren, warf die Frau Konnetabel das wollene Gewand ab, und es kamen Unterröcke aus Brokat und Silber zum Vorschein.

Im übrigen fehlte alles; sie fror in einer Zelle, die nur ein Verschlag war. Colonna, dem sie ein Millionenvermögen mitgebracht hatte, erwirkte einen Dispens, der die Novizenzeit abkürzte. Er selbst hatte es nicht eilig, Malteser zu werden. Er reiste ab, auch die Villars kehrten nach Frankreich zurück. Nähere Nachrichten fehlen. Gewiß ist nur, daß Maria, nach den einen im Jahre 1684, nach den anderen später, aus dem Kloster floh, bevor sie die ewigen Gelübde ablegte. Sie wandte sich nach Frankreich.

Die Königin von Frankreich, die immer die Nebenbuhlerin in ihr gesehn und Furcht gehabt und ihre Rückkehr verhindert hatte, war tot. Ludwig XIV. drückte ein Auge zu. Nach dem Tode Colonnas, der 1689 starb, siedelte Maria nach Italien über. Laut Saint-Simon blieb sie hier bis 1705 und erlegte sich keinen Zwang auf.

Dann kehrte sie nach Paris zurück. Sie war nun sechsundsechzig alt. Gleichwohl sorgte Frau von Maintenon dafür, daß sie den Hof nicht mehr betrat. Maria bewohnte in Passy ein Häuschen, das ihrem Bruder gehörte. Die Memoiren der Jahrhundertwende schweigen. Als zur Zeit der Regentschaft der Präsident von Brosses in Italien reiste, hörte er verwundert, daß diese Frau, von der er einmal vernommen hatte, daß sie fast Königin von Frankreich geworden war, erst vor kurzem gestorben sei.

Ihr Leben endete im gleichen Jahr 1715 wie das Ludwigs XIV. Der langen Regierungszeit des Königs ist eigentümlich, daß die Mitspieler einander generationenweise ablösten. Was in den Tagen Mazarins sich ereignet hatte, war verschollen. Erst nach dem Tod des Kardinals wurde Ludwig der Mittelpunkt, die Sonne im Staat. Man darf wohl fragen, was Maria am seiner Seite erlebt hätte. Ohne Zweifel dieselbe Fülle der Favoritinnen, dieselbe Untreue. Aber es wäre dramatischer zugegangen, sie hätte sich gewehrt und ihren Namen in den Text der Geschichte geschrieben – der nun in den Anmerkungen steht.

Es war ihr nicht verliehn, sich mit einem Los zu bescheiden, das sie immerhin zur vornehmsten und reichsten Frau Roms machte. Von der kleinen Savoyerin, die in Lyon verschmäht wurde, hätte sie es lernen können. Aber dazu muß man als Prinzessin geboren sein. Das Gute und das Starke, das ihr mitgegeben war, zerbrach, und ein Herz, das Gott nicht demütig suchte, blieb leer. Es überließ sich den modernen Vorstellungen vom persönlich gestalteten Leben und wollte sie erzwingen.

VI

ORTENSIA MANCINI

Herzogin von Mazarin

1

1646 geboren, war sie das jüngste der drei Mädchen, die 1653 auf dem Genueser Schiff nach Frankreich fuhren. Sie versprach früh, unter den Schwestern oder Kusinen die schönste zu werden, und enttäuschte später nicht. Der Kardinal liebte sie vor allen anderen.

Vorerst mußte sie Maria ins Kloster begleiten. Mit zehn kehrte sie in den Louvre, unter die Fittiche der Gouvernante zurück. Sie machte die Reise nach Lyon mit, danach die nach dem Fort bei La Rochelle. Während der aufregenden Monate, in denen so viele Briefe an den König nach Paris und an den Oheim an der spanischen Grenze gingen, war sie die Vertraute Marias. Fast möchte man annehmen, daß die älteren Angaben, wonach Ortensia 1643 geboren wurde, besser zu den Ereignissen passen, vor allem zu den vielen Heiratsplänen.

Das gegebene Familienmitglied, das als Herzog von Mazarin den Namen weiterführen konnte, wäre der Neffe des Kardinals, Philippo Mancini, gewesen. Aber der Charakter und die Gaben des jungen Mannes entsprachen nicht den Wünschen des Oheims. Er beschloß, Ortensia zur Haupterbin zu machen und dem, der sie heiratete, eine Bedingung aufzuerlegen: daß er den Namen Mazarin und das Wappen annehme. Dafür erhielt er das Herzogtum Mayenne und die elsässischen Besitzungen des Kardinals. Das Herzogtum Nevers dagegen wurde für Philipp abgetrennt.

An der Bedingung des Namenswechsels scheiterten die

ORTENSIA MANCINI

Verhandlungen mit Turenne, dem Sohn des Herzogs von Bouillon. Turenne war fast fünfzig und damals noch Kalvinist. Karl Stuart, der Sohn des hingerichteten Königs, bat um Ortensias Hand. Mazarin wies den Prätendenten ohne Land ab. Auch politische Gründe spielten mit, er war mit Cromwell verbündet. Cromwell starb 1660, sein Sohn verzichtete noch im gleichen Jahr. General Monk gab Karl den Thron zurück, und die Mutter des neuen Königs hätte auch jetzt noch Ortensia gern als Schwiegertochter gesehn; als Französin segelte sie im Fahrwasser des Kardinals.

Mazarin zeigte abermals keinen großer Eifer. Er hielt in diesen unsicheren Zeiten einen einheimischen Herzog für sicherer als einen englischen König, und er verfolgte seine eigenen Pläne, was Ortensia betraf. Der Bruder des Königs von Portugal wurde ebenfalls abgelehnt. Er hatte, da der König kränklich war, Aussicht auf den Thron und bestieg ihn auch später.

Es meldete sich und wurde abgewiesen der Herzog von Savoyen, der in Lyon erklärt hatte, er habe von Frankreich genug. Eine Zeitlang dachte Mazarin an den Prinzen von Courtenay – ein nicht uninteressanter Plan. Der letzte Karolinger war Ludwig der Faule, der anno 987 starb, und einer der ersten Kapetinger Ludwig der Dicke gewesen. Vom jüngsten Sohn dieses Vorfahren der Bourbons stammte die Nebenlinie Courtenay ab. Vier ihrer Söhne saßen auf dem Thron von Byzanz, aber was half das den Enkeln, die völlig verarmt und nur noch eine kleine Familie in der Provinz waren? Auch führten sie nicht mehr die Lilien im Wappen, und Heinrich IV. war ihrem Verlangen, als Prinzen von Geblüt anerkannt zu werden, ausgewichen. Mazarin hätte dem letzten Sprößling alles geben können, die Lilien, das Geblüt und den Reichtum, fürchtete jedoch die Erregung, mit der die Orléans, Condés, andern sich gewehrt haben würden.

Der Bräutigam, den er schließlich wählte, sah nicht im entferntesten auf eine so vornehme Abstammung wie die Linie Courtenay zurück. Aber wenn Armand de La Porte auch ein Urenkel eines Advokaten, nach Saint-Simon der eines Apothekers oder gar eines Portiers (daher La Porte) sein mochte, so war er doch ein Verwandter Richelieus und Herzog, wie schon sein Vater La Meilleraye, der seinen Rang dem eigenen Verdienst um die Armee verdankte, ein großes Vermögen erworben hatte und zu den wenigen Großen gehörte, die mit Mazarin Freundschaft hielten.

Armand de La Porte machte in der Frage der Namensänderung keine Schwierigkeiten. Die ungeheure Mitgift war eine Umtaufe wert. Er steckte sich hinter den Vertrauten des Kardinals, den Bischof von Fréjus, und versprach ihm 150 000 Livres, wenn er die Erbin heimführen könne. Als Mazarin das Ende nahen fühlte, beschleunigte er die Hochzeit. Ortensia oder, wie wir sie nun besser nennen, Hortense, war höchstens achtzehn Jahre alt, wenn nicht nur fünfzehn.

Es erhielten laut Testament alle Nichten ihr Teil, der Neffe sein Herzogtum, der König, die Königin Anna, Monsieur ihre Zuwendungen, die Schwester in Rom ihre Rente, die Krone achtzehn große Diamanten – unter der Bedingung, sie die Mazarins zu nennen –, der Kronschatz 600 000 Livres für den Krieg gegen die Türken und die Armen 6000 Livres. Nachdem das alles ausgezahlt war, blieben Hortense aus Ländereien ein Einkommen von anderthalb Millionen nach der geringsten Angabe und das Palais mit seinen unschätzbaren Werten.

Ein Gerücht wollte wissen, daß der Kardinal überdies fünfzehn Millionen in gemünztem Gold hinterlassen habe. Colbert, sein Intendant und von nun an der des Staates, mußte es wissen. Er soll nach einer geheimen Besprechung mit dem König diese Summe beschlagnahmt haben, um die leeren Kassen zu füllen. Hortense war die reichste Untertanin, ausgesprochen schön und jung: wird sie glücklicher als Maria werden? Ihr Gatte war Grandmaître der Artillerie und wurde Statthalter des Elsaß, der Bretagne und von Vincennes, seinerseits ein schwerreicher Mann.

2

An Hortense vermißt Frau von La Fayette Geist und Lebhaftigkeit: sie sei etwas indolent, aber das gefalle vielen Leuten bei einer schönen Frau. Saint-Simon entwirft vom Herzog von Mazarin ein schmeichelhaftes Bild: ›gracieux, affable et poli‹. Frau von Sévigné wiederum findet, schon sein Aussehen entschuldige alles, was seine Frau begangen habe. In der Tat, er sieht wie ein bleicher Schleicher aus.

Der alte Herzog von La Meilleraye machte sich Sorgen über das Geld und die Würden, die seinen Sohn erdrücken mußten. Es gehörte eine außerordentliche Stärke dazu, um so viel Glück zu ertragen. Armand Mazarin besaß keinen Ehrgeiz, das war das eine. Auch kein inneres Gewicht wie der König. Es fehlte ihm das Ausgeprägte im Guten wie im Bösen, sein Charakter brachte nur seltsame Blüten hervor.

Der König kam oft ins Palais Mazarin, für Armands Gefühl zu oft. Vestigia terrent, dachte der junge Ehemann und fand kein anderes Mittel, als seine Hortense in die Reisekutsche zu setzen. Die Unruhe freilich steckte in ihm selbst, er hielt es nirgends lange aus und hatte auch angesichts der vielen Güter und Posten genügend Vorwände. Immerhin hätte ein anderer seine schwangere Frau nicht den Erschütterungen des Wagens und der Dürftigkeit der Herbergen ausgesetzt. Hortense war während der ersten Jahre so gut wie immer in Umständen.

Sie brachte ihm alle Gefühle entgegen, die er erwarten konnte. Wenigstens versichert sie es in ihren Memoiren, die freilich nicht sie, sondern der Abbé von Saint-Réal verfaßt hat. Auch die Reisen wären ihr recht gewesen, wenn der Herzog nur etwas mehr Rücksicht genommen hätte. Es war kein Vergnügen, mitten auf der Landstraße niederzukommen.

An einer versteckten Stelle, in einem Brief des Bischofs von Bréziers an den Großherzog von Toskana, findet sich die Mitteilung, daß im Mai 1661 am Hof zu Fontainebleau Hortense Mazarin sich einen Dolch in die Brust habe stoßen wollen. Das war wenige Wochen nach ihrer Hochzeit. Der Bischof deutet »tragische und durch Intrigen verwirrte Dinge« an. Die Gefühle Hortenses gehörten anscheinend doch nicht ausschließlich dem Gatten.

Er verdarb ihr das Leben mit seiner Eifersucht. »Wenn ich mit einem Diener redete, wurde er am nächsten Morgen entlassen«, berichten die Memoiren. »Machte mir ein Mann zweimal hintereinander Besuch, so verbot ihm der Herzog das Haus. Gefiel mir ein Mädchen, schickte er es fort. Verlangte ich nach meiner Kutsche, so verhinderte er, wenn auch unter allerlei Scherzen, daß angespannt wurde.«

Die Eifersucht war die verständlichste seiner Seltsamkeiten. Wie ein Jansenist nahm er Anstoß an den nackten

Statuen, die Mazarin gesammelt hatte. Tartuffe warf nur sein Taschentuch über eine Blöße, der Herzog ging mit einem Hammer durch die Galerie und schlug, was ihn ärgerte, ab. Er ist auch in dieser Beziehung eine Bühnenfigur. Tizian und Correggio ließ er übermalen. Colbert, der wußte, was die Sachen gekostet hatten, kam eines Tages angestürzt, um zu retten, was noch zu retten war.

Der König, der sich von dem reichen Herzog mehr als einmal Geld ausborgte, ließ es beim Bedauern über den Vandalen bewenden. Der Herzog hatte Gesichte, er sah bald Gespenster, bald Engel. Jene brachten Hortense um die Nachtruhe, diese den König. Es konnte geschehen, daß La Meilleraye zu vorgerückter Stunde zu ihm kam und ihn im Namen des Erzengels Gabriel aufforderte, Fräulein von La Vallière den Laufpaß zu geben. Der König erwiderte trocken, auch ihm wäre der Erzengel erschienen und habe gesagt, der Herzog von Mazarin sei verrückt.

Nach dem Zeugnis Saint-Simons verloste Armand einmal die Posten im Haushalt, ›denn aus dem Los spreche Gottes Wille‹. Der Koch wurde so sein Intendant, der Parkettarbeiter sein Sekretär. Als Feuer im Palais ausbrach und alles herbeieilte, um zu löschen, verjagte er die Schurken, die dem lieben Gott in die Arme fielen. »Dank diesem Verhalten verringerte er die Last des ungeheuren Vermögens, die ihn bedrückte.«

Er war einer der Menschen, die mit ihren Konflikten nicht fertig werden und anders handeln, als sie denken. Mit den Jahren nehmen sie manische Züge an. Man erinnert sich, daß er dem Bischof von Frèjus 150 000 Livres versprach, wenn er die Erbin Mazarins heiraten könne: der Bischof bekam das Geld nie zu sehn. Der Herzog erklärte, sein Gewissen verbiete ihm, eine so anstößige Zusage zu erfüllen.

Man könnte meinen, er sei schon zu Lebzeiten eine legendäre Figur geworden: der eine erfindet diesen, der andere jenen Zug hinzu. Es heißt, den hübschen Mädchen, die Hortense gebar, habe er die Vorderzähne ausreißen wollen, damit sie nicht eine zu große Versuchung für die Männer würden. Auf seinen Gütern sollten die jungen Bäuerinnen nicht die Kühe melken, es sei der Keuschheit nicht förderlich. Am Freitag und Samstag durften die Ammen seinen Kindern nicht die Brust geben, denn es waren die Todestage des

Herrn. Er nahm Anstoß an der Körperhaltung der Butternden und Spinnenden. Auch daß männliche Gehilfen den Damen das Klistier gaben, gefiel ihm nicht. Er zog gelegentlich von Dorf zu Dorf und verteilte Katechismen eigener Abfassung. Um etwas für sein Seelenheil zu tun, verkaufte er die Stellung, die er in der Armee einnahm, die Großmeisterei bei der Artillerie, oder wollte sie verkaufen.

Auch die Toiletten Hortenses unterstanden seiner Aufsicht. Er verbot ihr die Mouches, die hübschen kleinen Schönheitspflästerchen. Heimlich nahm er ihr die Diamanten fort. Hortense ging weinend zu ihrem Bruder, der Haus an Haus mit ihr wohnte: der Herzog ließ das Schlüpftürchen zumauern. Als sie daraufhin erklärte, sie werde nun über die Straße gehn, versperrte er ihr den Weg. Sie stieß ihn fort, er öffnete ein Fenster und befahl schreiend, sie nicht hinauszulassen. An Zuschauern fehlte es nicht.

3

Der Ehekrieg war ausgebrochen. Hortense willigte ein, Aufenthalt im Kloster Chelles zu nehmen, der Herzog reiste allein nach dem Elsaß ab. Die Äbtissin war seine Tante, erklärte aber, sie sei mit der jungen Frau zufrieden. Das ärgerte ihn. Er erwirkte beim König die Erlaubnis, Hortense zu den strengeren Marienschwestern in der Bastille zu geben. Sie erfuhr das Geschick, das man widerspenstigen Ehefrauen oft bereitete.

Ihre Leidensgefährtin im Marienkloster war Sidonie von Courcelles. Colbert hatte die reiche Waise seinem Bruder verschaffen wollen, Louvois sie selbst begehrt und, wenn man ihren Memoiren Glauben schenkt, mit dem Marquis, der sie heiratete, einen schimpflichen Handel abgeschlossen. Zwar liebte er sie heftig, sie aber nicht ihn, sondern jenen schönen dummen Villeroy, den die Damen den Charmanten nannten und der König nicht fallen ließ, als er, später, eine Schlacht nach der anderen verlor. Einmal verdorben, war Sidonie die Geliebte von mehreren geworden, worauf ihr Mann sich ihr Vermögen aneignen und sie der Bastille übergeben konnte. Jede Zeit hat ihre eigenen Novellenstoffe; sie behandeln das Risiko, das die Frauen laufen.

Die beiden Damen spielten den Nonnen, die ihnen alles, sogar das Wasser zum Waschen der Füße, vorenthielten, Streiche. Hortense verwahrt sich dagegen, daß sie ihnen Tinte ins Weihbecken geschüttet hätten, gibt aber zu, zwei Koffer mit Wasser gefüllt zu haben, so daß die Betten der frommen Frauen beschmutzt wurden. Oder sie liefen in der Stadt so rasch, daß die Klosterfrau, die sie bewachen sollte, nicht mitkam. Aber wenn sie auch wie die Kinder waren, so tauschten sie doch die Erfahrungen ihres Geschlechtes, und falls Hortense es noch nicht wußte, vernahm sie nun von Sidonie, daß es zu nichts führt, nach dem Willen eines Gatten zu leben, der an den guten Gefühlen vorübergeht – da es nun einmal so ist, wie es ist, so muß man mitnehmen, was sich mitnehmen läßt.

Jener Liebhaber der Brinvilliers lernte in der Bastille das Giftmischen, die Herzogin die Selbsthilfe einer jungen Frau. Nach einer Weile hatten die Nonnen genug und schickten das Paar ins Kloster von Chelles zurück, das Armand ein Dorn im Auge war. Mit einem Erlaubnisschein des Erzbischofs versehn, pochte er an die Pforte, aber die Äbtissin übergab Hortense die Schlüssel und die damit verbundene Gewalt. Die Äbtissinstellvertreterin schickte ihn spöttisch nach Hause.

Er drohte wiederzukommen, und am nächsten Tag sah Hortense, die im Glockentürmchen saß, Kavaliere in einer Staubwolke nahen. Es waren ihre Schwäger Soissons und Bouillon, die zur Hilfe eilten, aber sie glaubte, der Herzog komme mit seinen Leuten, wollte durch ein Loch im Gitter des Sprechzimmers schlüpfen und blieb stecken.

Nun wurde das Parlament bemüht. Es ordnete an, daß Hortense im Palais Mazarin, der Artilleriegroßmeister im Arsenal wohnen solle. Die Kammer, die diese Anordnung erließ, bestand aus *jungen* Herren, die *sehr vernünftig* waren. Die Oberkammer, die der Herzog anrief, bestand aus *alten* Herren, die den Streit mit den Augen des Ehemannes ansahn. Hortense beschloß, zwar nicht direkt zu fliehn, wohl aber in Rom Maria Colonna zu besuchen. Ihre andere Schwester Olympia schalt sie aus: man sitze nicht unangezogen den ganzen Tag im Schlafzimmer und spiele Gitarre. Doch Hortense hatte außer dem Bruder den Chevalier von Rohan-Guéméné auf ihrer Seite, und diese Herren bereiteten die heimliche Reise vor – die sich in nichts von einer Flucht unterschied.

Der Chevalier fuhr sie in einer sechsspännigen Karosse ans Stadttor. Hier stieg sie, als Mann angezogen, zu Pferd und sprengte, nur von einer ihrer Frauen in derselben Aufmachung begleitet, geradenweges gen Lothringen, ins Morgenrot der Freiheit. Die neue Christine versichert, acht Tage lang habe sie weder gegessen noch geschlafen. Sie hatte nichts als ihre Steine und eine Summe Geldes mit. In der schönen Indolenten war das Temperament, die Lebenslust erwacht – sie sollte die Welt mit ihren Abenteuern füllen. In diesem Jahre 1668 wurde sie zweiundzwanzig alt.

Sie erklärt, daß der Chevalier in eine andere, hochstehende Frau verliebt gewesen sei, nicht in sie. Als sein wirklicher Vater galt der letzte Graf von Soissons, der Bruder der Schwiegermutter Olympias. Der Chevalier versuchte einige Jahre später den Spaniern eine Festung in die Hand zu spielen und wurde hingerichtet.

4

Der Herzog von Mazarin war nicht wie andere Ehemänner aufgebracht, vielmehr entzückt, da er nun nach Herzenslust prozessieren konnte. Nur in der ersten Aufwallung weckte er um drei Uhr nachts den König – der ihn an den Erzengel Gabriel verwies. Das Parlament ermächtigte ihn, seine Frau aufgreifen zu lassen, wo immer er die Hand auf sie legen könne. Er verklagte den Bruder Hortenses und den Chevalier: diesen verbannte der König und trieb ihn so auf den Weg, der am Schafott endigte. Der Bruder – Herzog von Nevers – war ein Schöngeist und hatte auch auf seine Schwester Verse gemacht. Der Gatte Hortenses ließ Fragen nach der Natur dieser Zärtlichkeiten an ihn stellen. Indessen, unter den Versen fand sich einer, der besagte, daß Hortense schöner als Venus und keuscher als Lukrezia sei.

Hortense fand in Nancy eine Eskorte, die der Chevalier ihr besorgt hatte, damit sie sicher nach Genf komme. Zur Eskorte gehörte ein Stallmeister von kleinem Adel. Dieser Courbeville oder Gouberville verliebte sich in die Herzogin und begleitete sie auch über die Alpen. Es war eine beschwerliche Reise. Hortense verletzte sich am Knie, und die Ärzte wollten ihr das Bein abnehmen. Eine Amazone mit dem Stelzfuß ist eine unmögliche Vorstellung.

In Mailand warteten Maria Colonna und der Konnetabel. Sie hatten hier einen Palazzo. Nevers stieß bald zur Gesellschaft. Er war empört, zu sehn, daß zwischen seiner Schwester und jenem Stallmeister intime Beziehungen bestanden. Auch die Colonna nahmen kein Blatt vor den Mund. Der Stallmeister blieb und reiste über Venedig und Siena mit nach Rom.

In den Briefen, die ein Herr von Belbeuf an seine Mutter schrieb, findet sich folgende Notiz aus Rom vom letzten Tag des Jahres 1669: »Obwohl man hier nicht übermäßig viele Frauen zu sehn bekommt, verbringen wir die Zeit recht angenehm mit der Frau Konnetabel und Frau von Mazarin, die äußerst zufrieden zu sein scheint, abgesehn von einer kleinen Unpäßlichkeit, darin bestehend, daß sie im sechsten oder siebten Monat schwanger ist.«

Dieser Belbeuf unterhielt wohl selber engere Beziehungen zu ihr, da sie ihm ihr Miniaturbild schenkte. Der Skandal war groß. Vor allem erregte man sich darüber, daß eine Dame derart tief unter ihren Stand heruntersteigen konnte. Der Stallmeister benahm sich so aufgeblasen, daß er endlich den Abschied bekam. Es wird nicht berichtet, was aus dem Kind geworden ist. Hortense zog in den Palazzo, den der Kardinal, ihr Onkel, hinterlassen hatte und der einem anderen Oheim als Wohnung diente, dem Kardinal Mancini.

Der Kardinal konnte schwerlich ihre Aufführung billigen. Noch weniger die Tante Martinozzi, bei der sie nun eine Unterkunft suchte. Die Sünderin verzagte, nahm Aufenthalt in einem Kloster und begann, mit dem Gatten zu unterhandeln. Er verlangte, daß sie zwei Jahre lang in der Zelle büße – dann werde er bestimmen, was zu tun sei. Sie hatte nicht die geringste Lust, so viele schöne Tage ihrer Jugend daranzugeben, und da gerade Nevers nach Paris zurückkehrte, um die Nichte der Frau von Montespan zu heiraten, schloß sie sich dem Bruder an, in der Hoffnung, den Ehemann persönlich leichter besänftigen zu können.

Die Geschwister nahmen sich sechs Monate Zeit, es wurde eine vergnügte Reise. Dem Herzog in Paris kam sie verdächtig vor, welch eine Gelegenheit zum Inzest. Als Hortense endlich in Nevers eintraf, waren ein Kommissar der Großen Kammer, der Oberst der Bezirksgendarmen und der Kapitän der Garden des Herzogs zur Stelle; alle hatten Anweisung, die Herzogin zu verhaften. Aber die Bürger der Stadt Nevers nahmen Partei für sie.

Fast wäre ein neuer Krieg um Helena entstanden. Der König schickte schleunigst Befehl, der Herzog habe sich mit seiner Frau auszugleichen. Der Herzog gab mit Tränen nach. Welch eine Gelegenheit, eine Gefangene zu machen, und man verdarb sie ihm.

Der König empfing Hortense an der Seite der Frau von Montespan. Er redete ihr zu, sich zu vertragen. Sie wiederholte nur lachend den alten Ruf der Frondisten: ›Point de Mazarin, point de Mazarin – kein Mazarin, fort mit Mazarin.‹ Hierauf bot Ludwig ihr die Rückkehr nach Rom an, vorausgesetzt, daß sie mit einem Bruchteil ihrer Rente, 24000 Livres, zufrieden sei.

Das war nicht viel für eine Frau, der jährlich anderthalb Millionen zuflossen. Aber auf die Waagschale, in der die Pension lag, kam auch die Freiheit; Hortense nahm an. Der König ließ sie von einem Polizeioffizier und zwei Garden an die Grenze bringen. Es sah wenig nach einem Ehrengeleit, eher nach einer Abschiebung aus; doch besteht sie in den Memoiren darauf, es sei eine Handlung der Höflichkeit gewesen. Man darf hinter dieser Lösung die Hand der Frau von Montespan vermuten. Sie wünschte das verführerischste der Mazarinmädchen recht weit vom König zu sehn.

5

Der neue Aufenthalt in Rom dauerte nur kurze Zeit. Maria Colonna forderte durch ihre Freundschaften mit jenem Kardinal Chigi und dem Chevalier von Lothringen ihren Mann so sehr heraus, daß sie sich vor Gift fürchtete. Die Schwestern beschlossen zu fliehn. Zwei Schöne fuhren mit einer Bemannung von Spitzbuben acht Tage lang übers Meer. Das Abenteuer der Damen, die keine Hemden hatten, ist uns bekannt.

Maria reiste nach Lyon weiter und geriet zuletzt in spanische Gefangenschaft. Hortense erfuhr, daß der Kapitän der

Garden ihres Mannes auf dem Wege sei, um sie zu verhaften. Sie bestieg abermals eine Barke und gelangte auf das Gebiet des Herzogs von Savoyen. Carlo Emanuele hatte sich einst um ihre Hand beworben. Er nahm sie gut auf, obwohl es in Turin nun eine Herzogin gab, bereits die zweite, eine Nemours. Die Nemours waren ursprünglich ein savoyischer Ast.

Bis zum Tod des Gastgebers verlebte Hortense drei ruhige Jahre. Chambéry, im nördlichen Savoyen halbwegs zwischen Lyon und Turin am See von Bourget gelegen, ein Städtchen mit einem großen Schloß, wurde ihre Sommerresidenz. Im Winter ging sie nach Turin. Die Mittel gewährte ihr der Herzog. Sie kam, wie es hieß, nicht in die Verlegenheit, ihm den Beweis ihrer Dankbarkeit schuldig zu bleiben.

Den Lebensmut Marias hatten die Enttäuschungen und die Unzufriedenheit zermürbt; Hortense, leichteren Sinnes, blieb unbefangen. Noch war sie keine dreißig alt und ihrer Schönheit so sicher, daß sie sich einfacher als üblich trug. Die größte Wirkung erzielte sie dadurch, daß sie ihre Frisur täglich wechselte; nach zwei Wochen kehrte die erste wieder. Sie ging sparsam mit dem Schmuck um und gebrauchte keine Parfüms, während ihr Onkel wie ein Garten geduftet hatte.

Der Herzog von Savoyen lud sie zu seinen Jagden ein oder besuchte sie in Chambéry. Es fehlte ihr nicht an geistigen Interessen. Sie las viel und hatte den römischen Sinn für die Künste. Damals entstanden ihre noch heute lesbaren Erinnerungen, eine Rechtfertigung, die 1675 erschien und leider keine Fortsetzung bekam. Sie hatte den Höhepunkt des Lebens noch nicht überschritten.

Diese Memoiren schrieb ihr Hausgenosse Saint-Réal nieder, ein Abbé ohne Weihe und Amt. Er war ein hübscher, dunkler Mann in der Mitte der Dreißig, aus Chambéry und einer Juristenfamilie gebürtig. Gerade erschien sein ›Don Carlos‹, den Schiller benutzt hat. Die Memoiren Hortenses wurden im Ichton verfaßt. Der Abbé besaß Geist und verstand es, sich in eine Frau einzufühlen.

Der Herzog von Savoyen starb 1675. Seine Frau übernahm die Regentschaft und forderte Hortense noch im gleichen Jahre auf, das Land zu verlassen. Der Rhein war Kriegsgebiet, Hortense sprengte unbekümmert hindurch. Ihre Freundin aus der Bastillezeit, Sidonie, hatte in Genf zu tun und schildert in einem Brief den Anblick, den die Herzogin gewährte: »Mit Straußenfedern und Perücke saß sie zu Pferd, zwanzig Reiter hinter ihr, sie redete von nichts als Geigen und Jagdpartien und allem, was Vergnügen schafft.« Unter den Reitern befand sich auch der Abbé von Saint-Réal.

Die Kavalkade kam im Badischen an der Stelle vorbei, wo in diesem Jahre Turenne geblieben war, einer der Männer, die einst als Ehegenossen Hortensens in Betracht gekommen waren. Mit einem anderen Bewerber, dem von Savoyen, hatte sie gute Erfahrungen gemacht: so dachte sie jetzt, wo eine Unterkunft gefunden werden mußte, an den dritten, Karl Stuart, König von England. Überdies war Karls Schwägerin, die Herzogin von York, ihre Kusine.

6

Jakob, Herzog von York, der Bruder Karls II. und sein vermutlicher Nachfolger, hatte vor zwei Jahren Maria Beatrice von Este geheiratet, die Tochter der Laura Martinozzi und des Herzogs von Modena. Diese Wahl kostete Jakob die Stellung als Großadmiral.

Es war die Zeit der Testakte, die festsetzte, daß jeder Staatsdiener die katholische Abendmahlslehre zu verwerfen und die Verehrung der Heiligen als Götzendienst anzusehn habe. Der König wartete den geeigneten Augenblick ab, wo er offen zum katholischen Glauben zurückkehren konnte; Jakob war schon übergetreten. Vorerst wurde noch jeder belangt, der Karl einen Papisten nannte.

Karls Frau, eine Portugiesin, hatte ihm Bombay mitgebracht und damit das Interesse Englands für Indien geweckt. Er war während der Jahre des Exils mehr Franzose als Brite geworden und fand das Leben auf der Insel langweilig, daher er alles tat, um es amüsant zu machen mit Hilfe von Geldern, die Ludwig XIV. ihm zahlte, von Mätressen und einem ebenso glänzenden wie liederlichen Hofstaat. Er hatte eine Anzahl natürlicher Kinder, aber keine legitimen. Vom Philosophen Hobbes in der Anschauung erzogen, daß Könige über den bürgerlichen Normen stehn, vertrat er denselben Autokratismus wie Ludwig XIV., immerhin mit dem Unterschied, daß es ihm weniger um den Staat als um den persönlichen Genuß zu tun war.

Hortense faßte leicht und rasch Fuß. Karl, damals fünfundvierzig alt, setzte ihr eine Pension von viertausend Pfund aus. Als ihm der Herzog von Mazarin schrieb, er erkenne keine von seiner Frau unterschriebene Quittung an, erwiderte er, es sei nicht seine Gewohnheit, von Damen solche Zettel anzunehmen.

Erste Mätresse war um diese Zeit eine Französin, Luise von Kérouailles, Herzogin von Portsmouth. Sie wurde von Ludwig XIV. bezahlt und hielt den französischen Gesandten auf dem laufenden. Es dauerte nicht lange, bis man sich erzählte, Hortense Mazarin sei auf dem besten Weg, ihre Stelle einzunehmen. Wenn sie wollte, konnte sie, auf eine Partei gestützt, eine politische Rolle spielen. Aber sie begriff diese Möglichkeit nicht so gut, wie ihre Schwester Maria es getan hätte – deren Ziel vermutlich ebenfalls England gewesen war, als sie in Mecheln gefangengenommen wurde.

Der große Ehrgeiz lag Hortense nicht. Sie verliebte sich in den Prinzen von Monaco, Herzog von Valentinois, aus dem Hause Grimaldi. ›Er kam für zwei Tage in Geschäften nach London und blieb zwei Jahre.‹ Der König ärgerte sich und entzog ihr die viertausend Pfund. Er gab sie zurück, es gelang ihr spielend. Sie wich den Intrigen aus und ersetzte sie durch eine glückliche Gelassenheit. Der König lud sie und die Herzogin von Portsmouth zu Gast, man stellte Wein und Süßigkeiten auf den Tisch, schloß die beiden Frauen ein und wartete vor der Tür darauf, daß sie, hintereinandergeraten, sich die Augen auskratzten. Nach einer Weile hörte man sie lachen. Der König war über die Aussöhnung, die ihn der Parteinahme enthob, begeistert und wies Hortense im Park von Saint James den sogenannten Pavillon als Wohnung an.

Hier schlug sie ihre Residenz auf und hielt Hof im kleinen. Alles lag ihr zu Füßen: der alte französische Gesandte, der ihretwegen abberufen wurde, der neue, die Gelehrten, der Vertreter Portugals, der sie von Turin her kannte und um die Versetzung nach London eingekommen war, die Herren der französischen Kolonie, der Abbé von Saint-Réal, der auch in der Fremde ihr Hausgenosse bleiben wollte, und sein Schriftstellergefährte Saint-Évremond, der als Gegner des Kardinals Mazarin und des Königs Frankreich nicht betreten durfte, nie seinen kühlen Kopf verloren hatte und es jetzt, mit fünfundsechzig, tat.

Saint-Réal kauerte, wenn die alten und die jungen Männer Hortense umschwärmten, verdüstert in der Ecke. Alles hatte er für sie aufgegeben und sah seine Treue schlecht belohnt. Er besaß die Kraft, sich loszureißen; eines Tages kehrte er in die Heimat zurück. Es blieb ihr als literarischer Künder Saint-Évremond, dessen Ruhm damals groß war und seither über Gebühr verblaßte.

Auch für ihn kamen bittere Tage. Nicht ewig dauerten die schönen Monate an, in denen der ›sündlosen, weil reuelosen Frau‹ der Geist, die Dichtung, die Wissenschaft alles galten und der gelehrte Kanonikus Vossius, der protestantische Réfigié Justel, der Schriftsteller Waller ernsthafte Gespräche mit ihr führten. Die Leidenschaft für die Karten erfaßte sie, und manchmal schien sich der Pavillon von Saint James in eine Spielhölle zu verwandeln: nun galt nur noch die Bassette.

Zweitausend Goldstücke lagen manchmal auf dem Tisch. Ein französischer Page sang Liebeslieder. Der König saß auf der Galerie mit Damen, deren keine ihm angetraut war, und das alles an einem der den Puritanern heiligen Sonntagabende. Hortense sei mehr geschaffen, geliebt zu werden, als selbst zu lieben, hatte Saint-Réal einmal gesagt.

Saint-Évremond, der ein glänzender Erzähler, ein vollendeter Vorleser und der nachsichtigste aller Freunde war, trug beim Ausgehn ihren Mantel und an Spieltagen ihre Launen. Wenn sie verreiste, pflegte er die Papageien, Katzen, Hunde, Affen, mit denen sie sich umgab. Sie schalt ihn, wie man unter Freunden tut, einen alten Dummkopf, und er fand, sie habe recht. Alle wußten, daß sie beim Spiel schwindelte, aber was machte es bei einer so souveränen Frau?

Sie war noch in reifen Jahren schön. Tiefschwarz sei sie und reinlich, lobte Saint-Réal. Saint-Évremond wiederum beugte sich über sie, um den Duft ihrer Haare zu atmen, und der französische Gesandte antwortete auf die Vorwürfe, die aus Paris kamen, amtlich: »Wenn Sie sie gestern die Furlana zur Gitarre hätten tanzen sehn –« Louvois berief ihn ab.

7

Sie schien gegen die Schmerzen der Seele gefeit zu sein. Da kam 1684, als sie schon Großmutter war, Olympias Sohn, der Chevalier von Soissons, zu Besuch, verliebte sich in die Tante, forderte den schwedischen Baron Banèr, den Sohn des Feldmarschalls, zum Duell, weil er in ihm den bevorzugtesten Nebenbuhler sah, und hatte das Unglück, ihn zu töten.

Hortense sperrte ihr Haus für alle Gäste und schloß sich in ihrem Zimmer ein, das sie schwarz ausschlagen ließ. Sogar ins Kloster wollte sie gehn. Der Schwede, den sie liebte, war älter als sie gewesen, und der Neffe, der ihr zu Füßen lag, war viel jünger – es ist eine Situation für Ninon von Lenclos, die andere Freundin Saint-Évremonds. Auf Hortense und auf Ninon schien der Aphorismus La Rochefoucaulds, daß das Alter die Hölle der Frauen sei, nicht zuzutreffen.

Zuerst gefiel Saint-Évremond die fromme Stimmung der Freundin. Als aber auch der Herzog von Mazarin sie lobte und aus Paris eine Botin schickte, die den Klosterplan unterstützen sollte, machte er sich zum Anwalt der Welt, der Hortense auch erhalten blieb.

Der Ehekrieg, den der Herzog gegen seine Frau führen ließ, dauerte dreißig Jahre. Die Advokaten und Parlamentsräte wurden reich daran. Zahllose Schriftstücke gingen nach London und Saint-Évremond beantwortete sie mit spöttischer Laune. Mazarin hielt seinen Augenblick für gekommen, als der Herzog von York, seit 1685 König, drei Jahre später an seinen protestantischen Schwiegersohn, den Oranier, die Krone verlor.

Wilhelm von Oranien, der auch ohne Kalvinismus ein Puritaner gewesen wäre, zahlte keine Pensionen an schöne, leichtsinnige Frauen. Im Parlament gab es eine Richtung, die Hortense als Parteigängerin Jakobs verbannt sehn wollte, und sogar eine, die verlangte, daß sie vor Gericht gestellt werde, da sie an einer katholischen Verschwörung beteiligt sei. Sie war bereit, das Land zu verlassen, aber ihre Gläubiger hielten sie zurück. Der Herzog in Paris meinte, das seien doch nur Ketzer, diese Schulden bezahle man nicht.

Sie hatte so viele Freunde, daß der neue König die Untersuchung niederschlug und sich zuletzt auch dazu verstand, die Pension zu bestätigen. Er setzte sie allerdings auf die Hälfte herab. Hortense und Saint-Evremond hatten die düsteren Jahre der Denunziation, der Hinrichtung und des Staatsstreiches überstanden, was nicht zuletzt das Verdienst des Schriftstellers war. Hätte er das Angebot Jakobs, sein Kabinettssekretär zu werden, angenommen, so wären auch er und die Herzogin in den Strudel von 1688 gerissen worden.

Jetzt konnte er die Stellung der Freundin befestigen. Die Aufhebung des Edikts von Nantes hatte ihn ehrlich empört. Zwar war er Skeptiker, aber duldsam und menschlich. Der schweigsame Oranier fand Gefallen an dem unterhaltsamen Greis und lud ihn oft zu Tisch. Saint-Évremond hätte jetzt nach Paris zurückkehren können. Sein Freund aus alten soldatischen Tagen, der Chevalier von Gramont, der nun viel zu sagen hatte, teilte es ihm mit. Jedoch das Haus im Park von Saint James und seine Herrin hielten ihn fest.

Wieder war ein Kreis um Hortense: das Sommerset House; Fräulein von Nassau-Bevertwert, eine hübsche Person, die natürliche Tochter eines Oraniers, und ihre Schwester Arlington; Mylord Feversham, eigentlich Graf Duras, ein Franzose und Neffe Turennes, Generalleutnant unter Jakob; der Marquis von Miremont, ein Hugenotte, der das Regiment der französischen Refugiés befehligte und von einem bourbonischen Bastard des fünfzehnten Jahrhunderts stammte; Mylord Godolphin, der später, zur Zeit Marlboroughs, Finanzminister wurde; John Hampden, der lange als Protestant im Tower gesessen hatte, ein haßerfüllter Mann, der eines Tages Hortense schrieb, er werde sich den Hals durchschneiden, und es auch tat; Marlborough selbst, aus der Familie Churchill, der unter Jakob Lord geworden war und dessen Schwester Arabella diesem letzten Stuartkönig natürliche Kinder, so den Herzog von Berwick, geboren hatte.

»Tuyo hasta la morte«, Dein bis zum Tod, unterzeichnete Saint-Évremond jeden Brief an Hortense. Er half ihr mit Geld aus, sie steckte immer in Schulden, ob der König Jakob oder Wilhelm hieß. »Wenn ich bedenke, daß die Erbin der Reichtümer des Herrn Mazarin mich gebraucht hat, um leben zu können, stelle ich christliche Betrachtungen an, die für mein Seelenheil förderlich sein dürften, obwohl sie mir nicht zu meinem Geld verhelfen«, notierte er. Sie ihrerseits verrät in den wenigen Briefen an ihn, die sich erhalten haben, denselben Mangel an Orthographie, dem man bei den meisten großen Damen der Zeit begegnet. Im allgemeinen sprach man besser als man schrieb.

Saint-Évremond war unverwüstlich. Mit achtundachtzig aß er jeden Morgen Austern, woraus man sieht, daß er die Erzeugnisse der Fremde zu schätzen wußte. Auch Hortense war zur Engländerin geworden. Rennen, Jagden, Wetten und die damals üblichen Hahnenkämpfe halfen ihr, die älteren Jahre auszufüllen. Aber sie eignete sich auch das englische Laster an, sie begann zu trinken, Anis, Branntwein und Absinth.

Im letzten Jahr des Jahrhunderts wurde sie krank, ging nach Chelsea, wies die Mixturen der Ärzte zurück und verschied am 2. Juli 1699. Ihre Schwester Bouillon und ihr ältester Sohn waren herübergekommen.

Die Gläubiger beschlagnahmten die Leiche. Der Herzog mußte erst eine Kaution stellen, bevor er den Sarg nach Frankreich bringen konnte. So verhalf ihm Hortense noch einmal zu dem, was er liebte, einem Prozeß, und auch zu dem Triumph, sie zuletzt doch noch zur Rückkehr gezwungen zu haben.

Sie hatte ihm drei Töchter und den Erben geboren. Die älteste Tochter heiratete den Marquis von Richelieu, der sie entführte; die dritte den Marquis von Bellefond. Die zweite wurde geistlich und Äbtissin. Der Sohn des Erben starb 1738 und hinterließ nur eine Tochter. Deren Gatte nahm Wappen und Namen der Mazarin an. Das gleiche wiederholte sich bei seiner Tochter. Deren Tochter wiederum heiratete 1777 den Fürsten von Monaco, einen Grimaldi von der Mutter her. Das Herzogtum Mazarin und die elsässischen Besitzungen des Kardinals gingen dem Fürsten von Monaco in der Französischen Revolution verloren. Der Titel der Grafen von Pfirt wird noch heute darin geführt.

Für Saint-Évremond war der Tod der Freundin ein schwerer Schlag. Er erlebte noch das Ende König Wilhelms und die Nachfolge Annas. Ein Blasenleiden raubte ihm den Schlaf. Er blieb heiter und verschied mit dreiundneunzig Jahren im Herbst 1703. Seine geringe Habe vermachte er den Armen, der Dienerschaft und Freunden. Die Freunde ließen 1705 seine Werke drucken. Er wurde bei den großen englischen Dichtern in der Westminsterabtei beigesetzt. Hoch über dem Boden des Grabdenkmals steht die Marmorbüste mit der charakteristischen Geschwulst zwischen den Brauen.

VII

MARIA ANNA MANCINI
Herzogin von Bouillon

1

Im Jahre 1655 ließ Kardinal Mazarin zum dritten und letzten Male Nachwuchs seiner Familie aus Rom kommen: Maria Anna Mancini und ihren Bruder Alfonso, denselben, der beim Spiel mit anderen Knaben tödlich verunglückte.

Sie war erst sieben Jahre alt. Ihre Mutter, die zu Besuch in Paris weilte und dort im nächsten Jahre starb, wollte sich nicht von ihr trennen. Maria Anna, Marianne genannt, kam nicht erst wie die Schwestern ins Pensionat, sondern zusammen mit Maria und Hortense, die daraus zurückkehrten, unter die Obhut der Gouvernante. Was für merkwürdige Anschauungen man damals hatte, ergibt sich aus einem kleinen Vorfall, den Hortense erzählt.

Eines Tages nach Tisch, der Hof befand sich in La Fère, setzte der Kardinal Marianne auf seine Knie und begann über ihre Verehrer zu scherzen. Er ging so weit, zu behaupten, daß sie sicher schon schwanger sei. Marianne wurde rot; der Onkel hob ihr Röckchen und versicherte, man könne bereits sehn, wie es um sie stehe. Der ganze Hof hatte seinen Spaß am Zorn des Kindes, das in den nächsten Tagen von jedem die Frage vernahm, wann es niederkommen werde. Nicht genug damit, man legte ihm an einem Morgen eine Puppe oder gar ein Neugeborenes ins Bett.

Nun wurde die Kleine selber irre, weinte verzweifelt und sagte immer wieder, sie habe nichts gemerkt. Selbst Königin Anna kam und bot sich als Patin an. Der Hof wartete Marianne auf, wie es die Etikette bei einer Wöchnerin vorschrieb. Gefragt, wer wohl der Vater sein möge, erklärte sie, nur der König oder der Graf von Guiche, bloß diese beiden hätten sie geküßt. Niemand fand etwas an diesem Scherz. Man hielt es für selbstverständlich, daß auch die kleinen Mädchen in den natürlichen Dingen Bescheid wüßten.

Marianne machte schon mit sechs Jahren Reime und bewies den Herren Dichtern, die in den Louvre kamen, besondere Aufmerksamkeit. Sie behaupteten es wenigstens und zeigten sich durch Verse erkenntlich. Während ihre Schwestern römische Schönheiten waren, konnte sie für eine französische gelten. Sie hatte ein aufgeworfenes Näschen, viel Lebhaftigkeit und einen schalkhaften Sinn. Die Kleinheit ihrer Füße wird gerühmt.

Früh zeigte sie einen hellen Geist. Als Maria auf dem Fort bei La Rochelle mit Hortense unter einer Decke steckte und die vielen Briefe an den verliebten König schrieb, berichtete die zehnjährige Marianne dem Kardinal alles, was sie sah, in Reimen und in Prosa. Die Unterschrift lautete: ›Ihre sehr ergebene Dienerin, Fräulein Marianne.‹

Alle verzogen sie. In den Balletts tanzte sie eifrig mit. Sie hätte sich schon mit zwölf Jahren verloben können. Turenne, der für seine Person Hortense abgelehnt hatte, weil er weder den Glauben noch das Wappen wechseln wollte, sah in Marianne die passende Partie für seinen Neffen, den Herzog von Bouillon. Nicht nur bekam sie über eine Million Livres und die Statthalterschaft der Auvergne mit – sie konnte dem Hause auch, vielleicht, wieder zu Stadt und Fürstentum Sedan verhelfen, die anno 42 der Bruder Turennes, um seinen Kopf zu retten, Richelieu hatte abtreten müssen.

Im fünfzehnten Jahrhundert gehörte das Herzogtum Bouillon den von der Marck, am Ende des sechzehnten kam es durch Heirat an die La Tour [d' Auvergne] und bildete einen souveränen Staat, der sich bis zur Großen Revolution behauptet hat. Das Haus La Tour ging aus den Wirren der Fronde mit Schulden beladen hervor, aber Turenne hatte dem Kardinal seinen Degen geliehen und rechnete auf Erkenntlichkeit.

Aus irgendeinem Grund zeigte Mazarin keinen Eifer, Marianne war auch noch zu jung. Turenne wartete dem Kardinal, der todkrank lag, auf und hoffte jetzt das entscheidende Wort zu vernehmen. Mazarin schwieg. Turenne erinnerte sich der Vermittlerrolle, die der Bischof von Fréjus bei der Verheiratung Hortenses gespielt hatte, und der Bischof legte seinem Herrn nahe, die Zukunft der jungen Marianne zu regeln. Auch er hatte keinen Erfolg. Der Kardinal starb, ohne über diese letzte Nichte bestimmt zu haben. Vielleicht wollte er nicht zugeben, daß es so schlimm mit ihm stand.

Der Bischof lag nun der Königinmutter Anna in den

Ohren, und Marianne heiratete 1662, erst vierzehn Jahre alt, im Hotel Soissons, Maurice Godefroy de La Tour, Herzog von Bouillon.

Verse, Schöngeistigkeit, Umgang mit Dichtern sagten dem jungen Mann – er zählte sechsundzwanzig Jahre – nichts. Er war Soldat und überließ es der Herzogin, die noch ein Kind war, sich im Hotel Bouillon mit einer Akademie zu umgeben. Der König als Mitglied des ersten Rheinbundes schickte 1664 dem Kaiser gegen die Türken, die nach langer Pause wieder mit ihren Einfällen begannen, ein französisches Korps zur Hilfe, das den großen Sieg bei Sankt Gotthard an der Raab erringen half. Der Herzog von Bouillon begab sich nach Ungarn, und Marianne nach Château-Thierry an der Marne, wo die Familie ein Schloß besaß.

Aussicht auf geistigen Verkehr gab es wenig, doch dann kam La Fontaine. Er war hier geboren und zog sich in seine Vaterstadt zurück, noch ganz verstört angesichts des Prozesses, den seinem Gönner Fouquet der König und Colbert bereiteten. Obwohl schon vierundvierzig, war er noch nicht sehr bekannt und etwas bequem. Veröffentlicht hatte er erst wenig.

Die Herzogin von sechzehn Jahren, die inzwischen mit ihrem ersten Sohn niedergekommen war, sagte ihm, daß er arbeiten müsse, und wußte auch, woran: an den Fabeln. Das eine oder andere Bruchstück lag vor. Manchen Einfall konnte sie selbst beisteuern; im Palais Mazarin hatte es an Gelegenheiten, eine Menagerie von Tieren zu beobachten, nicht gefehlt. Er sei als Fabeldichter geboren, erklärte sie. Zunächst legte er allerdings der Leserschaft den ersten Teil seiner Versgeschichten vor, dem bald neue folgten.

Diese im italienischen Stil gehaltenen Erzählungen wären heute keine Lektüre für eine Frau im Alter der Herzogin Marianne. Sie wurden auch in Frankreich verboten, das Ausland druckte sie um so eifriger nach. Sie begründeten seinen Ruhm, und als 1668 die sechs ersten Bücher der Fabeln erschienen, war La Fontaine ein gemachter Mann.

Er galt bei den Frauen als glänzender Unterhalter, Marianne langweilte sich in Château-Thierry nicht zu sehr. Er dichtete sie unter dem Namen Olympia an. Der Herzog kehrte aus Ungarn zurück und brachte seine Frau wieder nach Paris. La Fontaine folgte nach. Sie führte ihn bei ihren

Verwandten ein und verschaffte ihm ein Patent als Kammerherr bei Madame von Orléans.

2

Das Leben Mariannes verlief undramatischer als das Olympias, Marias und Hortenses. Sie ist, da man von Laura Mercœur und Anna Maria Conti, den früh Dahingerafften, absehn darf, die einzige der Nichten, die in Paris eine große Stellung nicht nur erlangte, sondern auch bis zum Tode zu behaupten wußte, also den normalen Weg einhielt.

Sie ging ihrem Mann nicht durch und brauchte keine Memoiren zu schreiben, die der Öffentlichkeit mitteilten, weshalb sie es nicht mehr ertragen habe. Der Herzog hielt es wie sein Schwager, der Gatte Olympias, er ließ ihr genügend Freiheit.

Turenne, der ihn an militärischem Genie bei weitem übertraf und der so streng aussah, hatte geistige Interessen. Er traf sich im Hotel der Nichte gern mit La Fontaine, Molière und dem alten Corneille, der in seinen Stücken die idealen Helden pries. Der Herzog von Bouillon ging lieber nach Château-Thierry oder Navarre, wo er in seinen weiten Besitzungen Hirsche und Wölfe jagte. Marianne, die ihr Haus zu einem zweiten Hotel Rambouillet machte, widerfuhr das Mißgeschick, die Bedeutung Racines nicht zu erkennen. Sie wollte den unbedeutenden Padron hochbringen und erlebte, daß er durchfiel.

Racine besaß die Huld des Königs, Marianne versammelte die Dichter um sich, die nicht am Hof verkehrten. Selbstbewußt stand sie in einer gewissen Opposition zu Ludwig XIV., sie schmeichelte ihm nicht.

Ein- oder zweimal wurde auch über sie geredet. Sie soll mit dem Bruder ihres Mannes, dem Herzog von Albret, der zwar Kardinal war, aber das Dekamerone las und La Fontaine vergötterte, zu intim gewesen sein. Das gleiche sagte man ihr und dem Grafen von Louvigny nach. Die Couplets, die umliefen, waren von ziemlicher Deutlichkeit, und die Herzogin nahm für einige Monate ihre Zuflucht im Kloster. Man vergaß rasch und drückte ein Auge zu, wenn der Skandal vermieden wurde.

Die Mädchen heirateten nicht unter dem Gesichtspunkt der freien Wahl oder gar der Liebe, vielmehr unter demselben, der in den Gestüten gilt: dem Stammbaum, der Weiterzucht des Blutes. Hatten sie ihre Pflicht getan und in möglichst jungen Jahren möglichst viele Kinder geboren, so durften sie an das Persönliche und Menschliche denken. Solange das System als solches nicht erschüttert wurde, kam es auf Einzelheiten nicht an. Es ist sinnlos, an diese Dinge den Maßstab des bürgerlichen Moralisten anzulegen – auch in jedem anderen Gesellschaftssystem wird man Analogien finden. Irgend etwas muß immer freigegeben werden, um die Starrheit erträglich zu machen.

Marianne kehrte aus dem Kloster munterer als je zurück. Die Fröhlichkeit im Hotel Bouillon fand nicht den schwächsten Widerhall durch die, die im Hotel Vendôme und im Temple herrschte: bei den wilden Söhnen ihrer Schwester Merœur, den Prinzen von Vendôme, dem späteren Marschall und dem späteren Großprior. Der vierte im Bunde war ihr Bruder Nevers. Später in Rom erinnerte er sich in sehnsüchtigen Versen an die Tafeleien, bei denen die beiden Vendôme der Tante stürmisch den Hof machten und sie die Reden, die gar zu arg waren, mit unschuldiger Miene anhörte, als verstehe sie nichts davon.

Das Naive wußte sie vorzüglich mit der Würde einer kleinen, aber majestätischen Person zu verbinden. Sie war schlagfertig und hatte Haltung. Als sie, die ebenfalls der Astrologie den Zoll entrichtete, anno 80 vor den Richtern der Brennenden Kammer erscheinen mußte, um ihre Beziehungen zur Giftmischerin Voisin darzulegen, verließ sie den Raum mit hocherhobenem Kopf, und ihre Kreise waren entzückt über die Antworten, die sie den Räten gegeben hatte – zum Beispiel auf die Frage, ob sie den Teufel gesehn habe, die, sie sehe ihn in diesem Augenblick, häßlich, alt und einem Staatsrat zum Verwechseln ähnlich. Beim Abschied sagte sie: »Wirklich, ich hätte nie geglaubt, daß gesetzte Herren so dumm fragen können.«

Der Herzog ließ die Fragen und Antworten drucken und in Europa verbreiten. Der König ärgerte sich darüber und verbannte Marianne für einige Zeit nach Nérac. Alle ihre Freunde folgten ihr, sie hatte immer einen Hof um sich, und es galt als *chic,* auch bei der Opposition zu verkehren.

Versailles war ihr zu steif, sie ging selten hin. Wenn sie dem König eine Aufwartung machte, senkte sie nicht im geringsten die Stimme und widersprach Monsieur oder den anderen Prinzen. Der König fand, daß sie zu unabhängig sei, und sie, daß man es sein müsse.

3

Im Jahre 1687 reiste sie zu ihrer Schwester Hortense nach Saint James, worüber der Herzog von Mazarin sich nicht wenig ärgerte. Saint-Évremond läßt durchblicken, daß sie mit diesem Ausflug ein kleines Abenteuer verband. Es gingen viele Briefe über den Kanal, von La Fontaine zu Saint-Évremond, deren jeder eine andere Schwester verehrte. Als Jakob II. floh und Wilhelm von Oranien König wurde, sah es eine Zeitlang so aus, als sei auch Marianne eine Gefangene. Zuletzt aber ließ Wilhelm sie auf seiner Jacht nach Rouen bringen.

Sie bat Ludwig XIV. um die Erlaubnis, nach Venedig zu fahren. Er erwiderte, sie könne überall hingehn, ausgenommen Paris und Versailles. Sie fuhr nach Rom, wo ihr ältester Sohn sie besuchte. Seit dem Tode Turennes führte er den Titel eines Prinzen Turenne. Im Collège war er ein so glänzender Schüler gewesen, daß man ihn für den ehrgeizigen Sohn eines Bürgers hätte halten können. Mit achtzehn erschien er am Hof und wurde dem Dauphin beigegeben, den er in einen Taumel von Vergnügungen riß. Dann folgte er aus Abenteuerlust mit seinen Vettern Conti dem Prinzen Eugen nach Wien. Die jungen Leute schlugen sich in Ungarn so tapfer, daß der Kaiser, der die Verantwortung scheute, sie wissen ließ, daß er sie einsperren müsse, wenn sie nicht vorsichtiger seien.

Ludwig XIV. fing Briefe ab, die sie nach Hause schrieben, und las darin: »Wenn er [Ludwig] auftreten soll, ist er ein Theaterkönig, und wenn er kämpfen soll, einer vom Schach.« Auch die Prinzenjugend stand in Opposition, worunter man weiter nichts Ernstliches zu verstehn hat. Die Conti fielen in Ungnade, Turenne ging nach Venedig, bot der Republik seine Dienste an und kämpfte als Freiwilliger unter Königsmarck in Morea gegen die Türken mit äußerster

Bravour, einer der jungen Franzosen, die ihrem Land Ehre machten, indem sie um des Ruhmes willen auszogen. Auf der Rückfahrt nach Venedig zwang er sein eigenes Schiff, das einem französischen den Gruß verweigerte, die Fahne zu hissen. Von Venedig begab er sich zu seiner Mutter nach Rom.

Marianne hatte keine Erinnerung mehr an diese Stadt; sie sah sich alles wie in einer fremden an. Auch Nevers war da. In den schönen Nächten nahm man die Faustina, die eine der herrlichsten Stimmen Italiens besaß, und Gitarrespieler mit. Der spanische Gesandte bekam ein Ständchen, trat mit der Georgina, die er dem Herzog von Mantua entführt hatte und der eine ebenso schöne Stimme zu eigen war, auf den Balkon: Vortrag wurde mit Vortrag erwidert.

Der Sohn, der die französische Ehre verteidigt hatte, sah sich vom König in Gnaden aufgenommen. Er begann eine glänzende soldatische Laufbahn und heiratete die Erbin des Hauses Ventadour. Jedoch in der Schlacht bei Steenkerken, 1692, verlor er das Leben. Die Mutter holte seinen Sarg ab. Ihr zweiter Sohn, der Herzog von Albret, und der dritte, der Malteserritter, dienten gleichfalls in der Armee.

Keine Katastrophe zerriß im Leben dieser Frau die Einheit und den Zusammenhang. So konnte sich im Lauf der Jahre das Gefühl sicherer Würde, einer unangreifbaren Stellung entwickeln. Alles verkehrte in ihrem Hause, das sie auf dem größten Fuße führen ließ. Als die Kurfürstin von Hannover Liselotte von Orléans besuchte, begegnete ihre Kutsche in einer engen Gasse der Herzogin von Bouillon. Die Kurfürstin bestand als Reichsfürstin auf der Vorfahrt. Die Familie Bouillon geriet in helle Aufregung und ließ ihre Diener die der Deutschen überfallen.

Auf die Antwort, die Le Sage Marianne einmal gab, war sie nicht gefaßt. Er sollte ihr ›Turcaret‹, sein erfolgreiches Stück, vorlesen und verspätete sich. »Sie haben mich eine Stunde verlieren lassen«, sagte sie. – »Madame, Sie gewinnen zwei«, erwiderte der Dichter und verließ das Zimmer.

Sie starb 1714. Saint-Simon versichert, sie habe sich bis zuletzt ihre Schönheit bewahrt. »Gatte, Kinder, alle Bouillons, der Prinz von Conti, der Herzog von Bourbon, die nicht von ihr wichen, alle waren klein vor ihr. Sie ging nur bei besonderen Anlässen zu anderen und wußte dann ihre Überlegenheit mit einer Höflichkeit zu verbinden, die sich auf den Rang abstimmte.«

4

Über Philippo Mancini seien ein paar Worte gesagt. Er verscherzte sich die Gunst seines Onkels, der ihn weder für die militärische noch für die politische Laufbahn geeignet fand. Als er sich am Karfreitag mit einigen Zechgenossen blasphemisch aufführte, wurde er eingesperrt. Es fehlte ihm jeder Ehrgeiz. Der Kardinal hinterließ ihm das Herzogtum Nevers und großen Landbesitz, aber zur Fortführung des Namens Mazarin suchte er sich den Gatten einer Nichte aus.

Der Herzog von Nevers hatte einen bizarren Charakter. Seine ausgesprochenste Gabe bestand darin, daß er aus dem Stegreif Verse machen konnte. Er streute sie um sich, wie ein Verschwender sein Geld. Besser als er verstand niemand, in den Tag zu leben, ein Epikureer und ein großer Herr. Die Unruhe trieb ihn von Ort zu Ort. Als er die Nichte der Frau von Montespan geheiratet hatte, kam es vor, daß sie aufstehn und sich in die Kutsche setzen mußte. Sie glaubte, er fahre ein wenig aus, aber dann sagte er zum Kutscher: ›Nach Rom.‹ Diesen Zug teilte er mit dem Gatten Hortenses.

Aus Nachlässigkeit hatte er versäumt, sein Herzogspatent eintragen zu lassen. So wurde seinem Sohn der Titel streitig gemacht, und er nannte sich vorerst Prinz von Vergagne. In der Regentschaftszeit, zwischen Ludwig XIV. und Ludwig XV., lebte er so ausschweifend, daß man nicht Vergagne, sondern Vergogne sagte, was Scham bedeutet. Natürlich war es ironisch gemeint, er führte sich als Prinz Schamlos auf. Sein Sohn, der Herzog von Nivernais, der nur zwei Töchter hatte, starb 1798, ein aufgeklärter Adliger und gebildeter Mann, der seine Werke in acht Bänden herausgab.

AUS DEM HAUSE ORLÉANS

I

MARGUERITE DE BOURBON
Großherzogin von Toskana

1

Bei einem Mahl, das der Kurfürst von Sachsen dem Gesandten des Großherzogs von Toskana im Jahre 1658 zu Dresden gab, wurde so viel zu essen und zu trinken gereicht, daß der Gastherr und die übrigen Teilnehmer siebenmal hinausgehn mußten, um die Natur zu erleichtern. Der Mann aus Florenz hingegen blieb während der ganzen Zeit sitzen; es imponierte gewaltig.

Man kam sich näher und stellte fest, daß der italienische Fürst einen Sohn von sechzehn, der deutsche eine Tochter von vierzehn zu verheiraten hatte. Die Verhandlungen zogen sich hin, weil der Kurfürst nur 20000 Taler als Mitgift bot und die Prinzessin am lutherischen Glauben hing. Inzwischen erhielt man in Florenz einen Wink, daß Kardinal Mazarin nicht abgeneigt sei, dem jungen Cosimo eine der Töchter des Herzogs von Orléans zu geben.

Gaston von Orléans, Bruder des dreizehnten Ludwig und Onkel des vierzehnten, der jetzt regierte, hatte in zweiter Ehe die Schwester jenes Karl von Lothringen geheiratet, der ein paar Jahre nach Beginn dieser Geschichte zuerst für seinen Neffen Karl, dann für sich selbst um Maria Mancini werben wird. Die Grande Mademoiselle, Herzogin von Montpensier, stammte von der ersten Frau Gastons und war achtzehn Jahre älter als ihre Stiefschwester Margarete, die 1645 als erstes Kind aus der lothringischen Ehe des Vaters geboren wurde. An diese Margarete dachte der Kardinal, der große Ehestifter.

Die Orléans hielten Hof in Blois, aber es ging ziemlich unordentlich zu. Erstens waren es die Jahre der Fronde, zweitens hatte man bei allem Reichtum mehr Schulden als

Heinrich IV. † 1610
G: Maria Medici † 1642

Ludwig XIII. † 1643	Gaston v. Orléans 1608–1660 1. G: Maria v. Bourbon, Herzogin v. Montpensier † 1627 2. G: Margarete v. Lothringen † 1672

von 1:	von 2:	von 2:	von 2:
Grande Mademoiselle 1627–1693	Margarete 1645–1721 G: Cosimo 1661	Isabella 1646–1696 G: Herzog v. Guise	Franziska 1648–1666 G: Karl Emanuel II. v. Savoyen

Geld, und drittens kümmerte sich die Mutter nicht um ihre Kinder. Sie sah sie morgens eine Viertelstunde und abends wieder eine. ›Haltet euch gerade, nehmt den Kopf hoch‹, sagte sie, und das war alles.

Die Grande Mademoiselle konnte weder sie noch ihre drei Töchter leiden, von denen zwei noch nicht im heiratsfähigen Alter standen.

Jedem der Mädchen wollte Gaston 200 000 Livres mitgeben – woher sie nehmen? Auch die Kassen des Königs ermangelten oft des Inhalts, obwohl oder weil man recht üppig lebte. Ludwig schuldete aus dem Vertrag von Münster dem in Innsbruck residierenden Erzherzog eine Entschädigung von drei Millionen, die 1660 noch nicht gezahlt war. Das Land mußte sich von den Bürgerkriegen erholen. Den Aufschwung brachten erst die sechziger Jahre.

Die Verhandlungen über die Heirat Margaretes mit Cosimo füllten drei Jahre aus und waren noch nicht abgeschlossen, als 1661 Mazarin starb. Den Großherzog interessierte nur das Greifbare, die Mitgift; der junge Prinz entzündete sich an den Beschreibungen, die man ihm machte. Die Prinzessin sei blond, verführerisch und schon mannbar, vernahm er, doch dann wieder, sie habe einen Buckel – das Schreckgespenst der Zeit, das man überall witterte. Es ist, als hätten alle Ammen alle Wickelkinder fallen lassen.

Der Buckel war eine Übertreibung der Großen Mademoiselle, die das Wasser trüben wollte, eines bereits älteren Mädchens, das trotz seines Ranges und Reichtums nie, was das Verloben angeht, zum Abschluß kam. Einen kleinen Fürsten mochte sie nicht, die großen trafen im letzten Augenblick eine andere Wahl. In Sehnsucht verzehrte sie sich nicht, sehr weiblich konnte man sie nicht nennen.

Ein italienischer Erzbischof kannte eine Dame aus der Umgebung Margaretes und bat um Auskunft. Fräulein Gobelin schwor in ihrer Antwort, daß der Prinzessin ›kein Schneider je nachgeholfen habe‹; sie sei weiß und rosenrot, reich an braunem Haar, spiele Spinett, Karten, Trictrac und Schach. Das Fräulein aus der Teppichmanufakturfamilie hätte hinzufügen können, daß Margarete die Jagd liebte und jenes freie, amazonische Auftreten besaß, dem erst Frau von Maintenon ein Ende machte.

Die Prinzessin ihrerseits wollte wissen, ob es in Toskana auch Violinen gebe, deren sie vier mitbringen werde; ob sie reiten, ausgehn, einen französischen Arzt halten dürfe. Die Medici sagten auf alles ja und hätten noch viel mehr versprochen.

Endlich, im November 1660, als Gaston schon nicht mehr lebte, war es so weit, daß Prinz Cosimo einen Galaanzug bestellte und der Vertreter in Paris beim König die Werbung vorbrachte. Bis der Vertrag ausgefertigt und aus Florenz unterschrieben zurückgekommen war, verging viel Zeit, und inzwischen starb auch Mazarin. Margarete erklärte plötzlich, sie habe keine Lust, so weit von Paris zu leben, und ihre Mutter unterstützte sie ausnahmsweise.

Was die Damen über den toskanischen Hof erfuhren, konnte nicht verlocken, er galt als trist. Und, Margarete hatte sich inzwischen verliebt. Ihr Vetter von Lothringen, Karl, 1643 geboren, war achtzehn alt. Gewöhnlich wird er Karl IV. genannt, es gibt auch eine andere Zählung. Karl III. ist sein Onkel, der zuerst für ihn um Maria Mancini warb, dann sie selber heiraten wollte. Der Neffe traf sich mit Margarete, wie er sich mit Maria getroffen hatte.

Am Tag ritten sie aus, am Abend tanzten sie im Luxembourgpalais. Junge Mädchen genossen in jenen Jahren, als der König selbst jung war, eine erstaunliche Freiheit. Die Wälder waren noch tief, mit Wild aller Art gefüllt. Man galoppierte davon, ließ den Hofstaat zurück und sah sich allein. Das Temperament hatte Margarete vom Großvater, Heinrich IV., geerbt.

Der junge Karl bekam weder Maria noch Margarete. Maria Mancini wurde im neuen Jahr 1661 mit einem Stellvertreter des Fürsten Colonna verheiratet und dann nach Rom zum Gatten geschickt. Und Margaretes Widerstand brach, als aus Florenz der vom Großherzog unterschriebene Ehevertrag eintraf. Die Mutter steckte sich zwar hinter die Mutter Ludwigs XIV., aber Ludwig fühlte sich gebunden. In Florenz illuminierte man, in Paris weinte ein sechzehnjähriges Mädchen.

Es half alles nichts, im April mußte Margarete sich dem Stellvertreter Cosimos antrauen lassen. Die Ausstattung schenkte König Ludwig. Die Leib- und Bettwäsche kostete 20 000 Livres. Unter den nicht sehr reichhaltigen Toilettegegenständen befand sich ein Schnuller.

Margarete war eine Ungezähmte, die nichts von Empfängen wissen wollte. Als die Botschafter ihre Aufwartung machten, versuchte sie, sich zu entziehn und auf die Jagd zu gehn. Da nur ihre ältere Schwester Montpensier Pferde besaß, mußten ihre Stalleute sagen, daß alle Tiere hinkten. Margarete geriet in Wut, sprengte die Sattelkammer und säumte ihr Pferd selbst auf. Der außerordentliche Gesandte Toskanas, ein Bischof, wäre fast in Ohnmacht gefallen. Der Ausritt unterblieb an diesem Tage.

2

Sie konnte nicht abreisen, bevor das zur Ausstattung gehörende Bett geliefert war, und der sparsame Colbert ließ sich lange bitten. Dann ging das Möbel ab, und Margarete folgte ihm, um Abschied vom Hof zu nehmen. Die Journalisten berichteten damals in den Gazetten reimend, zum Beispiel so:

On se réjouit bien et beau
Maintenant dans Fontainebleau.
On cause au bord des claires eaux,
On y fait concerts et cadeaux.

Als Margarete Fontainebleau am 11. Mai verließ, bildeten Garden zu Pferd und die Edelleute doppeltes Spalier. Hören wir, wie eine Königsnichte in ihre neue Heimat fuhr. Im Namen Ludwigs begleitete sie die Herzoginwitwe von Angoulême; im Namen ihrer Mutter der Graf und die Gräfin von Belloy; im Namen des Großherzogs der Bischof von Béziers. Das Haus Orléans schickte außerdem eine Eskorte von Garden mit.

Die Braut, die Herzoginwitwe und die Gräfin saßen in der gleichen Kutsche. Die zweite beförderte drei Ehrenfräulein und die Amme der Prinzessin, den Stallmeister, den Sekretär, den Maître d'hôtel und den Arzt. Der Inhalt der dritten bestand aus vier Kammerfrauen, einer Wäscherin, einer Stärkerin, der Bedienerin der Ehrenfräulein und der Dienerin der ersten Kammerfrau.

Zu Pferde reisten der Geistliche, zwei Kammerdiener, zwei Kammerburschen, ein Tapezierer, ein Türhüter, ein Apotheker, ein Chirurg, ein Koch mit zwei Gehilfen, drei Kellermeister, drei Pagen, zehn Lakaien und zwei Stallknechte. Das Ehepaar Belloy nahm sechsundzwanzig Personen, die Herzoginwitwe vierzig mit. Den Etappendienst sicherten zwölf, die dreizehnte war ein Edelmann, der die Depeschen des Hofs nach Florenz brachte. Insgesamt zogen hundertdreißig Menschen mit zahllosen Gepäckwagen über die Landstraße hin, einer jener nicht endenden Züge, die man auf den Kupfern der Zeit in Schleifen dargestellt sieht.

Margarete hielt es nicht in der Kutsche aus; sie ritt, soviel sie konnte. Einmal machte sie mit kleinem Gefolge einen Ausflug, der zum Entsetzen des Bischofs bis zwei Uhr nachts dauerte. Sie sprengte über Hecken und Gräben, die Bauern glaubten, der Feind sei da. In jeder Stadt standen die Gemeindeväter am Tor. Man mußte Ansprachen anhören und Konfitüren essen. Am zweiten oder dritten Tag kam Karl von Lothringen angefahren, mit der Post, er wollte die Dame seines Herzens noch einmal sehn.

Von Lyon bis Avignon benutzte die Prinzessin den Fluß. Das war noch 1833 so, als George Sand und Alfred de Musset nach Venedig reisten. Wo immer die Barke anlegte, machten die hohen Beamten und der Adel Aufwartung, in Avignon der päpstliche Legat. Am 5. Juni zog Margarete durch eine Bresche, die der Gouverneur in die Stadtmauer brechen ließ, unter dem Donner der Zitadelle und der Kriegsschiffe in Marseille ein. Salut schossen auch die Galeeren des Prinzen Mathias von Toskana, der die Frau seines Neffen übernahm. Alles war ausgemacht worden: Margarete von Bourbon erhielt dieselben Ehren wie 1600 Maria von Medici, als sie zu Heinrich IV. fuhr.

Den italienischen Schiffen entquoll eine Menge von Damen und Herren in goldstrotzender Kleidung. Prinz Mathias brachte für Margarete ihren künftigen Majordomus, den Beichtvater, zwei Kapläne, zwölf Lakaien, sechs Stallmeister, vier Pagen und drei Zwerge mit. Man verstand aufzutreten und wußte, was man sich schuldig war.

Die für Margarete bestimmte Galeere war vergoldet, mit Skulpturen aus Holz und mit Glas bedeckt. Sie trug einen Thronhimmel, die Planken waren aus Mosaik, die Teppiche aus rotdurchwirktem Gold. Im Vorderschiff hatte man violette Hölzer verwendet. Auf jeder Seite gab es siebenundzwanzig Ruderbänke. Das Fahrzeug kostete fünfzigtausend Taler.

Am 12. Juni legte es in Livorno an. Der Empfang war großartig. Da die Prinzessin aus dem Land der Konfitüren kam, überreichte ein portugiesischer Jude zwölf Töpfe voll. Der Prinz kam ihr bis Montelupo entgegen. Eben hatte er die Masern überstanden, die Ärzte verboten ihm eine zu große Intimität. Es ist nicht anzunehmen, daß sein Anblick Margarete hinriß. Auf den Bildern fallen die wulstigen Lippen auf. Man sieht eine zu hohe Stirn, mißgestaltete Ohren und einen dicklichen, untersetzten Körper.

Der feierliche Einzug in Florenz erfolgte am 20. Juni. Der Großherzog hatte ein Viertel abgerissen, um eine Auffahrt zu schaffen. Sechs Regimenter bildeten Spalier. Am nächsten Tag fand die Krönung statt. Der Erzbischof von Siena hielt ihr das Kreuz zum Kusse hin, der Großherzog setzte ihr die Krone auf. Dann begab sich der Zug in den Dom. Jede Stunde war ausgefüllt, bis endlich am Abend des 22. die Großherzogin der Schwiegertochter das Hemd überreichte. Noch tagelang schloß sich eine Festlichkeit an die andere. Im Juli begann die Rundreise durch die vielen Villen, die Landsitze des prunkvollen Hauses.

Margarete hatte 900 000 Livres mitbekommen. Der Großherzog setzte ihr ein Taschengeld von 30 000 im Jahre aus. Die Herzogin von Angoulême kehrte im Herbst nach Frankreich zurück, und es wurden die verbindlichsten Briefe gewechselt. Aber man wußte am französischen Hofe schon, daß die Ehe sich schlecht anließ.

3

Die Medici treten um 1200 in Florenz auf. Sie kamen in die Höhe und erwarben ihr Vermögen durch internationale Bankgeschäfte. Lorenzo der Prächtige, der 1492 starb, war schon der Herr der Republik, wenn er auch die Verfassung bestehn ließ. 1494 vertrieben, kehrte die Familie 1512 zurück. Alexander Medici wurde von Karl V. zum Herzog erhoben und 1537 wegen seiner Grausamkeiten ermordet, womit die ältere Linie erlosch. Seine Schwester Katharina heiratete den Sohn Franz' I. von Frankreich und gebar die drei letzten Valois.

Seit 1537 also herrschte die jüngere Linie. Der Papst verlieh ihr die großherzogliche Würde. Die Habsburger betrachteten Toskana als Reichslehen, es war ein strittiger Fall. Mit der Enkelin des ersten Großherzogs wurde abermals eine Medici Königin von Frankreich. Sie ist die Großmutter Margaretes.

Großherzog war 1661 Ferdinand II., einundfünfzig Jahre alt, verheiratet mit Victoria della Rovere aus Urbino. Ferdinand besaß nur zwei Söhne: Cosimo, den Margarete heiratete, und Francesco Maria, der damals erst ein Jahr alt war.

Ferdinand II. † 1670
G: Victoria della Rovere † 1694

Cosimo III. † 1723 G: Margarete v. Orléans	Francesco Maria † 1711

Ferdinand III. 1663–1713 G: Yolanthe v. Bayern	Anna Luisa 1667–1743 G: Johann Wilhelm v. d. Pfalz	Gian Gastone 1671–1737 G: Anna Maria v. Lauenburg

Der Großherzog hatte als junger Mensch die Vorlesungen Galileis gehört und ihn gegen das Vorgehn Roms zu schützen versucht. Er und seine Brüder, von denen wir Mathias schon kennen, lebten in der Wissenschaft, insbesondere Mathematik und Astronomie. Einer von ihnen, Leopold, hatte die Academia del Cimento, ein Institut für Experimentalwissenschaft, gegründet, das der Kurie ein Dorn im Auge war, daher sie Leopold zum Kardinal machte: der Akademie fehlte der Beschützer, und sie verlor ihren Rang. Mathias beschäftigte sich mit der künstlichen Brut von Eiern.

Der Großherzog lebte mäßig. Er trank nicht, und Vergnügungen schränkte er auf das Notwendigste ein. Er war gutmütig und schwach. Die Großherzogin umgab sich mit Priestern und Mönchen. Sie fürchtete die ewige Verdammnis, und um nichts mit der ketzerischen Wissenschaft des Gatten zu tun zu haben, schloß sie sich nach der Geburt Cosimos hermetisch ab. Sie erschien erst wieder, als die Heiratsverhandlungen mit den Orléans begannen. Dank diesem Umstand kam der Bruder Cosimos zur Welt. Am liebsten hätte sie sich auch jetzt von neuem zurückgezogen, aber die französische Schwiegertochter hielt sie in Atem. Nun galt es, einen Kampf aufzunehmen und gegenwärtig zu sein.

Cosimos erste Erzieher waren Mönche. Sie formten ihn nach den Grundsätzen der Mutter, die ihren eigenen entsprachen. Er lernte die Philosophie des Vaters, die Wissenschaften der Oheime verabscheuen. Leute, die der Natur ihre Geheimnisse zu entreißen suchten, lehnten sich in seinen Augen gegen den Willen Gottes auf. Dafür war er maßlos abergläubig und der Astrologie zugetan. Er träumte gern und versenkte sich in mystische Betrachtungen.

Nach Sismondi war er ein zugleich gebrechlicher und hochfahrender Mensch, tiftelig und verschwenderisch in einem, mißtrauisch dazu. Auch nachdem er längst verheiratet war, verbrachte er lange Stunden damit, zu beten und die gottesdienstlichen Texte aufzusagen. Das Sinnliche mißbilligte er, wo es ihm begegnete.

Margarete hingegen war eher freigeistig als fromm, von später aus gesehn. Vorläufig begann sie ihr siebzehntes Jahr. Diesen armen kleinen Mädchen wurde keine Zeit gelassen, man machte sie zu Frauen und Müttern, bevor sie körperlich ausgewachsen waren. Es ist, als hätte sich aus der Urperiode ein Brauch erhalten, der zum Europäer und zur persönlichen Freiheit nicht paßt. Denn vom Europäischen her verlangte man zugleich, daß sie Charakter mitbrachten. Besaßen sie ihn noch nicht und suchten sie ihn erst, dann mißriet das Seelchen. In Frankreich ging eben für die Frauen die Morgenröte der Selbständigkeit auf, im Palazzo Pitti hing spanische Luft, die sauerstofflose des Eskurials.

Die junge Margarete, die Tanzen, Jagen, den Pferderücken

und Erregungen liebte, wäre gern eine galante Frau gewesen, in dem bestimmten Sinn, den dieses Wort daheim besaß – Galanterie bedeutete alles in allem den raschen, mutigen Umsatz der Empfindungen und die Freude an der Bewegung, sowohl der körperlichen wie der geistigen oder seelischen: so stand man auf der Höhe der Zeit. Ein französischer Diplomat schrieb einen Bericht über Margarete nach Paris: er finde in Ihrer Königlichen Hoheit »un esprit vif et brillant, hardi et entreprenant, adroit et assez rusé, libre et ennemi de toute contrainte«.

Auch den Gegenspieler dieses kühnen, freien Geistes, der von der Leichtigkeit bis zur Leichtfertigkeit fortgerissen wurde, gab es in Frankreich – das strenge Ideal von Pont-Royal, das Bewußtsein der Sündhaftigkeit, die Sehnsucht nach der Innigkeit und der Vertiefung. Das Amazonische und das Jansenistische: so dramatisierte ein Land, das beinahe hugenottisch geworden wäre, den ewigen Gegensatz zwischen Welt und Gott. In den Ländern, die schon die Gegenreformation durchgemacht hatten, konnte davon keine Rede sein. Die kleine französische Individualistin stieß sich an Wolken wund, die den Palazzo Pitti wohl füllten, aber keine Kanten hatten.

Sie klammerte sich an alles, was französisch war, sogar noch an das Wachs, womit sie daheim ihre Briefe gesiegelt hatte und das man ihr hier fortnahm. Als sie kam, bestellten die Hofleute in ihrer Begeisterung französische Kleider aus Paris – es dauerte nicht lange, und die Pagen Margaretes mußten italienische anziehn.

Der Prinz zeigte sich wenig verliebt. Er wohnte seiner Frau selten bei, worüber genau Buch geführt und berichtet wurde. Sophie von der Pfalz, deren Gatte Bischof von Osnabrück war und später Herzog von Hannover wurde, merkt gelegentlich ihrer italienischen Reise an, Cosimo suche nur einmal im Monat das Zimmer Margaretes auf und auch dann nur unter Kontrolle seines Arztes, der dafür sorge, daß er nicht zu lange bleibe und Schaden an der Gesundheit nehme. Daraus geht hervor, daß dieses junge Paar entgegen allen Gewohnheiten der Zeit getrennte Schlafzimmer hatte: offenbar auf Anordnung der Großherzogin, die es ebenso hielt.

In der zweiten Nacht versuchte die muntere Prinzessin, von Cosimo die Kronjuwelen zu erlangen, die zu den schönsten Europas gehörten. Er verweigerte sie, worauf Margarete einige heimlich an sich nahm und Damen ihres Gefolges, die nach Frankreich heimkehrten, mitgab. Der Großherzog schickte Boten hinterdrein und forderte die Kleinode zurück. Welchen Schluß soll man aus dem Vorgehn Margaretes ziehn? Es scheint, daß sie von allem Anfang an die Flucht und einen Notpfennig ins Auge faßte. Auch auf ihre Unbedenklichkeit fällt ein Licht.

Der junge Haushalt stand unter dem Zeichen der Verschwendung. Der Koch verrechnete an einem Tag so viel Fleisch und Geflügel wie der der Großherzogin in zehn Tagen. Der Großherzogin, die sich so gern wieder zurückgezogen hätte, entging es nicht. Der Großherzog sandte der Schwiegertochter einige Ballen Stoff, damit sie sich ein Stück aussuche; sie behielt alles und ließ danken. Er erhöhte die Steuern, um ihr hunterttausend Lire zuzuwenden – die Untertanen murrten und sagten, er benutze die Gelegenheit zur Vermehrung seiner eigenen Einkünfte.

4

Margarete träumte von Karl, dem lothringischen Vetter. Im Februar 1662 erschien er in Florenz.

Sein Onkel hatte mit Ludwig XIV. einen Vertrag gemacht, wonach er sein Land an Frankreich abtrat, gegen eine Leibrente und die Aufnahme unter die Prinzen von Geblüt. Karl erhob Einspruch, wurde ausgewiesen, war nun ein Prinz ohne Land und sollte die Heimat nie wiedersehn.

Der Großherzog, der noch nichts von der Neigung der beiden wußte, nahm den Gast freundlich auf. Jetzt, wo Margarete ihr Unglück empfand, verliebte sie sich ernstlich in den Vetter. Sie steckten oft zusammen, und man überraschte sie. Karl reiste nach Rom weiter und von da nach Wien zum Kaiser, bei dem er Kriegsdienste nahm, womit die wahrhaft historische Verbindung der Häuser Lothringen und Habsburg recht eigentlich begann.

Vorerst schickte er Margarete Briefe, Botschaften, Verse. Was während seiner Anwesenheit genau vorgefallen war, weiß man nicht. Tatsache ist, daß Margarete fortan überwacht und ihre Post geöffnet wurde, auch die für Frankreich, für die Mutter bestimmte.

Ludwig XIV., der diese Heirat begünstigt hatte, mußte mit dem aufgebrachten Großherzog viele Briefe wechseln. Er schickte Herren, die der Prinzessin ins Gewissen reden sollten, und die Herren nahmen Partei für die Frau. Die Schwiegermutter machte ihr das Leben schwer. Margarete durfte nicht mehr reiten, weil sie in Umständen war. Sie ermüdete sich durch lange Spaziergänge, und man versprach ihr, um ein Unglück zu verhüten, jede Freiheit – für später. Im August 1663 kam sie mit einem Sohn nieder. Die aus Paris verschriebene Hebamme ließ sie zum Erstaunen der Italiener zur Ader.

Die Versprechungen wurden nicht gehalten. Man schickte die letzten französischen Damen und Musiker fort. Ludwig XIV. wies das Verlangen Margaretes, ihr die Heimkehr nach Frankreich zu erlauben, zurück. Er kannte diesen Wunsch unglücklich verheirateter Damen zur Genüge. In Florenz erfuhr man den Vorschlag und drohte Margarete mit dem Kloster. Sie erwiderte, sie werde es auf den Kopf zu stellen wissen.

Vor dem Nuntius schrie sie Cosimo ins Gesicht, als Ehemann tauge er ebensoviel wie als Reiter, und erklärte, lieber fahre sie ohne ihn zur Hölle, als mit ihm ins Paradies. Die unvermeidliche Furcht vor Gift tauchte auf; sie rührte keine Speise an, bevor der Aufwärter sie gekostet hatte. Sie verweigerte die ehelichen Pflichten, und Ende 1664 brachte man sie in eine Villa außerhalb.

Ihr Gegenzug bestand darin, daß sie festsetzte, sie könne sich, da man ihr immer nur Zwang angetan habe, nicht als legitim verheiratet betrachten, ihr Gewissen verbiete das Konkubinat. Sie verlangte, den Rest ihrer Tage in einem Kloster zu verbringen, vorausgesetzt, daß es ein französisches sei. Die Theologen waren bestürzt und erörterten das Problem, das da von ihr so geschickt aufgeworfen worden war. Cosimo quälte der Gedanke, daß ein Sohn aus ungültiger Ehe weiter nichts als ein Bastard sei.

Ludwig XIV. schickte einen Feuillantiner, und der Papst dachte über die Frage nach. Auch seine Ermahnungen halfen nichts. Sie verweigerte sich nach wie vor und durfte an Ostern nicht kommunizieren. Sie angelte in der Villa Rotaugen, brachte ihr Gefolge mit Fußtouren um und bot der

Kirche, dem König von Frankreich, der Familie des Gatten und diesem selber Trotz.

Was den Gekrönten nicht gelang, erreichte die Marquise du Deffand – die Großmutter des Marquis gleichen Namens, dessen Frau im nächsten Jahrhundert durch ihren Salon berühmt wurde. Diese Dame aus Poitou lebte von ihrem Mann, einem derben Krautjunker, getrennt und hatte sich in ihrer Provinz geschickt eine Stellung geschaffen, als Unterhalterin, die alles wußte, stets zu Diensten bereit war und Damen, die reisten, ihre Begleitung anbot.

Als die Mutter Margaretes jemand suchte, den sie der niederkommenden Tochter zur Gesellschaft schicken könne, machte man sie auf die Marquise aufmerksam. Frau du Deffand fuhr zum erstenmal statt mit der Post oder mit Landkutschen in einer königlichen Karosse durch Frankreich. In Florenz verstand sie es, geschickt, wie sie war, das Vertrauen des Großherzogs zu gewinnen. Sie allein wurde nicht zurückbefördert, und jetzt begab sie sich, mit Briefen Ludwigs XIV. versehn, nach der Villa, um ihr Glück zu versuchen.

Im Oktober 1665 kehrte Margarete nach Florenz zurück. Sie wahrte das Gesicht, indem sie vorgab, ihr Kind sehn zu wollen, hatte eine Unterredung mit den Schwiegereltern und söhnte sich aus. Man bezahlte ihre Schulden. Immerhin dauerte es noch ein Jahr oder länger, bis der Großherzog, der immer die Fortpflanzung im Mund führte, günstige Nachrichten erhielt. Als Margarete, die mit ihren zweiundzwanzig Jahren in der Blüte der Jugend stand, bei einem Ballett mittanzte, legte man ihr zu Ehren und nach Pariser Vorbild Handschuhe an.

Alles schien in bester Ordnung zu sein, aber während die Prinzessin von neuem in Umständen war, begann sie wie wild zu reiten, dann zu hungern. Auch entzog man ihr, da sie im achten Monat an einer Epidemie erkrankte, acht Unzen Blut. Sie nahm keinen Schaden, kam vielmehr im August 1667 mit einer Tochter nieder, der die Großmutter in Frankreich alsbald das große Vermögen der Grande Mademoiselle und die Heirat mit dem Dauphin in Aussicht stellte – zwei Dinge, über die sie nicht verfügte.

Margarete wurde wiederum krank. Diesmal gab sie Cosimo die Schuld, es bildeten sich Abszesse an der Brust. Ein

Anfall von Blattern trat hinzu, sie mußte sich die Haare abschneiden lassen. Um einem neuen Bruch zuvorzukommen, schickte der Großherzog den Ehemann auf die noch ausstehende Kavaliersreise.

Cosimo fuhr zwar inkognito, aber mit sechzig Begleitern über Innsbruck, wo damals noch eine österreichische Seitenlinie Hof hielt, nach Mainz, von da auf dem Rhein nach Amsterdam. Er war der Gast Wilhelms von Oranien. Der Großpensionär Heinsius und die Generalstaaten behandelten den Vetter Ludwigs XIV. mit ausgesuchter Höflichkeit. Sie standen gespannt mit dem König, der den Krieg vorbereitete.

In Hamburg besuchte Cosimo Christine von Schweden und wird der Amazone schwerlich gefallen haben. Dann kehrte er nach Florenz zurück, um zu erfahren, daß seine Frau mit Hilfe von Zigeunern habe fliehn wollen und daß sie Deutsch lerne – ihre Absicht sei, in Tirol oder Bayern Unterkunft in einem Kloster zu finden. Auf der Reise war sein Selbstbewußtsein gewachsen, die Abneigung Margaretes reizte ihn. Der Vater schickte ihn gleich wieder fort.

Im Oktober 1668 war der Prinz in Madrid. Der König erwies ihm die Ehre, bei der Begrüßung einige Schritte auf ihn zuzugehn. Im Januar 1669 weilte Cosimo in Lissabon und besuchte den Wallfahrtsort Compostella. Dann fuhr er zu Schiff nach England. Hier mußte er sich zu seinem Verdruß immer wieder als Thronerbe des Landes, das Galilei gegen den Papismus verteidigt habe, feiern lassen, kam nach Cambridge und Newmarket, war nicht unempfindlich für die Huldigungen der Lords und weigerte sich, von seinem Rang durchdrungen, den fremden Gesandten die Hand zu geben.

Sogar den französischen nahm er nicht aus. Dieser, ein Colbert, ließ sich nichts merken, lud ihn durch seine Frau zu einer bestimmten Stunde ein und schickte ihn an der Tür fort, Madame sei ausgefahren.

Der Schimpf war groß. Großherzog Ferdinand wechselte seinen Gesandten in Paris und bot dem König jede Genugtuung an. Die Verhandlungen dauerten noch, als Cosimo London verließ. Der französische Gesandte blieb dem Abschied fern, obwohl Cosimo sich nach Paris begeben sollte. Der Prinz machte einen langen Umweg über Holland und Spa. Bei Sedan betrat er endlich französischen Boden. Der

König zeigte sich huldvoll, es gab Feste in Saint-Germain und Versailles, das Modestück war ›Tartuffe‹.

Im November reiste Cosimo nach Florenz zurück, von der Abneigung gegen das Land seiner Frau geheilt. Sie hatte sich während seiner Abwesenheit ganz gut mit den Schwiegereltern verstanden, wenigstens schien es so. Der Großherzog nahm die Anweisung der Salerner Ärzteschule, von Zeit zu Zeit über die Stränge zu schlagen, wörtlicher, als ihm gut tat. Er bekam Wassersucht und einen Schlaganfall. Im Mai 1670 verschied er, und Großherzog wurde Cosimo.

5

Margarete war nun fünfundzwanzig. Der nächste Abschnitt ihres Lebens umfaßt fünf Jahre. In ihm entschied sich die Frage, ob dieses Paar, auf das neue Aufgaben warteten, doch noch zur Verständigung gelangen könne. Im Mai 1671 wurde ihm das dritte und letzte Kind geboren, Gian Gastone, der zweite Sohn.

Cosimo III. war schwach. Entweder seine Mutter oder seine Frau mußte ihn in die Hand bekommen, sobald der Vater ausschied. Die Mutter trug den Sieg davon. Ihr Einfluß stieg so sehr, daß sie drei, vier Jahre später die eigentliche Regentin wurde. Sie nahm an den Sitzungen des Geheimen Rates, der Consulta, teil, und Margarete sah sich davon ausgeschlossen.

Sie verlor 1672 ihre Mutter. Im Luxembourg zu Paris öffnete die Schwester, die seit ein paar Jahren Herzogin von Guise war, den Briefkoffer der Verstorbenen und verbrannte vor den Augen des toskanischen Vertreters die Briefe, die unter Beihilfe der Mutter zwischen Margarete und Karl von Lothringen gewechselt worden waren. Der Vertreter Cosimos würde für dieses Beweismaterial ein Stück Geld gegeben haben.

Margarete verfiel auf einen neuen Ausweg, um Toskana verlassen zu können. Sie bat Ludwig XIV., ihr einen Arzt zu schicken, da sie fürchte, ihr Leiden könne Brustkrebs sein. Ludwig sandte den Arzt, der seine Mutter behandelt hatte; Anna war an dieser Krankheit gestorben. Margarete hoffte, sie werde den Doktor gewinnen. Man ließ ihr keine Zeit, er stellte eine harmlose Geschwulst fest. Besser unterrichtet, schlug er eine Badekur in Frankreich vor, um abermals einzulenken, als er den Zorn Cosimos sah; man könne das Wasser auch schicken lassen, meinte er nun.

Die Marquise du Deffand, die nach Frankreich zurückgekehrt war, erschien von neuem. Ludwig XIV. schickte sie auf die drängenden Briefe der Großherzogin. Die Eheleute sahen sich bereits nur noch nach langen Pausen. Die Marquise erkannte bald, daß hier nichts mehr zu versöhnen war. An Weihnachten 1672 bestand Margarete darauf, in Prato der Frömmigkeit zu obliegen und anschließend ein paar Tage in der Villa Poggio zu verbringen. Kaum angelangt, teilte sie dem Großherzog mit, sie verlange die Trennung und werde seine Antwort im Landhaus abwarten.

Cosimo verwandelte den Aufenthalt in Gefangenschaft und schrieb die Anweisungen eigenhändig nieder. Gesellschaften und Besuche wurden untersagt; Margarete durfte sich nicht an Cosimo selbst, nur an den Minister wenden. Soldaten bewachten die Ausgänge.

Beide Ehegatten wandten sich an Ludwig XIV. – Cosimo, um sich zu rechtfertigen, und Margarete, um seine Hilfe anzurufen. Ludwig schickte den Bischof von Marseille, damit er sich ein Bild machen könne. Die Marquise du Deffand, ein paar französische Damen, der Professor für Deutsch waren Margarete bewilligt worden, dazu überreichliches Personal. Cosimo konnte dem Bischof, der mit einem Gefolge von dreiunddreißig Personen auftrat, erklären, der freiwilligen Gefangenen gehe nichts ab.

Der Bischof galt als geschickter Diplomat, aber gegen Margarete kam er nicht an. Es war ihm, als sei Salome auferstanden. Sie tanzte mit ihren Damen das Ballett vom letzten Karneval, ihm zum Ergötzen, und setzte sich im Kostüm an den Tisch. Entgegen aller Etikette speiste das Gefolge mit. Kaum hatte er bei der zweiten Besprechung den Mund geöffnet, so traten die Musiker, der Professor für Deutsch, die Damen ein und tanzten wieder, diesmal ein Menuett. Immer bewirtete sie ihn mit Festlichkeiten, und was den Kernpunkt selbst betraf, so zeigte sie eine eiserne Entschlossenheit: Sie werde nicht mehr mit dem Großherzog zusammenleben.

Sie blieb fest und spielte zuletzt noch ein Argument, eine

geheimnisvolle Mitteilung aus, die den Bischof so sehr bestürzte, daß er dem König schrieb, er werde ihm einen Boten zum mündlichen Bericht schicken, dem Papier wage er diese Nachricht nicht anzuvertrauen. Zu seiner Verblüffung gestand ihm auch Cosimo ein Geheimnis intimer Natur, vermutlich dasselbe. Ludwig XIV. wurde neugierig und forderte den Bischof auf, selber nach Frankreich zu kommen.

Auch Frau du Deffand, die gleichfalls im Besitz des Geheimnisses war, trat die Heimreise an. Der Bischof und die Marquise eröffneten dem König, was sie wußten, er aber nahm es nicht halb so wichtig. Vielleicht gestanden Cosimo und Margarete eine Perversion.

Ludwig entschied, die Nichtigkeitserklärung komme nicht in Betracht. Auch von der Übersiedlung nach Frankreich wollte er nichts wissen. Frau von Montespan wünschte keine Nebenbuhlerin zu sehn. Margarete half sich allein. Zunächst arbeitete sie wieder mit dem Motiv, daß das erzwungene Zusammenleben nur ein Konkubinat sei. Einige Theologen gaben ihr recht, Cosimo war von neuem verwirrt. Dann führte sie sich nach einem festen Plan so unbeherrscht, so amazonisch auf, daß das ganze Land von ihr redete und die englische Gesellschaftsdame empört um den Abschied einkam.

Den Ausschlag gab der dritte Schachzug. Da Cosimo ihre Eignung fürs Kloster anzweifelte, verfiel sie täglich und stündlich in die tiefste Frömmigkeit. Schon stimmte er dem Kloster zu, wenn es ein italienisches sei, und eines Tages im Mai 1674 streckte er die Waffen, nachdem sie ihm zwei Briefe ausgeliefert hatte, »die sie hoffnungslos bloßstellten«. Er schrieb Ludwig XIV., der König möge bestimmen, was nun geschehen solle.

Allerlei Zänkereien folgten. Cosimo verlangte, daß sie im Kloster auf ihre Vorrechte als königliche Prinzessin verzichte. Sie im Gegenteil wünschte ein angenehmes Kloster, und es müsse in Paris gelegen sein. Ludwig weigerte sich lange, dann gab auch er nach, unter der Bedingung, daß seine Kusine mit genügenden Mitteln ausgestattet werde. Im Juni reiste die Marquise du Deffand zum drittenmal nach Florenz, um für den König die letzten Verhandlungen zu führen. Sie erkrankte unterwegs und kam halbtot an.

Man einigte sich mit ihr auf das Kloster der Benediktinerinnen zu Montmartre. Die Äbtissin war eine Guise, aus dem Hause Lothringen. Jede Einzelheit mußte mit ihr geregelt werden: die Wahl der Ehrendame, die Dienerschaft, die Kutsche. Monate vergingen. Ende Dezember unterzeichnete Frau du Deffand den Vertrag, die Schmerzen der Krankheit entlockten ihr Schreie. Vier Wochen später war sie tot.

Margarete ihrerseits unterzeichnete die Klosterordnung und verpflichtete sich, das Haus nur mit Erlaubnis des Königs zu verlassen, niemand zu empfangen, der Äbtissin gehorsam zu sein. Cosimo wiederum sicherte ihr eine Pension von 80000 Livres, einen Reise- und Einrichtungszuschuß von 8000, Silberzeug für 10000, zwei Gobelins und zwei Betten zu. Die mit wertvollen Diamanten besetzte Dose, die er ihr geschenkt hatte, mußte dableiben.

Im Juni verließ Margarete die Villa, in der sie dreißig Monate lang auf die Erlösung gewartet hatte. »Jeder muß sich ein Ideal machen und ihm alles opfern. Dinge, die dem Anschein nach unerreichbar sind, lassen sich durchsetzen, wenn man Ausdauer besitzt«, wird sie bald in Paris Philipp von Orléans erklären. Am 12. bestieg sie in Livorno mit kleinem Gefolge drei Galeeren, die nach Marseille fuhren. Am 21. Juli 1675 traf sie in Montmartre ein, ein paar Tage, bevor sie ihr dreißigstes Jahr vollendete.

Dank großer Zähigkeit hatte sie erreicht, was der König Olympia, Maria und Hortense Mancini verweigerte, die Rückkehr nach Frankreich. Selbstverständlich, es bestand ein Unterschied. Sie war seine leibliche Kusine, und er, der Chef des Hauses, schon aus Selbstbewußtsein bereit, ihr und nicht Cosimo nachzugeben.

In der ersten Woche fuhr sie zweimal nach Versailles. Es war noch nicht fertig, wurde aber schon bewohnt. Der König zeigte ihr die Springbrunnen, die sich im Bau befanden, dann brachte er sie ins Schloß zurück, da es sechs Uhr, Zeit zur Heimfahrt, war. Drei Stunden später bemerkte er, daß sie noch dasaß und mit der Königin Hocca spielte. »Wie, Sie sind noch nicht fort, was wird Madame von Montmartre sagte?« fragte er. Sie erwiderte, Mitternacht sei früh genug, dann ständen die Nonnen zur Frühmette auf; es sei grausam, sie vorher zu wecken.

Da der König freundlich zu ihr war und sie oft kommen ließ, beeilten sich die Hofleute, festzustellen, daß sie in Mode sei. Man pries ihre Schönheit und verglich sie mit der neu entdeckten Venus von Arles. Auch Monsieur, der Bruder des Königs, seit dem Tode ihres Vaters Gaston das Haupt der jüngeren Linie Orléans, war ihr zugetan, mehr als die Grande Mademoiselle, ihre Stiefschwester.

In den Zeitungen des freien Holland, die man überall las, stand, der König finde, sie sei zu schön, um ins Kloster verbannt zu werden, und er bedaure, daß sie seinen Hof nicht schmücke. Er wies ihr den Rang einer Prinzessin von Geblüt an, worüber Cosimo sich nicht wenig ärgerte. Sein Vertreter, der Abbé von Gondi, mußte ihm über alles, was Margarete tat, genauen Bericht erstatten. Kein Land hatte die Staatspolizei besser ausgebaut als Toskana.

Wenn Margarete bei Hofe war, speiste sie an der Familientafel, mit dem König, dem Dauphin, Monsieur, Madame (Liselotte), der Herzogin von Guise (ihrer Schwester) und den Kindern Monsieurs: dem Kleinen Herzog von Chartres, der Herzogin von Chartres und der Petite Mademoiselle. Monsieur, der Schminke auflegte, wie er schon als Kind getan hatte, besaß einen ausgesprochen weiblichen Zug, Margarete einen energisch männlichen.

Als Ehrendame wurde Margarete die Gräfin von Sainte-Mesme beigegeben, die den Posten vierzig Jahre lang bekleidete, ihren Mann bei sich hatte und 3000 Livres im Jahr bezog. Der Stallmeister bekam 900, die Frauen gar nur 200, und alle beklagten sich, weil das Leben in dem damals noch abgelegenen Montmartre teuer sei. Eine der Damen, die Charenton, war die Spionin Gondis; sie erhielt von ihm eine Zulage von 200 Livres.

Margarete kaufte, was ihr gefiel, Pferde, Möbel, Karossen, und baute ans Kloster einen Pavillon, einen privaten Flügel, der ein Schlafzimmer, ein Kabinett, eine Garderobe, ein Vorzimmer, ein Wartezimmer, ein Sprechzimmer, zwei Salons und die Räume für das Gefolge enthielt. Der eine Salon lag wie das übrige innerhalb der Klostermauer, der andere außerhalb.

Die ersten 80000 Livres, die erste Jahrespension, waren

bald vertan. Gondi rechnete mit Schrecken aus, daß der Anbau 400 000 Livres kosten werde. Cosimo mußte in die Tasche greifen, und Ludwig XIV. unterstützte die Forderung. Die Hofleute fanden rasch den Grund: die Freundlichkeit der Majestät kühlte ab, sie wünschte, die Kusine mehr in Montmartre, weniger in Versailles zu sehn. »Die Beredsamkeit Ihrer Schwester ist schrecklich«, sagte Ludwig zur Grande Mademoiselle.

Von Natur lebhaft, hatte Margarete in Italien das hemmungslose Reden gelernt. Zuerst fand man ihr Geplauder amüsant, dann lästig. Eines Tages in Versailles, als irgendeine Bauerei besichtigt wurde, wandte sich der König an Margarete und meinte, sie müsse wiederkommen, wenn die Arbeit fertig sei. Sie war beglückt, bis aus dem Nachsatz hervorging, daß man mit sechs Monaten rechne. Der König hatte seine Ungnade zu erkennen gegeben.

Sie suchte ihren Verkehr in anderen Kreisen, den jansenistischen von Port-Royal, bei Olympia von Soissons, den Damen Elbœuf und Monaco, die alle dem Hof nicht angenehm waren. Bei den Karmeliterinnen besuchte sie Luise von La Vallière, die den Schleier genommen hatte, und die beiden Frauen weinten zusammen. Die Frömmigkeit der noch jungen Herzogin lag Margarete fern; wer war sie selbst, was konnte sie erwarten?

Sie stand in Briefwechsel mit Maria Colonna und Hortense Mazarin, es diente ihr ebensowenig zur Empfehlung wie ihre Neigung, sich mit Leuten aus den unteren Ständen einzulassen, wenn sie allein war, nur um jemand zu haben, der ihr zuhörte. Unterhaltungen mit Franz Egon von Fürstenberg, dem in Deutschland geächteten Bischof von Straßburg, und musikalische Soireen bei den Gesandten von Venedig oder Mantua waren kein Ersatz für Versailles, von dem sie sich ausgeschlossen sah. Der Herzog von Guise war schon im Jahr ihrer Ankunft gestorben; mit seinem Söhnchen, das ihm bald folgte, erlosch das Haus. Die Schwester wurde Witwe, und Margarete beneidete sie um die Freiheit. Die beiden waren durch eine Art Haßliebe verbunden. Sie vertrugen sich nicht, konnten aber auch nicht voneinander lassen. Wenn sie nach Saint-Germain oder Versailles fuhren, hatten sie vom ersten Augenblick bis zum letzten Zank, und das genügte nicht, sie setzten ihn brieflich fort.

Als davon die Rede war, die Herzogin von Guise mit Wilhelm von Oranien zu verheiraten, erklärte Margarete, sie werde ihm etwas über den Lebenswandel der Schwester sagen, die sich mit dem Stallknecht Mathieu einschließe. Ludwig XIV. erfuhr davon, ließ die Schwestern kommen und gab Margarete so Gelegenheit, sich in Erinnerung zu bringen. Er lud sie zur nächsten Opernaufführung ein, die Gnade lächelte ihr wieder.

7

Monsieur riet der Kusine, die Tage der Huld zu nutzen. Er führte ihr die Herzöge von Villeroy und Foix zu, die für ihre anstößige Unterhaltung bekannt waren; Cosimo hätte sich entsetzt. Margarete blieb gleich ein paar Tage in Versailles, als jene Oper und der Karneval kamen. Sie machte alles mit, Fahrten auf dem Kanal, Spaziergänge im nächtlichen Park, Besuche des Jahrmarkts von Saint-Germain, Ausritte. Sie kaufte ein Pferd für hundert Dublonen, eine Karosse und eine zweitürige Kalesche. Gleich der Prinzessin von Monaco und der Herzogin von Bouillon ritt sie im Männersattel und in entsprechender Kleidung mit Perücke und Krawatte.

Das Kloster sah seltsame Dinge, so den Bau eines Tanzsaales. Gondi erfuhr, daß sie sich dort für Maskenbälle umkleidete und zu Fuß, nur von einem Stallknecht begleitet, die Stadt durchstreifte. Sie wohnte der Entbindung Liselottes bei und hielt den künftigen Regenten über die Taufe. Um diese Zeit verlautete, daß Karl von Lothringen, mit dem sie noch immer Briefe tauschte, die Schwester des Kaisers, die verwitwete Königin von Polen, heiraten werde, und Margarete bekam die Gelbsucht.

Um sich zu kräftigen, erhielt sie von der Äbtissin die Erlaubnis, Aufenthalt auf dem Schloß der Sainte-Mesme zu nehmen. Es lag inmitten von Wäldern, die von einer Räuberbande unsicher gemacht wurden. Als sie zurückkehrte, war die Zeit für die Hubertusjagden gekommen. Jeden Tag gab es Komödie und Ball in Versailles. Im Winter lief man Schlittschuh in Saint-Germain. Zwar forderte der König sie nie auf, in der Nacht vom Freitag auf den Samstag bei Frau von Montespan Fleisch zu essen, aber er entmutigte sie auch nicht, trotzdem das Gerede über ihre Aufführung zunahm.

Sie war völlig wahllos im Umgang, eine der Prinzessinnen, denen man nachsagte, daß sie Ersatz für ihre Männer bei Stallknechten fänden. Einer der Garden des Marschalls von Luxembourg rühmte sich ihrer Gunst, ein anderer löste Rätsel oder trieb Pfänderspiele mit ihr im Sprechzimmer. 1676 war ein Jubeljahr gewesen; sie erklärte, man habe Anspruch auf sein eigenes. Die Nachricht von der Verheiratung Karls, die ins Jahr 1678 fiel, erregte sie so sehr, daß sie Betäubung suchte.

Vom Leben hatte sie nichts Sicheres, nichts Befriedigendes mehr zu erwarten. Bis dahin war ihre geheimste Hoffnung wohl die gewesen, daß der Papst ihre Ehe für ungültig erklären werde und sie Karl heiraten könne. In den verbrannten Briefen mag dieser Plan erörtert worden sein. Nun war alles sinnlos geworden.

Wenn man ihr zu bedenken gab, daß sie Rücksicht auf den Großherzog nehmen müsse, erwiderte sie: »Auf diesen Narren? Dem habe ich so lange erzählt, daß ich Nonne werden wolle, bis er es glaubte. Rücksicht nehmen, wie lächerlich, alle Welt macht sich über ihn lustig, ich auch.« Dem Abbé Gondi blieben solche Reden nicht verborgen. Er überreichte dem König eine Denkschrift, worin er alle Extravaganzen Margaretes aufzählte und nicht nur auf die Unannehmlichkeiten, die der Äbtissin erwüchsen, sondern auch auf die Schmälerung des königlichen Ansehens hinwies.

Die Königin von Frankreich fand, eine Mutter, die ihre Kinder verlassen habe, verdiene keine Achtung. Monsieur langweilten ihre Besuche nun auch. Liselotte, seine Frau, die kein Blatt vor den Mund zu nehmen pflegte, erklärte ihr in Gegenwart des Königs, sie fordere mit ihrer Schminke und ihren Schönheitspflästerchen den Spott heraus. Margarete erwiderte, sie tue nur, was die Königin und Frau von Montespan täten. Da der König diese Antwort übelnahm, erschauerte auch der Hof.

Noch größer war die Empörung, als sie beim Cercle die Herzogin von Mecklenburg über die Herzogin von Elbœuf setzte. Wir sind der Herzogin von Mecklenburg begegnet, als sie, eine geborene Montmorency, noch in erster Ehe mit Gaspard von Coligny verheiratet war. Ihr Rang als Reichsfürstin galt am französischen Hof für weniger als der der

Herzogin von Elbœuf, Prinzessin von Lothringen-Harcourt, einer geborenen La Tour d'Auvergne.

Deutsche Prinzen beschwerten sich immer wieder über diese Zurücksetzungen. Für das französische Zeremoniell waren sie nur Ausländer, daher viele Versailles fernblieben. Andere wiederum suchten um jeden Preis Fuß zu fassen.

8

Gondi stellte eine Liste der Ausgaben Margaretes im Jahre 1677 auf. Das Futter der fünfzehn Pferde kostete 6 000 Livres, dem Beichtvater blieb sie das Gehalt schuldig. Im Kartenspiel verlor sie große Summen. Ein gewisser Mérincourt, der Sohn eines Metzgers, hatte eine Leutnantsstelle bei der Polizei gekauft. Er gefiel der Großherzogin so gut, daß sie ihn in ihren Dienst nehmen wollte. Die Äbtissin erhob Einspruch, und Margarete erklärte, daß sie den Holzkeller des Klosters in Brand stecken werde.

Gondi erreichte, daß man den Leutnant mit einem Auftrag nach Marseille und weiter schickte. Aber statt in See zu gehn, kehrte Mérincourt zurück. Er verständigte sich mit einem Nebenbuhler gleichen Ranges, der inzwischen ihre Gunst gewonnen hatte, saß stundenlang bei ihr im Vorzimmer und bekam sogar eine Schlafstelle eingerichtet. Die Äbtissin wandte sich an den König, der König zeigte eine erstaunliche Geduld. Er wollte keinen Skandal. Ein Wink genügte: weder die Zeitungen noch die Briefschreiber erwähnten die Großherzogin. Sie fuhr fort, die Leute herauszufordern. Jener zweite Stallknecht namens Chantilly durfte ihr den Kragen mit Stecknadeln befestigen und die Nüsse für sie aufbeißen.

Sie machte Reisen, unter anderem nach Caen, wo sie auf Anweisung Ludwigs feierlich empfangen wurde, und nahm an der Vermählung der Tochter Monsieurs mit dem zeugungsunfähigen letzten Habsburger der spanischen Linie teil. Sie war eine der drei Damen, die der Braut den Mantel trugen, Cosimo empörte sich darüber. Die neue Königin von Spanien ging ebenso ungern nach Madrid, wie Margarete nach Florenz gegangen war.

Der König erklärte ihr: »Madame, ich wünsche Ihnen für immer Lebewohl zu sagen. Kein größeres Unglück könnte

Ihnen zustoßen, als daß Sie nach Frankreich zurückkehren wollten.« Die arme Marie Luise kam nicht in diese Verlegenheit. Sie starb zehn Jahre später so plötzlich, daß man von Vergiftung sprach.

Als Margarete nach Paris übersiedelte, lebte ihre Mutter nicht mehr. Sie hatte, als in Florenz die Enkelin geboren wurde, sofort überlegt, daß eines Tages dieses Mädchen für den Dauphin in Betracht kommen könne. Der Gedanke lag so nahe, daß auch der König ihn 1679 erwog, obwohl die Prinzessin erst zwölf Jahre alt war. Margarete sann über die Vorteile nach, die für sie aus der Verbindung entspringen würden. Nach den Erfahrungen von vier Jahren lehnte sie die Aussöhnung mit Cosimo nicht mehr unbedingt ab. Der Papst wünschte sie gleichfalls.

Wenn Besprechungen eingeleitet wurden, kamen sie nicht weit. Cosimo scheint sich recht kühl verhalten zu haben. Der Dauphin heiratete im nächsten Jahr Maria Anna von Bayern. Margarete kehrte zu ihrem alten Haß gegen Cosimo zurück. »Ich schwöre bei dem, was ich am meisten verabscheue, also bei Ihnen, daß ich mit Freuden einen Pakt mit dem Teufel schließe, wenn ich Sie damit nur in Wut bringen kann«, schrieb sie ihm. In ihrem Zimmer brach Feuer aus, angeblich weil das Körbchen des Schoßhundes zu nahe am Kamin stand. Man erinnerte sich ihrer Drohung um so mehr, als es bald danach einen zweiten Feueralarm gab.

Im Sommer 1680 badete sie an den Ufern der Yonne jeden Abend, ohne ein Zelt zum Auskleiden zu haben. Der Stallknecht Chantilly ging mit ihr ins Wasser, um sie schwimmen zu lehren, und hielt die königliche Hoheit in seinen plebejischen Armen. Er erhielt die Perücke und den Degen, aus dem Stallknecht wurde ein Hausoffizier. Er bereitete ihr die Morgenschokolade und brachte sie ans Bett, er half ihr bei der Toilette, und zum Ausgleich kümmerte sie sich um sein Klistier, wenn er eines brauchte. Der Tod des Hündchens stürzte sie in Verzweiflung. Chantilly sagte, wenn sie liebe, liebe sie lang, und schenkte ihr einen Band des meistgelesenen Dichters, des Ovid. Worauf Gondi den Band auch kaufte und an Cosimo als corpus delicti sandte.

Ein anderer ihrer Diener, Larue, drohte mit Enthüllungen. Margarete schickte ihn unter einem Vorwand zum Direktor des Gefängnisses von Saint-Lazare und ließ ihn auf drei

Monate einsperren; das war Herrenrecht. Aus Florenz erhielt sie Nachricht, daß Cosimo in eine unbestimmte Krankheit verfallen sei. Er aß mehr, als er vertragen konnte. Wenn ein Truthahn nicht mindestens zwanzig Pfund wog, schickte er ihn dem Koch zurück. Er trank alte Weine, aufreizende Elixiere und dickflüssigen Sirup. Seine Krankheit war wohl die der Schlaraffenkönige. Er wurde wieder gesund und lebte noch lange.

Margarete aber sah ihn schon tot und sich als Regentin. Sie setzte ihrem bittersten Gegner, Gondi, naiv auseinander, was alles in Florenz anders werden würde: keine scheinheiligen Höflinge mehr, Ausweisung der verhaßten Spanier, Ausbau der Häfen und Vergrößerung der Kriegsflotte. Man wunderte sich, daß sie so gut über Vorgänge im Palazzo Pitti Bescheid wisse. Sie zeigte Ludwig einen Brief, Ludwig steckte das Schreiben ein und schickte es an Cosimo. Der Schreiber und sein Bruder verschwanden auf Lebenszeit hinter einer Festung.

Larue war gegen die Zusage, daß Margarete einen Mann für seine Schwester finden werde, bereit, nach Amerika auszuwandern. Unter dem Vorwand, sie wolle sicher gehn, begleitete die Großherzogin mit Chantilly den Transport des Gefangenen bis Dieppe. Die beiden übernachteten in Schenken und nahmen sich drei Wochen Zeit. Es blieb nicht verborgen, daß Chantilly ihr morgens die Stiefel und sogar noch die Strümpfe anzog.

Gondi machte sich den Transport zunutze. Einer seiner Agenten kaufte die Wärter und hatte, als Larue sich einschiffte, einen schriftlichen Bericht in Händen. Aus dem Schriftstück ging hervor, daß die Fürstin und der Stallknecht, der nun den Degen trug, nicht nur im übertragenen Sinn unter einer Decke steckten. Gondi strahlte, aber es half ihm nichts. Weniger als je wollte der König etwas von einem Skandal wissen. Gondi wurde abberufen.

Der Schwester des Larue kostete die Intrige die Freiheit. Sie weigerte sich, den von Margarete besorgten Mann zu heiraten, weil er alt sei, hatte aber die Mitgift genommen. Margarete ließ sie bei den Grauen Schwestern einsperren und ihr die Haare abschneiden.

9

Madame von Montmartre, die Äbtissin, starb. Sie erhielt eine jugendliche Nachfolgerin in Fräulein von Harcourt. Im gleichen Jahr 1683 starb die Königin. Als der Hof ein Jahr später bereits wieder Gold und Silber tragen durfte, war davon die Rede, daß Ludwig XIV. von neuem heiraten wolle und daß er selbst nun an die Tochter Margaretes denke, die inzwischen siebzehn geworden war, jedoch die Aufführung der Mutter als Hindernis betrachte.

Margarete ging nur noch aus, um Kranke in den Spitälern zu besuchen, und versicherte, den Rest ihres Lebens wolle sie hinter Klostermauern verbringen. Jedoch der König heiratete Frau von Maintenon. Sie war neunundvierzig, drei Jahre älter als er, gebildet, von bester Haltung und fromm – eine Betschwester, sagten ihre Feinde. Der große Wechsel trat ein, der Hof gewann an Würde, die Tage der Jugend und der Favoritinnen waren vorüber.

Die Möbel Margaretes hatten keine Fransen mehr, die Wäsche befand sich in einem unwürdigen Zustand. In Erwartung von 20 000 Talern, die Cosimo ihr schicken sollte, ließ sie einen großen Koffer anfertigen. Die Jahre vergingen, sie trat ins fünfte Jahrzehnt. Statt der Schokolade nahm sie nun Eselsmilch zum Frühstück. Chantilly war kein Adonis. Seine eigene Kusine, die im Haushalt beschäftigt war, sagte ihm ins Gesicht, er halte diesen Degen, der ihm nicht zustehe, wie ein Apotheker seine Spritze. Es entstand eine Schlägerei, und als Chantilly Blut sah, das aus irgendeiner Nase floß, glaubte er, ein Mörder zu sein; wimmernd flüchtete er ins Schlafzimmer der Großherzogin. Ihre Ehrenfräulein färbten auf die Zustände ab und mußten sich gelegentlich in die Verschwiegenheit zurückziehn.

Cosimo schickte der Dauphine, den Prinzessinnen, den Prinzen, die ihm alle in den Ohren lagen, die Erzeugnisse Toskanas, Zitronat, wohlriechenden Essig, parfümierte Öle, und bat jedesmal, man möge auf seine Frau einwirken, damit sie ein anständiges Leben führe. Das tat sie nun freilich nicht, sie ließ sich völlig gehn.

Ihr Sohn Ferdinand heiratete 1688 in München Yolanthe Beatrix, die Schwester der Dauphine und des Kurfürsten Max Emanuel, der gerade Belgrad erobert hatte. Ferdinand erwähnte seine Mutter nie. Gian Gastone, der als jüngerer Sohn geistlich geworden war, stand schlecht mit dem Vater. Maria Anna von Bayern starb früh, und Margarete hoffte, daß der Dauphin als zweite Frau ihre Tochter wählen werde.

Margarete stellte eine Skala für die bereits dreiundzwanzigjährige Tochter auf: jetzt reiche es noch zu einem königlichen Witwer, mit dreißig zu einem Erzherzog, mit zweiunddreißig zu einem italienischen Fürsten.

Man verhandelte auch eifrig, und Margarete trennte sich sogar von Chantilly. Aber es war ein nutzloses Opfer, die Prinzessin von Toskana heiratete nach Deutschland, den Kurfürsten von der Pfalz, dem Heidelberg zerstört wurde.

10

Sie habe eine eiserne Gesundheit und ein beispielloses Naturell, erklärte der Graf von Sainte-Mesme. Die junge Äbtissin machte ihr Vorhaltungen – Margarete trieb sie vor sich her durchs Kloster, eine Hacke in der einen, eine Pistole in der anderen Hand.

Not kennt kein Gebot, sagte die Großherzogin, wenn sie die Gehälter nicht bezahlte, und jetzt dachte sie offenbar, daß der Angriff die beste Vertcidigung sei. Sie beschuldigte die Äbtissin der Verderbtheit und das Kloster, ein ungesundes Fiebernest zu sein. Sie wandte sich an Cosimo, er möge ihr die Übersiedlung nach Port-Royal gestatten. Er fürchtete das Gift des Jansenimus und bestimmte, schlecht beraten, als neuen Aufenthalt das Kloster von Saint-Mandé.

Es bestand aus einem kleinen Hause, worin sieben Laienschwestern lebten, und lag vor Paris, die Straße dahin war ungepflastert. Dem König fehlte das Geld; er wußte manchmal nicht, wie er die vielen Soldaten bezahlen sollte. Margarete plünderte ihre Räume in Montmartre aus. Türen und Fenster gingen mit, Bleiröhren und Kamine.

Sie hatte einen Gewaltstreich begangen und war eigenmächtig übergesiedelt, weil Cosimo seine Erlaubnis davon abhängig machte, daß sie einen neuen Vertrag unterschreibe. Darin sollte sie sich wieder einmal verpflichten, vor Sonnenuntergang daheim zu sein, es sei denn, daß der König ihr erlaube, über Nacht draußen zu bleiben. Sie weigerte sich hartnäckig, Cosimo sperrte die Zahlungen, sie gab nach. Man schrieb nun 1692, und sie war siebenundvierzig.

Das Häuschen in Saint-Mandé stellte ein merkwürdiges Kloster vor. Ein paar Benediktinerinnen, aus allen Gegenden zusammengeweht, taten, was sie wollten. Die Pförtnerin war so alt, daß sie nichts sah und hörte; die Mauer so niedrig, daß man nachts darüber sprang; die Oberin so abgebrüht, daß sie, wenn Margarete Glauben verdient, drei oder gar fünf Kinder hatte und mit Hilfe eines Soldaten magische Beschwörungen vornahm, um einen Schatz zu heben.

Margarete entdeckte die Moral und begann mit eisernem Besen zu fegen. Das Haus gehörte Frau Fouquet. Margarete hielt mit ihr, dem Beichtvater und dem Vertreter des Erzbischofs Beratungen ab. Hier war die Gelegenheit, ihr Bedürfnis nach Tätigkeit oder Macht zu befriedigen. Es wurde eine strenge Hausordnung erlassen und rücksichtslos durchgeführt, auch eine Anzahl Schlupfpförtchen zugemauert.

Die Oberin setzte sich zur Wehr, und Margarete erhielt von einem Gerichtsvollzieher die Aufforderung, die Räume, worin sie sich festgesetzt hatte, freizugeben, die Küche, die Keller, den Salon. Aber da sie eine vornehme Dame war, hätte der Gerichtsvollzieher sie erst von seinem Besuch unterrichten und ihre Erlaubnis einholen müssen. Die beleidigte Prinzessin von Geblüt erwirkte eine Lettre de cachet gegen die Oberin, die in ein Kloster von strenger Zucht gesteckt wurde und an der Erregung starb.

Man ernannte eine neue, aber sie hatte Angst vor der Großherzogin und blieb aus. Margarete behauptete das Feld, hatte alle Schlüssel in der Tasche und predigte die Tugend, die sie selbst nicht übte. An die Stelle Chantillys trat ein ehemaliger Soldat, der nun Maler zu sein behauptete. Nicht alle Pförtchen waren vermauert worden, eines blieb für ihn offen. Margarete kümmerte sich um die Preise; das Brot sei um ein Drittel teurer geworden, der Hafer um die Hälfte. Die schlechten Jahre der Regierungszeit Ludwigs XIV. waren da, mit leeren Kassen, Epidemien und Hungerernten. Aber seine Diplomaten waren geschickt und erreichten viel mehr, als sie erwarten durften.

Gelegentlich hatte Margarete sogar Geld. Dann erschien sie zu Versailles in neuen Kostümen, zum Beispiel in einem aus schwarzem Samt, das am Hals und an den Ärmeln mit

Diamanten besetzt war, und einem amarantfarbenen Mantel, den Silberborden einfaßten.

Anno 1693 starb ihre Stiefschwester, die Grande Mademoiselle, und schloß sie als Erbin aus. Es war ein schwerer Schlag für Margarete. Auch Cosimo jammerte, und Toskana mit ihm. Er hatte an Apanagen zu zahlen: seiner Mutter 36 000 Taler, seiner Frau 30 000, dem Thronfolger Ferdinand 20 000, Yolanthe 10 000 und Gian Gastone ebenfalls 10 000. Margarete verlangte fortwährend Zuschüsse und ersetzte in der Kapelle das Kruzifix und die Gefäße aus Silber durch solche von Zinn.

1695 wurde sie fünfzig, und das Unerwartete geschah. Die unruhige Frau, die auf ein verfehltes Leben zurückblickte, fand sich ab. Die Zeit der Dienergeschichten war zu Ende, und die der ewigen Zänkereien auch. Sie schrieb Cosimo nicht mehr, daß sie, nur um ihn zu quälen, einen Pakt mit dem Teufel schließen wolle, sondern stickte einen Wandschirm für ihn. Als Gegengeschenk erhielt sie dreißig Ellen Samt.

Was ihr das Schicksal nicht bewilligt hatte, solange sie sich auflehnte, gab es, als sie zum Frieden kam, die Befreiung von den materiellen Sorgen. 1696 starb ihre Schwester Guise, die Hinterlassenschaft betrug fünf bis sechs Millionen. Der König verzichtete auf seinen Anteil, Monsieur desgleichen, die Haupterbin war Margarete. Aber Cosimo wandte ein, daß sie im Ehevertrag alle Erbrechte innerhalb Frankreichs abgetreten habe. Man einigte sich: sie sollte die Zinsen genießen und das Vermögen ihren Kindern hinterlassen.

Sie blieb nicht in Saint-Mandé. Das Kloster der Augustinerstiftsdamen in Picpus, einem Vorort von Paris, nahm sie auf. Doch war sie noch in Saint-Mandé, als 1698 Gian Gastone sie besuchte. Da die Ehe seines Bruders Ferdinand, des Thronfolgers, kinderlos geblieben war, hatte er vor einem Jahr den Kardinalspurpur abgelegt und Anna Maria Franziska, Witwe des Kurfürsten von der Pfalz, kurzum die Schwägerin seines Schwagers, geheiratet. Die Ehe fiel vom ersten Tage an unglücklich aus.

Anna Maria Franziska war die Tochter des letzten Herzogs von Lauenburg. Das Herzogtum kam an den Kaiser; Anna Maria und ihrer Schwester Augusta Sibylla blieben die reichen böhmischen Privatbesitzungen. Der Kaiser als Vormund gab Augusta Sibylla 1690 seinem Feldherrn, dem Markgrafen von Baden-Baden, Türkenlouis genannt, und dachte die Schwester dem Prinzen Eugen zu, die beiden Herren waren Vettern. Prinz Eugen traf zur Brautschau ein und reiste wieder ab. Die widerspenstige, ungebildete, nur für den Stall lebende Anna Maria war nichts für ihn. Sie nahm den Pfälzer und wurde nach einigen Jahren Witwe.

Mit Gian Gastone verheiratet, weigerte sie sich, nach Florenz zu gehn, und betrat es auch nie. Gian Gastone zankte sich mit ihr auf den böhmischen Gütern herum. Sie bestritt ihm das Recht, über ihr Vermögen zu verfügen. Der Christine-von-Schweden-Typ war eine internationale Erscheinung; auch Margarete und die meisten Mazarinnichten gehörten ihm an. Gian Gastone floh aus Böhmen, irrte herum und stürzte sich in Ausschweifungen.

Eine dieser Fahrten führte ihn zu seiner Mutter nach Paris. Sie war wohl unzufrieden mit ihm, denn sie nahm ihn wenig freundlich auf. Als er abreiste, entließ sie ihn ohne Geschenk, während der König ihm einen Degen von hohem Wert verehrte. Das Recht, die Prinzessinnen von Geblüt auf die Backe zu küssen, hatte er dem Toskaner freilich nicht gewährt.

11

Margarete verfügte über eine Rente von einer viertel Million, hielt sich an die Vorschriften der Religion und verließ das Kloster nur noch, um an den Hof zu gehn.

Die Tochter Monsieurs heiratete Leopold von Lothringen. Er war der Sohn jenes Karl, den sie geliebt hatte und der schon 1690 gestorben war. Im Frieden von Rykswyk hatte Leopold die vom Vater abgelehnten Bedingungen Ludwigs XIV. angenommen. Margarete trug auch dieser Braut die Schleppe.

Drei Jahre später, man schrieb nun 1701, und es war ein Jahr des Unheils, da in ihm der schlimme Krieg um die spanische Erbfolge begann, starb in Marly bei Tisch vor den Augen Margaretes Monsieur, ein gebrochener Stutzer. Der Titel ging auf seinen Sohn, den späteren Regenten, über.

1710 erlitt ihr Sohn Ferdinand einen Schlaganfall und

überstand ihn nicht. Gian Gastone hatte umsonst den Purpur abgelegt, da seine Frau sich weigerte, Böhmen zu verlassen. Das Haus Medici drohte auszusterben. Man griff auf Margaretes Schwager zurück, den Bruder Cosimos. Auch er legte den Purpur ab, heiratete eine Gonzaga und erlebte die gleiche Weigerung, das eheliche Leben aufzunehmen. Drei Frauen, eine Orléans, eine Lauenburg und eine Gonzaga, bereiteten den Medici das Schicksal des Erlöschens. Margarete trug keine Trauer um den Sohn. Es war am französischen Hof nicht üblich, wenn Kinder starben.

Sie erlebte den Zusammenbruch der Macht des Königs unter den Schlägen Marlboroughs und des Prinzen Eugen, danach die wunderbare Rettung, als ein Kurswechsel in London Marlborough zurückrief und stürzte. In einer Sommernacht des Jahres 1712 wurde der Vertreter Cosimos geweckt. Vor der Tür stand eine Kutsche, von königlichen Garden umringt. Der Resident glaubte, man hole ihn zur Bastille ab, aber die Fahrt ging ins Palais-Royal, nunmehr Palais-Orléans, wo Margarete, am Abend einer Einladung, von einem Schlaganfall getroffen worden war.

Sie erholte sich, und die letzten zehn Jahre ihres Lebens waren mit Badereisen ausgefüllt, die sie auch nach Lothringen führten. Herzog Leopold erwies ihr alle Ehren, aber sie vermied, ihn zu sehn, weil ihm zwar der Kaiser das Recht des Fauteuils bewilligt, der König von Frankreich jedoch bestritten hatte. Sie wollte ihn nicht beleidigen und blieb lieber fern. Auch Liselotte unterließ einmal eine Reise nach Lothringen, weil Ludwig XIV. ihren Vorschlag, sie und der Herzog sollten sich mit einem Lehnsessel ohne Arme begnügen, verworfen hatte.

Margarete erstattete dem König Bericht über ihre Reise und bat bei dieser Gelegenheit um die Vergünstigung, nach siebenunddreißig Jahren Aufenthalt im Kloster ein Haus mieten zu dürfen. Cosimo weigerte sich, auf den Vorschlag einzugehn. Erst als Ludwig XIV. gestorben war und der Chef des Hauses Orléans Regent von Frankreich wurde, erhielt sie die Genehmigung und kaufte ein Haus an der Place-Royale, heute Place des Vôges, die hundert Jahre zuvor die vornehme Wohngegend gewesen war.

Cosimo ließ sich immer genau über ihre Gesundheit berichten. Sein Vertreter war angewiesen, sofort die Hand auf die Hinterlassenschaft zu legen. Margarete lebte still, tat viel Gutes und reiste in die Bäder. Die wenigsten wußten von ihrer Existenz. Als der Kaiser, dem Maria Theresia geboren wurde, einen Hofrat schickte, der allen Mitgliedern der königlichen Familie die Anzeige überreichen sollte, konnte ihm nur der Vertreter Toskanas ihre Wohnung angeben.

Im September 1721 verschied Margarete. Statt in Saint-Denis fand sie die letzte Ruhestätte im Kloster von Picpus. Dieser Anordnung wurde Folge geleistet, nicht den eigenmächtigen Bestimmungen des Testaments, das den Abreden Cosimos widersprach. Sie hatte als Erben Elisabeth von Lothringen, Prinzessin von Espinoy, eingesetzt. Die Prinzessin nahm acht Advokaten und verlor gegen Cosimo. Der Hof trug sechs Wochen violette Trauer um die Verstorbene.

In Florenz fand eine kirchliche Feier statt, bei der Gian Gastone auf einem Throne saß. Als er zwei Jahre später Cosimo folgte, war er zweiundfünfzig alt. Vom Zwang befreit, der ihn sein Leben lang niedergehalten hatte, umgab er sich mit Spaßmachern. Er starb 1737. Die Mächte benutzten Toskana als willkommenes Austauschobjekt, das die Lösung der schwierigen lothringischen Frage gestattete.

Franz Stephan, der Enkel Karls von Lothringen und Gatte Maria Theresias, überließ Lothringen an Leszcinsky, den Schwiegervater Ludwigs XV., des endgültigen Anwärters, und erhielt dafür Toskana.

II

HENRIETTE STUART

Herzogin von Orléans

1

Zur Zeit Richelieus lebte durch die Jahre Ludwig XIII. von Frankreich im Louvre, hingegen seine Frau, Anna von Spanien oder, wie die Franzosen sagen, von Österreich, in Saint-Germain. Es hatte allen Anschein, daß der nächste König Gaston I. heißen werde; Gaston von Orléans war der Bruder Ludwigs. Aber Fräulein von La Fayette spielte Vorsehung und führte eine Begegnung der Ehegatten herbei – der Ludwig XIV. entsprang.

Das war 1638. Zwei Jahre später läutete das Glöckchen des Palais-Cardinal, das nur bei Ereignissen innerhalb der königlichen Familie in Bewegung gesetzt wurde, abermals, und es antworteten ihm das des Pont-Neuf und die Kanonen der Bastille sowie des Arsenals: die Königin war mit einem zweiten Sohn niedergekommen, den sie Philipp nannte.

Da man die Scheu des Königs vor Frauen kannte, fehlte es nicht an Verleumdern, die den ältesten Knaben dem Grafen von Orsini oder dem von Comminges, den jüngsten Mazarin zuschrieben. Wenn Charakteranlagen beweiskräftig sind, ist der weiche, schwankende und ausgesprochen feminine Philipp der Sohn Ludwigs XIII., der an allem, sogar seiner Männlichkeit, zweifelte, während der gesunde, robuste, sinnliche Ludwig, die Königssonne, keine Ähnlichkeit mit dem Vater besaß.

Philipp, der Bruder des Thronerben, erhielt den Titel eines Prinzen von Valois und Herzogs von Anjou. Herzog von Orléans wurde er erst 1660, als sein Onkel Gaston ohne männliche Nachkommenschaft starb. Er war zierlich und klein, zu klein für seinen eigenen Geschmack, daher er durch Schuheinlagen nachhalf. Wenn der Vater Paris verließ, wurden Vorsichtsmaßregeln ergriffen. Man traute Gaston, zwischen dem und dem Thron nun zwei Knaben standen, nicht recht.

Richelieu starb, der König starb, Anna übersiedelte in das vom Kardinal der Krone hinterlassene Palais, das fortan Palais-Royal hieß, und auch sein Nachfolger im Amt, Mazarin, nahm darin Wohnung. Die beiden Prinzen lernten nicht viel, Philipp am wenigsten. Mazarin wollte keinen zweiten Gaston in ihm heranziehn. Der ewige Wechsel des Aufenthaltes, den die Revolutionsjahre der Fronde mit sich brachten, tat ein übriges, um die Erziehung zu allem anderen als einer sorgfältigen Angelegenheit zu machen. Mit fünfzehn konnte Philipp noch nicht flüssig lesen.

Mazarin, der mit der Königin in engen Beziehungen, wenn nicht in heimlicher Ehe lebte, wurde früh auf den weiblichen Geschmack des hübschen Kindes aufmerksam. Der Sohn des Kanzlers Gastons, der spätere Abbé Choisy, war einer der Gespielen Philipps und erzählt: »Man zog mich als Mädchen an, sooft der Herzog von Anjou bei uns war, was mindestens zwei- oder dreimal in der Woche geschah. Ich bekam Ringe in die Ohrläppchen, Diamanten, Schönheitspflästerchen und alles andere, woran man sich so leicht gewöhnt. Die Nichten des Kardinals Mazarin und einige Ehrenfräulein der Königin, die den Herzog begleiteten, begannen alsbald ihn zu frisieren und umzukleiden. Sie zogen ihm den Rock aus und legten ihm ein Leibchen, dann Unterröcke an. Das alles geschah, wie man sich erzählte, auf Geheiß des Kardinals, der ihn zu verweichlichen wünschte.«

Es ging also ein wenig nach orientalischen Vorschriften zu. Wenn der junge Choisy ins Palais-Royal kam, war es dasselbe. Philipp schmückte sich mit Häubchen und Ohrgehänge, wobei er fortwährend in die Spiegel schaute. Am Fastnachtsdienstag gab er einen großen Ball und tanzte in Frauenkleidern. Was kommen mußte, kam. Der junge Prinz trat nicht nur zu Frauen in Beziehung, er wurde auch Männern untertan. In Lyon sprang sein Altersgenosse, der Graf von Guiche, so hochfahrend mit ihm um, daß Königin Anna, viel zu spät, Anstoß nahm. Gelegentlich, im Felde, benahm Philipp sich recht mutig, aber es war zu gründlich an ihm gesündigt worden.

Als Anna und Mazarin 1653, nach den Wirren der Fronde, zurückkehrten, bezogen sie den Louvre, das Palais-Royal wurde frei. Und hier nun brachte man Henriette von Frankreich, seit ihrer Heirat mit Karl I. Henriette von England, unter. Sie war die Tochter Heinrichs IV., die Schwester Ludwigs XIII., die Tante Ludwigs XIV. und zur Zeit eine Königswitwe ohne Land.

HENRIETTE VON ORLÉANS

2

Kaum ein anderer König hat eine so unruhige Regierungszeit wie Karl I. von England, der kalvinistische Enkel Maria Stuarts, gehabt. England erlebte die gleichen Erschütterungen durch Religionskriege wie das Festland. Der Versuch Karls, die anglikanische Kirche durchzusetzen und so die Rückkehr des Katholizismus vorzubereiten, rief alle Leidenschaften der Presbyterianer und der Independenten auf. Parlamentsheer kämpfte gegen Königsheer, seit 1642 tobte der Bürgerkrieg. Karl floh zu den Schotten, sie lieferten ihn aus, 1649 bestieg er das Schafott.

Königin Henriette ließ drei ihrer Kinder in England zurück, zwei waren in Holland. Mit der zweijährigen Henriette floh sie 1646 zu ihrer Schwägerin Anna nach Paris. Als der Vater der kleinen Henriette hingerichtet wurde, waren die meisten Mitglieder der Familie in Saint-Germain vereint.

Der älteste Sohn der Königin Henriette, Thronerbe und nun Prätendent, kehrte nach England zurück, um Cromwell zu bekämpfen, war wieder in Frankreich, ging nach Deutschland und Holland. Niemand ahnte, daß er 1660 als Karl II. König werden sollte. Mazarin lehnte die Werbung des verschuldeten Flüchtlings um eine seiner Nichten ab.

Henriette von England – die Tochter der gleichnamigen Mutter – war kein blühendes Kind, vorerst nichts als das häßliche Entlein. Die Mutter überwachte sorgfältig die Erziehung, die während der Wintermonate im Kloster von Chaillot stattfand. Auch Königin Anna besuchte die Nichte, die hier, bei den Klosterfrauen, zum katholischen Glauben übertrat. Manchmal wurde Henriette zu den Festen des Louvre eingeladen. Ludwig XIV. machte sich nichts aus kleinen Mädchen, am wenigsten aus der mageren Kusine, und so verfolgte man den Plan, ihn mit ihr zu verheiraten, nicht weiter. Sie war überdies, im Augenblick, alles andere als eine gute Partie.

Das Gespenst der Prinzessinnen des Zeitalters steht auch hinter ihr: der Buckel, den die heiratslustigen Prinzen so fürchteten. Wenn man durch den Stellvertreter geheiratet hatte und die entstellte Schöne in ihrer neuen Heimat eintraf, war es zu spät. Der Rücken Henriettes war in der Tat etwas rund, die eine Schulter etwas höher, die Taille etwas schief, und sie hustete viel. Dafür hatte sie schöne Zähne und eine frische Haut.

Als sie heranwuchs und auch voller wurde, entwickelte sie eine Eigenschaft, die sich am schwersten beschreiben läßt, die Grazie, die in den Bewegungen, der Haltung sichtbar wird, aber vor allem ein Fluidum ist. Jedermann erlag ihr, das Urteil ist einstimmig. Sie besaß die Kunst, durch Liebenswürdigkeit, Fröhlichkeit und eine geistvolle Unterhaltung zu bezaubern. Das Gebrechliche und Fiebrige können ein großer Reiz sein. Das Temperament dieser Urenkelin Maria Stuarts und Enkelin Heinrichs IV. war ganz französisch, voller Leben.

1660 starb Gaston ohne Söhne, und das Kronherzogtum Orléans wurde frei. Mazarin oder Ludwig XIV. gaben es Philipp von Anjou. Es umfaßte die Herzogtümer Orléans, Valois, Chartres und die Herrschaft Montargis. Ludwig schenkte dem Bruder das eingerichtete Schloß von Saint-Cloud dazu, dessen Bau allein eine Million gekostet hatte. Um es abzurunden, zahlte der König noch eine halbe an die Enteigneten.

Später erhielt Philipp Sèvres und fünf andere Herrschaften, zuletzt auch das Herzogtum Nemours. Als die Grande Mademoiselle – Gastons Tochter aus erster Ehe – starb, erbte er von ihr das Herzogtum Montpensier. An Apanagen, Pensionen, Neujahrsgeschenken allein bezog er über eine Million. Er konnte auf dem größten Fuße leben.

Der Vorschlag, Philipp mit Henriette zu verheiraten, ging von der Pfalzgräfin Anna aus. Sie war eine geborene Nevers und wird gewöhnlich Anna Gonzaga genannt. Vor hundert Jahren hatte ein jüngerer Sohn der in Mantua herrschenden Gonzaga die Erbin von Nevers geheiratet. Anna, seine Enkelin, vermählte sich 1645 mit Eduard von der Pfalz, einem Sohn des Winterkönigs und der Elisabeth Stuart. Anna war also die Schwester des Kurfürsten Karl Ludwig, der in Heidelberg regierte, seine hessische Frau verstoßen und Luise Degenfeld zur Linken geheiratet hatte – des Vaters Liselottes, in der schon die zweite Frau Philipps von Orléans heranwuchs.

Pfalzgräfin Anna spielte durch ihre internationalen Beziehungen eine gewisse Rolle. Ihre Schwester Maria Gonzaga war durch Heirat mit zwei Brüdern zweimal Königin von

Polen gewesen. Ihr Gatte Eduard, aus einer Familie stammend, für die die dreißig Jahre des Großen Krieges ebensoviele des Exils bedeuteten, hatte sich ein ruhigeres Dasein als seine Brüder gewählt, das eines genießenden Lebemanns in den Hauptstädten des Westens, und war katholisch geworden.

Königin Anna nahm die Anregung der Pfalzgräfin Anna auf, sie warb für den Sohn um die Hand Henriettes. Das englische Parlament hatte die Mitgift zu bewilligen. Als Unterhändler wurde französischerseits der Gatte einer der Nichten Mazarins, der Graf von Soissons, nach London geschickt. Er gehörte dem Hause Savoyen an und ist der Vater des Prinzen Eugen. Das Parlament bewilligte 10000 Jakobus, Karl II. als Bruder der Braut fügte 20000 hinzu; ein Jakobus galt fünf bis sechs französische Livres. Ludwig XIV. gewährte die Witwenpension und ein Schloß. Der Papst erteilte den Verwandtendispens.

Der Herzog von Buckingham verliebte sich so leidenschaftlich in Henriette, daß er seinen König um die Erlaubnis bat, die in London weilende Prinzessin nach Paris begleiten zu dürfen. Philipp holte sie in Le Havre ab und empfand Eifersucht. Mazarin starb am 9. März 1661, die Heirat fand am 30. im Palais-Royal statt. Henriette war siebzehn alt.

3

Henriette war siebzehn alt, und ihr Schwager Ludwig dreiundzwanzig. Die eine hielt in den Tuilerien Hof, der andere zu Fontainebleau. In diesen ersten Jahren gab es für alle, die zur großen Welt gehörten, zwei Mittelpunkte. Hier wie dort galt die gleiche Losung, die Tage der Jugend zu genießen.

Viele Umstände mußten zusammentreffen, um eine Konstellation zu erzeugen, die einmalig war und bewirkte, daß in Europa, das sich von der Katastrophe des Dreißigjährigen Krieges zu erholen begann, alle Augen nach Frankreich schauten. Der Minister-Kardinal war abgetreten und erhielt keinen Nachfolger, der König ergriff vielmehr die Zügel selbst. Er war jung, gesund, lebenshungrig, nicht geizig und nicht bigott, entschlossen, sich als Herrscher zu beweisen. Dreißig Jahre später wird alles anders sein, aber jetzt war es, als breche eine neue Renaissance an.

Die Frau, die er jüngst genommen hatte, Maria Theresia von Spanien, hinderte ihn nicht. Sie war nicht ehrgeizig, erfüllte brav die Pflicht, ihm Kinder zu gebären. Der Liebesroman mit Maria Mancini, der begabtesten unter den Nichten Mazarins, die Königin von Frankreich hatte werden wollen, war eben beendet und das im tiefsten verwundete junge Mädchen nach Rom abgeschoben worden, als Gattin des Fürsten Colonna. Ihre Schwester Olympia, die Gräfin von Soissons, erfreute sich noch der Gunst des Königs, gelangte aber nicht in die Stellung einer ausgesprochenen Favoritin.

Die wahre Königin von Paris war Henriette von Orléans. Bei ihr verbrachte, wer nicht gerade in Fontainebleau war, den Nachmittag. Dann begleitete er sie auf den Cours de la Reine. Am Abend gab es in ihrem Hause Souper, Ball, Komödie, Spiel und Konzert.

Die beiden Mittelpunkte vereinigten sich oft, sei es in der Stadt, sei es in Fontainebleau, und der König entdeckte, daß die Schwägerin nicht so reizlos war, wie er sie früher gefunden hatte. Ihr Eheglück war nicht größer und nicht kleiner als das anderer Damen ihres Ranges. Der Herzog – er hieß Monsieur schlechthin, wie sie Madame – hing noch immer an Guiche, der seinerseits dasselbe wie der König sah: daß Madame liebenswert sei.

Wer kann wissen, was alles geschah. Man muß nicht so zynisch wie das Lästermaul Bussy-Rabutin sein, der als der Brantôme des großen Jahrhunderts das Leben der galanten Damen Frankreichs beschrieb, aber auch nicht mehr retten wollen, als zu retten ist. Alles war möglich unter Menschen, die in den Sommermonaten von Fontainebleau, wo es einen Kanal gab, auf dem Verdeck der Galeoten beim Schall der Trompeten frühstückten, am Nachmittag im fließenden Bach badeten, am Abend stundenlang tafelten und nachts zum Klang der Violinen unter dem Mond spazierengingen.

Jede flüchtige Verbindung war möglich. Undurchsichtig ist der Anfang der Geschichte der jungen Louise von La Vallière, die Ehrenfräulein Madames war. Es heißt, daß Henriette und Ludwig nach einem Vorwand suchten, der die Besuche des Königs bei der Schwägerin rechtfertigen konnte, und daß sie ihn fanden, als ihnen zu Ohren kam, jenes schöne Mädchen, das nur ein wenig hinkte, habe einer

Freundin gestanden, in den König könne man sich wohl verlieben.

Eines Tages, als es regnete, hielt Ludwig seinen Hut schützend über Fräulein von La Vallière, vor den Augen der Hofleute. Die Hofleute glaubten, der König habe, worauf alles wartete, die erste Favoritin gewählt, und beeilten sich, der Begünstigten ihre Ehrfurcht zu erweisen. Guiche, der sie umwarb, verzichtete schleunigst. Was Vorwand hatte sein sollen, wurde Ernst. Louise meldete sich krank, und der König ging zu ihr aufs Zimmer. Die Königin war um diese Zeit mit ihrer Niederkunft beschäftigt. Auch Madame – Henriette – legte sich, und Guiche besuchte sie, als Wahrsagerin verkleidet.

Louise, die dem König eine uneigennützige Liebe entgegenbrachte und deshalb in den Augen der Zuschauer eine Sentimentale war, fühlte sich dem Treiben nicht gewachsen. Sie flüchtete schon bei der ersten schlechten Laune Ludwigs ins Kloster von Chaillot – wo man ihr die Aufnahme verweigerte. Der König hörte eine Gruppe von Höflingen darüber reden, warf sich aufs Pferd und fand Louise im Sprechzimmer des Klosters auf dem Boden liegen.

Madame, froh, ihrer ledig zu sein, wollte sie nicht wieder aufnehmen. Der König befahl, sie gehorchte und wurde gerächt durch Olympia von Soissons, die sich mit Guiche und Vardes, ihrem Liebhaber, zu einer Intrige zusammentat. Die Königin hatte den Umschlag eines Briefes, der von ihrem spanischen Vater kam, verloren. Olympia hob ihn auf, Vardes und Guiche verfaßten auf spanisch einen neuen Brief aus Madrid, worin die ahnungslose Königin auf die Liebschaft Ludwigs mit der La Vallière aufmerksam gemacht werden sollte. Die spanische Kammerfrau der Königin, der der angeblich frisch eingetroffene Brief übergeben wurde, faßte Verdacht und händigte ihn dem König aus, der einen roten Kopf bekam und fragte, ob Maria Theresia das Schreiben schon gelesen habe. Die Wahrheit erfuhr er erst später.

Guiche brachte sich gleich nach der Briefaffäre in Sicherheit und hatte mit Henriette, die in Umständen war, eine letzte Zusammenkunft. Sie fand in einer Galerie statt. Monsieur näherte sich, eine Orange in der Hand. Guiche fand gerade noch Zeit, in einen Kamin zu kriechen. Monsieur schälte die Orange und näherte sich dem Kamin, um die

Schalen hineinzuwerfen. Ein Ehrenfräulein war geistesgegenwärtig genug, sie ihm abzunehmen. Der Vorfall kam der Königinmutter Anna zu Ohren, die ihren Sohn unterrichtete. Da Guiche Briefe Henriettes besaß, begnügte sich Philipp mit dem Geständnis seiner Frau, sie habe nur unbedacht gehandelt. Sie kam, 1662, mit dem Prinzen von Valois nieder.

4

So weit diese Affäre, die man wohl zur Kenntnis nehmen muß, da sie die Zustände malt. Vardes ging von Olympia zu Henriette über, von der er, schon bald ein Fünfziger, ebenfalls Briefe erhielt. Briefe sind ein Bestandteil aller Hofintrigen, die ihrerseits einer unendlichen Melodie gleichen, da sie nicht abreißen.

Als Olympia in ihrer Eifersucht der Königin endlich die Augen über Fräulein von La Vallière öffnete, war es Ludwig nur recht. Er verbarg nun seine Leidenschaft für Louise nicht mehr und verließ nachts seinen Platz neben Maria Theresia. Selbst König und Königin schliefen in jenen Zeiten in einem Bett. Louise wurde schwanger, er richtete ihr ein Hotel ein, und auch sie begann zu gebären. Er erhob sie zur Herzogin.

Guiche kehrte 1664 aus Polen zurück. Im nächsten Jahre machte Vardes zum Chevalier von Lothringen, der ein Ehrenfräulein Henriettes zu verführen suchte, vor aller Ohren die Bemerkung, statt der Dienerin könne er gleich die Herrin bekommen. Henriette wandte sich an den König, der Vardes in die Bastille schickte. Nun ging auch Olympia, die sich des Liebhabers beraubt sah, zum König und erzählte ihm, was zur Zeit des falschen Briefes aus Spanien geschehn war.

Zwar wurde sie selbst für ein paar Monate verbannt, aber sie erreichte ihr Ziel, Henriette von Guiche zu trennen. Guiches Vater, der Marschall von Gramont, entfernte den Sohn rasch ins Ausland. Der Sohn bestand darauf, als Lakai verkleidet, Abschied von Henriette zu nehmen.

Unvorsichtiger als die beiden konnte man nicht sein. Aber Guiche hatte den Spielermut des Helden, der der Stiefbruder Don Quixotes ist, und Henriette die Entschuldigung der ersten Jugend. Guiche füllte sein Leben nicht ganz mit

Duellen, Liebesabenteuern und Reisen aus, er war auch ein kühner Soldat. In dieser Eigenschaft überquerte er einige Jahre später im holländischen Krieg als erster vor den Augen des Königs schwimmend den Rhein. Er starb zu Kreuznach bei einer anderen Gelegenheit.

Henriette war, als Guiche sich zum zweitenmal in Sicherheit brachte, einundzwanzig alt. Sie hatte sich bloßgestellt, und nun erschien in Holland eine Broschüre, die ihre und Guiches Geschichte im Stil eines Pamphlets erzählte. Der Schreck fuhr ihr in die Glieder; sie sah ein, daß das Leben nicht nur aus Ballett und Kabale besteht. Sie wurde Zeuge des schweren, schmerzhaften Sterbens der Königin Anna, die zum Krebs noch die Rose bekam.

Der Körper strömte einen fürchterlichen Geruch aus, der Philipp nicht abhielt, ihr seine Sohnesliebe zu beweisen, stärker als es Ludwig tat. Die Söhne mußten ihr versprechen, sich nie als Feinde gegenüberzutreten, und gefaßt verschied sie, zu Beginn des Jahres 1666. An seinem Ende starb Henriettes zweijähriges Söhnchen.

Auch Philipp ging nach dem Tod der Mutter in sich. Man warf ihm vor, daß er weder Geist noch Energie besitze: nun wohl, er war ein Bourbon, und gerade begann der König seinen ersten Krieg, indem er die spanische Freigrafschaft, das Land um die Reichsstadt Besançon, wegnahm. Philipp meldete sich für diesen Feldzug. Der Feldzug hatte kaum begonnen, so war er auch zu Ende. Die Spanier konnten die Freigrafschaft, eine Enklave im französischen Gebiet, nicht halten. Aber in Belgien, das ebenfalls spanisch war, legte Turenne sich vor die Festungen, und Philipp folgte ihm.

Die Entschlußkraft flößte dem Herzog sein Almosenier, der Bischof von Cosnac, ein. Der Bischof war ein ehrgeiziger Mann, der sich im Hause Orléans festzusetzen suchte, sei es als Ratgeber Philipps, sei es als der Henriettes. Madame erwies er einen Dienst, als jenes Pamphlet erschien. Er schickte den Sohn eines berühmten Arztes, Patin, nach Holland und streckte die 200 000 Livres vor, die zum Ankauf nötig waren.

Den jüngeren Patin kostete diese Reise seine Laufbahn in Frankreich. Er behielt einige Exemplare der Auflage, die verbrannt wurde, zurück; die Genossenschaft der Buchhändler zeigte ihn an, er floh nach Deutschland und wurde zu lebenslänglicher Galeere verurteilt.

Cosnac lieh auch Philipp Geld. Dem ungeheueren Vermögen des Herzogs standen ungeheuere Ausgaben gegenüber. Sein Haushalt, dessen Farbe Rot war, beschäftigte ebensoviele Menschen wie der blaue des Königs. Die Zahlen liegen mit allen Einzelheiten vor und sind erstaunlich. Dem Haushalt Philipps gehörten rund 870, dem Henriettes rund 250 Menschen an, die 180 Garden eingerechnet. Der persönliche Gesundheitsdienst der Familie umfaßte 1 ersten Arzt, 7 Ärzte, 8 Chirurgen, 1 Zahnarzt, 6 Barbiere. An Löhnen oder Gehältern wurden jährlich 800 000 Livres gezahlt. Die Inhaber konnten ihre Posten verkaufen. Der des Almoseniers kostete gegen 7 000 Livres, der eines Kammerdieners zwischen 8 000 und 20 000.

Der Aufwand Madames für den Tisch belief sich im Monat auf 10 000 Livres. Saint-Cloud kam sehr teuer. Die Gärten entwarf Le Nôtre, die Innenausstattung Mansard, dessen Name in der Mansarde weiterlebt. Amüsant ist die Angabe eines französischen Historikers von 1927, daß ein Bild von Pierre Szenen aus der ›Armida‹ Glucks dargestellt habe. Gluck lebte hundert Jahre später und benutzte den Text, den Quinault 1686 für Lully schrieb.

Philipp machte Saint-Cloud zum Gegenstück von Versailles. Mansard baute auch das Palais-Royal um. Das Palais enthielt eine Galerie von Holländern, die Ludwig nicht leiden konnte.

5

Philipp nahm also am flandrischen Feldzug teil. Henriette, die wieder in Umständen war, blieb zu Hause, als die Königin an die Front fuhr, um dem Einzug im eroberten Douai beizuwohnen. Auch wenn sie mitgegangen wäre, hätte sie die verhängnisvolle Wendung, die nun ihr Eheleben nahm, nicht verhindern können. Sie erkrankte überdies an einer Totgeburt schwer.

Philipp, der Mut zeigte und bei den Soldaten so beliebt wurde, daß Ludwig aufhorchte, verfiel unter den Umständen des Lagerlebens dem Chevalier von Lothringen. Er brauchte immer jemand, für den er sorgen, um den er sich ängstigen und dem er sich unterordnen konnte. Mit dem soldatischen Eifer, den er vor Tournai gezeigt hatte, war es vorbei, als der Chevalier von dem belagerten Courtrai herüberkam.

Heinrich von Lothringen, Graf von Harcourt, ein jüngerer Sohn des Hauses Guise, hatte Richelieu gedient. Anna und Mazarin übernahmen die Patenschaft bei seinem Sohn, der 1643 auf den Namen Philipp getauft wurde und sich später als Anwärter auf den Malteserorden Chevalier von Lothringen nannte. Er war arm an Titeln und an Geld, aber zierlich von Gestalt und »schön wie ein Engel«. Man weiß, was von diesen jungen männlichen Engeln zu halten ist: sie sind Luzifer, mit allen Unruhen im Leibe.

Auf einen Stich umwallt die große Perücke ein Gesicht mit geschwungenen Brauen, großer Nase, kleinem üppigen Mund und festem, wenn auch nicht eckigem Kinn. Den Augen glaubt man, daß sie Feuer ausstrahlten und die Frauen sich in sie verliebten. Es ist das Gesicht eines gefährlich entschlossenen jungen Mannes, der zu den übrigen Gaben offenbar auch die funkelnde des Geistes besaß.

Cosnac warnte Philipp und schickte ihn wieder in die Laufgräben, aber der Chevalier wurde verwundet, und der Herzog pflegte ihn tagelang mit der Sorgfalt einer Krankenschwester, mit der einer Frau. Er war nichts anderes als eine Frau, jeder Stimmung hingegeben und jedem, der Willenskraft besaß. Beim Anblick des Chevaliers hatte er den Blitzschlag empfunden.

Er verließ die Front und traf sich mit Henriette in Villers-Cotteret, einem neu erworbenen Schloß. Alsbald begann er, die Möbel umzustellen, und war am meisten auf die Spiegel bedacht, damit die Damen und er sich gut betrachten konnten. Cosnac sah ein, daß er gegen den Chevalier nicht aufkommen könne, und wandte sich Madame zu. Sie hatte lange Unterhaltungen mit ihm über die Beziehung Philipps zum neuen Favoriten. Der Chevalier mußte Philipp schwören, daß er sich nie wie Guiche in Henriette verlieben werde. Auch mit Fräulein von Fiennes, der Hofdame Henriettes, sollte er brechen, nur für Philipp da sein.

Im Waffengang zwischen dem Chevalier und dem Bischof blieb der Chevalier Sieger. Die Intrige begann damit, daß wieder ein angeblich verlorener Brief aufgelesen wurde.

Cosnac sollte ihn geschrieben haben, er sprach darin von Philipp wie von einem Kind, das ihm gehorsam sei.

Philipp forderte ihn auf, den Posten, den er bei ihm einnahm, zu verkaufen und sich in sein Bistum zurückzuziehn. Cosnac erwiderte, den zweiten Befehl habe er nur vom König entgegenzunehmen. Philipp erwirkte ihn; Ludwig war mißtrauisch gegen einen Mann, der seinen Bruder auf den Weg des Ehrgeizes führen wollte.

Damit scheiterte der Versuch Cosnacs, die Rolle des orléansschen Hausministers zu spielen. Den Weiterungen entsprang die Tragödie, die dem Leben Henriettes so plötzlich ein frühes Ende bereitete. Ein Abbé, der sich dem Chevalier unterordnete, kaufte den Almosenierposten. Jeder, der zum Hof Monsieurs gehörte, beeilte sich, dem Chevalier willfährig zu sein. Henriette war aufs tiefste verletzt. Sie unterhielt einen geheimen Briefwechsel mit Cosnac und suchte ihm Genugtuung zu verschaffen, wozu sie den politischen Einfluß, der ihr zufiel, benutzte.

Karl II. von England liebte die Schwester und stand dauernd in Verbindung mit ihr. Er schickte ihr zur Erziehung seinen natürlichen Sohn, den Herzog von Monmouth, der, ein noch vollkommenerer Adonis als der Chevalier, eine der bestechenden englischen Männerschönheiten wurde – nur der Geist fehlte ihm.

Verschwenderisch und leichtfertig, ein Höchstfall von Skrupellosigkeit, war Karl in ewiger Geldverlegenheit. Schon 1662 bot er durch Vermittlung Henriettes dem König Dünkirchen an, den letzten festen Platz, den England aus den Zeiten Jeanne d'Arcs auf dem Festland besaß. Ludwig machte ein glänzendes Geschäft. Karl begnügte sich mit fünf Millionen Livres, die er in Raten erhalten sollte, und ließ drei ab, um zwei sofort zu haben. Billiger ist nie eine Festung mit allen Kanonen und Arsenalen verkauft worden. Es kamen Kriegszeiten, in denen die Engländer Gelegenheit hatten, den gewissenlosen König zu verfluchen.

Ludwig XIV. lebte nicht nur in Abenteuern mit willigen Hofdamen. Er war auch ein unermüdlicher Arbeiter. In den sechziger Jahren baute er mit dem sparsamen Colbert, der aus kleinen Verhältnissen stammte, das neue Frankreich auf. Heer, Wirtschaft, Flotte, Kolonien wurden in langen Nächten organisiert. Das politische Ziel Ludwigs war, dem Land die Grenzen zu geben, die es zur Sicherheit brauchte.

Die Spanier saßen noch in der Freigrafschaft, einer völlig französischen Provinz; Lothringen mit Nancy verlegte den Weg nach dem Osten; Lille war eine spanische Festung; Artois und Flandern lagen zu nahe an Paris, auch hier mußten die Spanier, die Habsburger zurückgedrängt werden. Für die Holländer wiederum hatte der spanische Teil der Niederlande, der belgische Festungsgürtel, den Wert eines Schutzwalls. So war ein kriegerischer Austrag mit Holland unvermeidlich. Das Schlagwort Raubkrieg bleibt an der Oberfläche, zum mindesten vom französischen Standpunkt gesehn.

Karl II. war bereit, mit sich reden zu lassen. Neutralität oder gar Bündnis – es hing davon ab, was Ludwig zahlen wollte. Den ersten Vorstoß, gegen die Freigrafschaft und Flandern, hatte er nicht sorgfältig genug vorbereitet. Karl II. zwang ihn durch eine Allianz mit Holland und Schweden, zurückzuweichen. Ludwig gab die Freigrafschaft zurück und behielt Lille. Jetzt galt es, sich den Rücken besser zu sichern, das heißt, Karl zu gewinnen.

Viele Briefe gingen von Henriette zu Karl und von diesem zu ihr. Schon 1668 wurde dem Botschafter in London, einem Bruder Colberts, nahegelegt, Madame kommen zu lassen. Der Botschafter zuckte die Achseln, aber in Paris war man anderer Meinung. Im Augenblick konnte Henriette, die in dem einen Jahrzehnt acht Schwangerschaften durchmachte – die meisten endeten unglücklich –, nicht reisen. Karl schickte ihr den Chiffreschlüssel seiner diplomatischen Briefe. 1669 verlangte er selbst, daß sie ihn besuche. Sie wollte eine neue Schwangerschaft abwarten und verlangte ihrerseits von Karl, daß er Cosnac zum Kardinalshut verhelfe.

Cosnac war im Besitz der Briefe, die jener Chevalier von Lothringen mit seiner Geliebten, dem Fräulein von Fiennes, getauscht hatte. Henriette schrieb ihm, er möge sie ihr nach Paris bringen. Paris war ihm verboten, er reiste doch und wohnte heimlich bei einem Goldschmied, wo er erkrankte: der Arzt verriet ihn. Le Tellier, Louvois' Vater, sein Gegner, ließ eine Haussuchung vornehmen. Um die Briefe zu retten, bat Cosnac den Polizeileutnant, sich umzudrehn, während er sich auf den Nachttopf setzte. Er tat die Briefe, die unter der Matratze lagen, in den Topf, den ein Diener sofort hinaustrug. Die Briefe waren gerettet, Cosnac aber wurde endgültig verbannt, weil er Paris ohne Erlaubnis betreten hatte.

Henriette beklagte sich bei Karl über den Verlust des Ratgebers und über die Entfremdung, die zwischen ihr und Philipp bestand, seitdem der Chevalier alles zu sagen hatte. Um dem König von England gefällig zu sein, befahl Ludwig die Verhaftung des Chevaliers, der von Philipp schon die Einkünfte von vier Abteien und eine Reihe von Pensionen erlangt hatte.

Die Verhaftung fand im Januar 1670 statt. Der Chevalier wurde auf die Festung der Stadt Lyon gebracht, in der einst Cinq-Mars der Hinrichtung entgegengesehn hatte, und danach auf die unzugänglichen Türme von If, der vor Marseille gelegenen Insel. Dieser zweite Transport blieb Geheimnis. Philipp war völlig verzweifelt. Er sprach nicht mit Henriette, die ihm den Liebling genommen hatte, und brachte sie nach dem verlassenen Villers-Cotteret, wo sie sich vor seiner Rache oder der des Chevaliers zu fürchten begann.

Colbert erschien und suchte den Herzog zur Rückkehr zu bewegen, da Henriette als diplomatischer Zwischenhändler unentbehrlich sei. Philipp bot dem König Trotz: zuerst müsse der Chevalier freigelassen werden. Die Antwort Ludwigs bestand in jener Verschickung nach If. Die Verhandlungen mit Karl standen vor dem Abschluß, jetzt wurde das so sehr ersehnte Bündnis gefährdet, durch die Weigerung Philipps.

Wie immer gab er jedoch schließlich nach. Ende Februar kehrte er mit Henriette nach Saint-Germain zurück, und der englische Botschafter konnte seinem König berichten, daß Madame und Monsiueur wieder im gleichen Zimmer schliefen, nachdem Madame glücklich entbunden hatte, diesmal von einem lebenden Kind. Ludwig machte ein Zugeständnis: er erlaubte dem Chevalier, sich nach Marseille zu begeben, und Philipp, ihm wieder zu schreiben. Aber zurückkehren durfte der Chevalier nicht. Er ging nach Rom, wo er mit zwei Nichten Mazarins, Maria Colonna und Hortense, das Leben genoß.

Philipp fuhr trotz des gemeinsamen Schlafzimmers fort, Henriette kalt zu behandeln. Als er sie blaß und leidend sah, ließ er sie wissen, man habe ihm prophezeit, daß er ein zweites Mal heiraten werde. Seine Laune wurde nicht besser, als er, ohne vorerst zu verstehn, die Besuche, die Henriette von Engländern empfing, und die Besprechungen sah, die sie im Alten Schloß von Saint-Germain mit dem König hatte.

Eines Tages überraschte er Ludwig durch eine Bemerkung, aus der hervorging, daß er das tiefste Staatsgeheimnis, die Verhandlungen mit Karl, kannte. Nur der König, Louvois, Turenne und Henriette wußten davon. Ludwig hatte zuerst die Frau im Verdacht, aber der Ausplauderer war der alte Turenne – er bemühte sich um eine junge Marquise, die Marquise schrieb die Neuigkeit dem Chevalier nach Rom, und dieser Philipp nach Saint-Germain.

Philipp verlangte nun, nach England mitgenommen zu werden. Der König willigte zum Entsetzen Henriettes ein, er war klüger als sie. Nie würde Karl auf die Anwesenheit Philipps, der nichts für sich behalten konnte, eingehn. In der Tat, Karl fand einen Vorwand und ersparte Ludwig die Beleidigung des Bruders, dessen Zustimmung zur Reise er brauchte.

Ende April brach, um diese Reise unauffällig zu machen, der ganze Hof auf, mit einer Armee von 3000 Mann. Er besuchte die neugewonnenen Gebiete in Flandern. Überschwemmungen hatten zur Folge, daß einmal die königliche Familie, bestehend aus Ludwig, Maria Theresia, Monsieur, Madame, der Grande Mademoiselle, der La Vallière und auch schon der Montespan, im gleichen Zimmer auf Matratzen schlafen mußte. Die Königin war empört, was man ihr angesichts der Favoritin nicht verdenken kann; Philipp schmollte, und Henriette fühlte sich krank, sie durfte nur Milch trinken.

In Lille trennte sie sich vom Hof und setzte die Reise mit einem Gefolge von 237 Personen allein fort. Eine der Ehrendamen war Fräulein von Kérouailles oder Kéroualle, eine Bretonin, wie das ungewöhnliche, auf die Kelten zurückgehende K verrät. Sie gefiel Karl II. so gut, daß er sie gleich dabehalten wollte. Das junge, sehr schöne Mädchen war

Henriette von der Mutter anvertraut worden, Henriette brachte es zurück. Fräulein von Kéroualle machte die Reise danach ein zweites Mal, um die Geliebte Karls und die Herzogin von Portsmouth zu werden.

Henriette blieb drei Wochen in England. Nach außenhin war es ein Verwandtenbesuch, den die Erbschaft der jüngst verstorbenen Königin Henriette nötig machte. Henriette löste die ihr gestellte Aufgabe. Karl unterzeichnete den Geheimvertrag, der Ludwig XIV. in den Stand setzte, den Krieg gegen Holland vorzubereiten. Mit Geschenken überschüttet, kehrte sie im Juni zurück. Philipp war ihr nicht entgegengereist. Er warf ihr jetzt nicht nur vor, daß sie schuld an der Verbannung des Chevaliers sei, sondern auch, daß die Weigerung Karls, ihn selber einzuladen, auf sie zurückgehe.

Das Paar bezog die Sommerresidenz in Saint-Cloud. Hier erfüllte sich das Schicksal Henriettes. Sie klagte über Schmerzen im Magen und in der Seite. Am 27. Juni badete sie wider den Rat des Arztes in der Seine. Am 28. fühlte sie sich so wohl, daß sie einen Spaziergang im Mondschein machte. Am 29. trank sie ein Glas Zichorienwasser, das die Marquise von Gamaches ihr brachte, und wurde danach von schrecklichen Schmerzen befallen.

Der Arzt versicherte, es sei nur eine Kolik. Aber sie fühlte den Tod nahn und sagte, man habe sie vergiftet. Ihre Kammerfrau trank von dem Zichorienwasser, die Herzogin von Mecklenburg, eine geborene Französin, desgleichen, um den Gegenbeweis zu führen. Als Antidotum gab man Vipernpulver und Öl. Sie nahm beides aus der Hand des ersten Kammerdieners Monsieurs und sagte, sie vertraue ihm; es wurde ihr noch übler. Philipp war zugegen und kniete vor dem Bett.

Der Curé von Saint-Cloud kam, sie beichtete. Die Ärzte ließen sie zur Ader und verordneten ein Klistier aus Sennesblättern. Sie schworen, der Anfall habe keine Bedeutung, aber die Schmerzen waren so groß, daß Henriette erklärte, wenn sie nicht Christin wäre, würde sie sich töten. Man bettete sie um und reichte Fleischbrühe; es wurde nur schlimmer.

7

Die Nacht kam. Anwesend waren nun der König, die Königin, die Gräfin von Soissons, die Grande Mademoiselle, Frau von Montespan, die Herzogin von La Vallière, Frau von La Fayette, Philipp, die Ärzte. Die Beichte, die der Curé abgenommen hatte, war zu kurz gewesen. Sie verlangte nach ihrem Beichtvater, einem Kapuziner. Philipp, der auf seinen Rang hielt, wünschte jemand, dessen Name sich in der ›Gazette‹ besser ausnähme, und nannte den Abbé Bossuet, der eben Bischof geworden war.

Der König verabschiedete sich. Man wartete auf Bossuet. Für alle Fälle vertrat ihn der Kanonikus von Saint-Cloud. Es entwickelte sich ein Dialog zwischen der Sterbenden, die von Schmerzen zerrissen wurde, und dem Geistlichen, der eine unerbittliche Strenge zeigte. Sie habe ihren Vertrag mit Gott gebrochen, nie an ihn geglaubt, sagte er. Sie beichtete, er verlangte Zerknirschung, bevor sie das Kreuz küssen durfte, das er schon der Königinmutter Anna auf dem Totenbett gereicht hatte.

Jetzt traf der Curé mit dem Sakrament ein. Die Gebete wurden gesprochen, Henriette sagte das Confiteor auf, kommunizierte und verlangte, man solle sie am Fuß zur Ader lassen, um die Schmerzen zu mildern. Der Kanonikus verwies sie, es komme nicht mehr auf den Körper an. Die Ärzte ließen sie gleichwohl zur Ader, der Kanonikus wandte es ins Geistliche: nun gebe sie ihr Blut an Gott. Sie empfing die letzte Ölung und wünschte das Ende herbei. Der Kanonikus tadelte sie heftig; sechsundzwanzig Jahre habe sie gesündigt, sechs Stunden leide sie.

Wann der Heiland verschieden sei, fragte sie. Um drei Uhr in der Frühe, entgegnete er. Vielleicht habe Jesus die Gnade, auch sie um diese Stunde zu erlösen, wagte Henriette zu hoffen. Sie erhielt einen neuen Verweis.

Der englische Gesandte betrat das Zimmer. Henriette bediente sich seiner Sprache. Der Kanonikus verstand nur das Wort für Gift – poison oder venom, das dem damals in Frankreich üblichen venin entsprach, und war unzufrieden. Endlich traf Bossuet mit einem Gefolge von Herren ein. Sie alle knieten und beteten. Vertrat in dieser packenden Sterbeszene der Kanonikus die Strenge des Katholizismus, so

Bossuet seine Milde: er malte die Freuden der Ewigkeit aus. »Credo, credo«, stöhnte die fiebernde Henriette.

Sie befahl noch auf englisch der Kammerfrau, dem Bischof nach ihrem Tode den Smaragd zu geben. Dann flüsterte sie »Es ist vollbracht« und küßte das Kreuz, das ihr Bossuet hinhielt. Das letzte Schlucken setzte ein; es war halb drei, als sie verschied.

Der englische Gesandte hatte das Wort Gift aus ihrem Munde vernommen. Der König und Philipp forderten ihn notgedrungen auf, mit so vielen englischen Ärzten, wie er wolle, der Autopsie beizuwohnen. Die Gesandtschaftsärzte vereinigten sich mit einem Dutzend der berühmtesten von Paris. Das Protokoll wurde in englischer Sprache verfaßt und behandelte jedes Organ. Die Ärzte lehnten einstimmig die Vergiftung ab und erkannten auf choleramorbus, auf Gallenruhr.

Heutige Ärzte haben aus dem Befund auf Bauchfellentzündung und Verletzung der Magenwand durch ein Geschwür geschlossen. Die Verletzung der Schleimhaut sei allem Anschein nach örtlicher, nicht allgemeiner Natur gewesen. Der Zustand der Lungen lege eine vererbte Tuberkulose nahe.

Ein Teil der Hofleute, so Frau von Sévigné oder Frau von Monaco, die Ehrendame Henriettes, und das Volk glaubten an Vergiftung. Hauptstützen dieser These sind Saint-Simon und Liselotte, Henriettes Nachfolgerin. Auch Karl II. war überzeugt, daß man seine Schwester vergiftet habe. Was Liselotte betrifft, so konnte sie nur wiederholen, was sie erzählen hörte. Ihre Urteile sind ungeschminkt, aber immer durch Sympathie oder das Gegenteil bestimmt. Hören wir, was Saint-Simon sagt.

Der Topf mit Zichorienwasser habe wie üblich neben einem mit gewöhnlichem Wasser gestanden, also an einem allgemein zugänglichen Ort. Ein Diener habe den Marquis von Effiat dabei überrascht, wie er sich am Schrank zu schaffen machte. Effiat habe rasch den Topf mit gewöhnlichem Wasser ergriffen und von seinem Bedürfnis nach einer Erfrischung gesprochen. Dem König sei der Vorfall zu Ohren gekommen, mit dem Zusatz, Purnon, der erste Maître d'Hôtel Madames, sei der Vertraute Effiats – der seinerseits der erste Stallmeister Monsieurs und der Freund des Chevaliers von Lothringen war. Der König habe den Purnon holen lassen, ihm Straflosigkeit zugesichert und ein volles Geständnis erhalten: das Gift sei vom Chevalier aus Rom geschickt worden. Wer noch davon wisse? Nur der Graf von Beuvron, ebenfalls ein Freund des Chevaliers. Nicht auch Monsieur? Nein, schon deswegen nicht, weil Monsieur kein Geheimnis behalten könne. Der König habe Purnon erlaubt, Paris zu verlassen. Als Monsieur Liselotte heiratete, habe er diese ins Vertrauen gezogen und ihr gesagt, daß Monsieur unschuldig sei.

Saint-Simon wurde 1675 geboren, fünf Jahre nach dem Tod Henriettes. Auch sein Zeugnis beruht nur auf Hörensagen, immerhin nicht auf dem der Straße. Bei Liselotte findet man den Hinweis auf einen gewissen Morel, der das Gift aus Rom überbracht haben soll. Effiat habe nicht das Wasser im Krug, sondern die Tasse vergiftet – die von den Personen, die nachher tranken, nicht benutzt worden sei. Effiat habe, als er überrascht wurde, nicht nur von seinem Durst, sondern auch von der Unsauberkeit der Tasse gesprochen und sie mit einem Stück Papier gereinigt.

8

Man wandte im Italien von damals Gifte an, die noch nicht nachweisbar waren. Die Ärzte öffneten wohl den Körper, aber sie analysierten den Mageninhalt nicht im Laboratorium. Die Möglichkeit der Vergiftung besteht. Über Morel ist noch zu sagen, daß der Chevalier ihn in Marseille kennenlernte, als er von If entlassen wurde, und daß er ihn nach Rom mitnahm. Morel fühlte sich sehr geschmeichelt. Er entstammte einer Familie von Neureichen, die durch den Tuchhandel zu Geld gekommen waren. Morels Vater kaufte die Stelle des Oberpostmeisters der Provence und anderer Provinzen: er hatte das Monopol für Beförderung von Gütern, Briefen und Personen. Als der Staat das Monopol übernahm, genossen die Morels noch für eine Reihe von Jahren die Einkünfte. Der Vater Morels kaufte auch die Stelle eines Rates am Rechnungshof und besaß bereits den persönlichen Adel. Liselotte schildert den Sohn, den sie in ihre Dienste nehmen mußte, als ausgemachten Schurken.

Zu den Verschwörern gehörte der Graf von Marsan, der Bruder des Chevaliers. Niemand verstand, weshalb er plötzlich seinen Posten – er befehligte in Saint-Germain eine Kompagnie Musketiere – verließ, also desertierte, und zum Chevalier fuhr. Um den Mordanschlag mit ihm zu besprechen, behaupten die Anhänger der Vergiftung.

Alles in allem muß man zugeben, daß die Vergiftung dem Chevalier zuzutrauen ist. Gift, boccone, war in Rom ohne weiteres zu haben, im Getto. Der Alchimist und der Astrolog Christines von Schweden, die nach dem Übertritt in Rom lebte, kamen aus diesem Bezirk. Das wirksamste Gift zog man aus den faulenden Leibern von Tieren, die an Gift zugrundegegangen waren. Nach der Verdampfung blieben ein paar Tropfen oder ein Pulver zurück. Und Morel tauchte in der Tat im Juli in Paris auf. Er überbrachte allerdings dem Erzbischof ein Schriftstück der Kurie. Zu beachten ist, daß der englische Gesandte seinen Ärzten Zurückhaltung empfahl, der Vertrag stand auf dem Spiel.

Die Nachricht vom Tode Henriettes, die eben noch zu Besuch geweilt hatte, erregte ungeheures Aufsehen in London. Buckingham benahm sich wie wahnsinnig; er erzählte überall, Henriette sei beseitigt worden. Karl schickte ihn nach Frankreich, um den Vertrag zu bestätigen, der ihm, Karl, Millionen an Subsidiengeldern eintrug.

Auch in Rom hielt man den Chevalier für den, der Rache an Henriette genommen habe. Indessen, er besaß ein Alibi. Sein Bruder Marsan wandte sich an Colbert und bat um Wiederanstellung. Da er keine Antwort erhielt, meldete er sich eines Tages in Saint-Germain. Der König befahl ihm, nach Rom zurückzukehren. Dort brachte sich Maria Colonna mit dem Chevalier ins Gerede, durch Serenaden und Badestunden am Tiber draußen. Unerwartet durfte er nach Frankreich zurückkehren: als im Herbst 1671 der holländische Krieg vor der Tür stand und der König alle Offiziere beorderte. Marsan erhielt auch auf ein zweites Gesuch keine Antwort, aber der Chevalier steckte sich hinter einen französischen Kardinal.

Der Kardinal ließ Colbert wissen, der Chevalier sei entschlossen, sich in jeder Beziehung das Wohlwollen des Königs zu verdienen. Der Chevalier und sein Bruder erhielten die Erlaubnis, heimzufahren. Monsieur umarmte die

Knie des Königs, als er die Neuigkeit erfuhr. Dem Chevalier hatte, während er abwesend war, Fräulein von Fouilloux einen Sohn geboren. Er erkannte ihn an, erklärte der Mutter aber kühl, man liebe sich, man trenne sich, was sei dabei – von wem sie das Hündchen da habe? Das Kind wuchs bei einem anderen Bruder des Chevaliers, dem Großstallmeister Armagnac, auf.

Der Chevalier zeichnete sich im Kriege aus. Er hielt das dem König gegebene Versprechen. Seine Stellung war gesichert, er hatte gelernt, Herausforderungen zu vermeiden. Er benutzte seinen Einfluß bei Monsieur, um ihn nach dem Willen des Königs zu lenken. Ludwig XIV. besaß die Fähigkeit, persönliche Empfindungen hinter politische Notwendigkeiten zurückzustellen. Das Gerede über die Vergiftung Henriettes wurde am raschesten dadurch abgeschnitten, daß der Chevalier zurückkehrte.

Die Sonne bringt nicht alles an den Tag, und es wird nicht alles gerächt. Die arme Henriette war tot, der Chevalier lebte noch dreißig Jahre.

III

LISELOTTE VON DER PFALZ
Herzogin von Orléans

1

Henriette lag noch im Sterben, und schon nahm Ludwig XIV. nach Tisch die Grande Mademoiselle, die Tochter Gastons von Orléans, zur Seite: »Kusine, ein Platz wird frei.«

Sie verstand. Man würde Philipp so rasch wie möglich eine neue Frau besorgen, und die Familienpolitik hatte ihre eigenen Gesetze. Wenn sie den Vetter heiratete, kamen zwei große Vermögen zusammen.

Sie war nun ein altes Mädchen von fünfundvierzig. Einmal hätte sie den König selbst haben können, ohne jenen Tag zur Zeit der Fronde, als sie von der Bastille auf die Truppen Turennes schoß. Damals war sie nach ihrem Schloß Saint-Fargeau geflohen – jetzt war sie wieder am Hof, und erstaunlich genug, der König sah über ihre Freundschaft mit dem

Grafen von Lauzun hinweg. Vermutlich weil er sich sagte, auch eine alte Jungfer habe ihre menschlichen Rechte, zumal dann, wenn sie noch schwerlich Kinder, unerwünschte Erben, bekommen werde.

Der Gardekapitän Lauzun, der als armer Kadett – jüngerer Sohn – aus der Gascogne nach Paris gekommen war, ist eine Figur für sich, nach Saint-Simon »ungebildet, aber voller Geist, roh und boshaft im Innern, aber ungemein vornehm im Auftreten, grausam, unglaublich tapfer, ebenso schonungslos im Spott wie niedrig bis zum Lakaientum«. Also ein Mann, der entschlossen war, seinen Weg zu gehn. Klein und häßlich, übte er eine seltsame Anziehungskraft auf Frauen aus und machte die Grande Mademoiselle in sich verliebt.

Als er sah, daß der König sie mit Philipp verheiraten wollte, paßte er sich sofort an. Der König will es, sagte er und trat zurück. Mademoiselle – Anne Marie Louise, Herzogin von Montpensier – wußte genau, was man von ihr erwartete: daß sie ihr Vermögen, falls die Ehe mit Philipp kinderlos bleibe, der Tochter Henriettes zusichere. Die Nüchternheit, mit der man in diesem höchsten Kreis die Faktoren Alter und Verwandtschaft dem Generalnenner aller Dinge, dem Geld, unterordnete, ist unübertrefflich. Monsieur war dreizehn Jahre jünger als Mademoiselle. Sie erklärte kühl, bisher habe sie nicht geheiratet und wolle es auch in Zukunft nicht tun.

Der König, absolutes Familienoberhaupt, hätte ihren Widerstand brechen können. Er beschloß jedoch, Philipp mit einer pfälzischen Prinzessin zu verheiraten. Sein Blick war auf den Rhein gerichtet. Lauzun wagte sich wieder hervor. Im Dezember 1670 schrieb Frau von Sévigné den bekannten Brief: »Ich muß Ihnen die erstaunlichste, die märchenhafteste, die verblüffendste, die unerhörteste, die seltsamste, die unglaublichste Sache mitteilen: Herr von Lauzun heiratet Sonntag, raten Sie wen – Mademoiselle, wirklich und wahrhaftig Mademoiselle, die Große Mademoiselle, die Enkelin Heinrichs IV., Mademoiselle von Eu, von Dombes, von Montpensier.«

Der König hatte die Heirat erlaubt, es war eine Sensation. Eine ebenso große folgte ihr: er zog die Erlaubnis zurück, infolge der empörten Vorstellungen, die im Namen der Familie der Chef der Seitenlinie Condé erhob. Lauzun erfuhr, daß auch Frau von Montespan widersprochen hatte, verlor die Nerven, beleidigte sie und mußte es mit jahrelanger Haft auf derselben Festung Pinerolo büßen, in der Fouquet und der geheimnisvolle Mann mit der eisernen Maske saßen.

Man hat zahllose Vermutungen angestellt, wer der Mann mit der eisernen, in Wirklichkeit samtenen Maske gewesen sei: ein Kammerherr Annas und Ludwigs XIV. wirklicher Vater, oder der Sohn Annas und des älteren Herzogs von Buckingham, oder der Sohn Annas und Mazarins, oder ein politischer Gefangener, zum Beispiel der savoyische Minister Mattioli, oder ein Diener, oder ein Stuart, und so fort.

Dieselbe Pfalzgräfin Anna Gonzaga, die Philipp zu seiner ersten Frau verholfen hatte und inzwischen Witwe geworden war, stiftete die zweite Ehe mit ihrer Nichte Liselotte, der Tochter des Kurfürsten Karl Ludwig. Dessen Vater, Friedrich V. von der Pfalz, ein Wittelsbacher aus der Linie Simmern, machte 1613 eine große Heirat, da ihm Jakob I. von England, Maria Stuarts Sohn, seine Tochter Elisabeth zur Frau gab. Friedrich war das Haupt der protestantischen Union. Als der große Glaubenskrieg ausbrach, veranlaßte ihn die ehrgeizige, geistig sehr regsame Stuart, die Königskrone anzunehmen, die die aufständischen Böhmen ihm anboten.

Die Herrlichkeit dauerte nur einen Winter. Friedrich verlor die Schlacht am Weißen Berg und war fortan ein geächteter Flüchtling. Damals wurde Heidelberg zum erstenmal, von Tilly, gestürmt. Friedrich starb schon 1632. Die Pfalz erfuhr im Verlauf des Dreißigjährigen Krieges jedes Elend, dem im letzten Viertel des Jahrhunderts so viel neues folgte, daß man sagen kann, kein deutsches Land habe mehr gelitten.

Die Söhne und Töchter des Winterkönigs wuchsen bei der Mutter in Holland heran, dem Brennpunkt bürgerlichen Lebens, dem Asyl der Flüchtlinge, der ersten modernen Demokratie. Das Häuschen mit den sauberen Fliesen, die satten Wiesen, die Tulpenbeete, die spielenden Kinder, die Hunde, Äffchen und Papageien sind stimmungshaft, ein Idyll für Maler; aber man sparte am Wein und verkaufte heimlich Perlen.

Die Söhne verstreuten sich am frühesten. Ruprecht wurde im englischen Bürgerkrieg der Anführer der Kavaliere und der Schrecken der Puritaner. Später ging er zur See und kam bis Westindien. Einer seiner Brüder ertrank ebenda. Ein

LISELOTTE VON DER PFALZ

dritter fiel an der Spitze eines spanischen Regiments. Der vierte, Eduard, machte sich durch die Heirat mit Anna Gonzaga gesund. Der Erbprinz, Karl Ludwig, hörte in Leyden, wo man an den Fenstern nicht »Möblierte Zimmer«, sondern auf lateinisch »Cubicula locanda« las, bei Vossius und Grotius. Der Friede von Osnabrück gab ihm die Kurwürde und die verkleinerte Pfalz zurück, auch eine größere Summe, die er gut brauchen konnte.

Es war eine frische Familie, fast allen Geschwistern Karl Ludwigs haftete ein bedeutender Zug an. Die feurige, tiefempfindende Elisabeth korrespondierte mit Descartes, der sie seine »Griechin« nannte. Sie grübelte den Schicksalen ihres Hauses nach. Als Äbtissin von Herford hielt sie jeden Samstag Gericht, eine Frau mit mystischen Neigungen. Sie verteidigte die Sekte der Quäker, Penn lobte ihre demütige und großartige Haltung. Mit Luise Hollandine verlobte sich der Prinz von Brandenburg, der spätere Große Kurfürst, als Student in Leyden, doch nahm er dann eine Oranierin. Luise Hollandine, die eifrig malte, war von einer unwiderstehlichen Ausgelassenheit, sie widerstrebte jedem Zwang. Mit sechsunddreißig floh sie zu Eduard, wurde gleich ihm katholisch und endete als Äbtissin von Maubuisson.

Die jüngste Schwester war Sophie, die zu Karl Ludwig nach Heidelberg zog, ein Mädchen ohne Aussichten, das 1656 eine kleine Heirat mit einem jüngeren Welfen schloß und sich nicht träumen ließ, daß es einst Kurfürstin von Hannover und die Stammutter nicht nur einer englischen Dynastie, sondern auch einer preußischen werden würde.

2

Karl Ludwig ist der Vater Liselottes. Ein Bild aus seinem sechzehnten Jahr zeigt ein aufgeschlossenes, hübsches Bubengesicht. Der Spitzenkragen fügt einen leichten mädchenhaften Reiz hinzu. Er war intelligent und sinnlich. Mit der hessischen Charlotte, die man ihm gab, vertrug er sich gar nicht. Sie gebar ihm den Erbprinzen und Liselotte. Die vielen Wochenbetten, denen sie beim Temperament des Gatten entgegensah, mißfielen ihr – ein häufiges Motiv bei den Prinzessinnen des Jahrhunderts –, und sie machte Schwierigkeiten. Auch war sie nicht von verträglichem Humor, stieg vielmehr, ein Messer in der Hand, ihrem Mann auf einer Leiter nach, die sein Zimmer mit dem seiner Geliebten verband.

Kurz entschlossen sprach Karl Ludwig eigenmächtig die Scheidung aus und heiratete zur Linken anno 1656 diese Geliebte, die achtzehnjährige Luise von Degenfeld, eine Schwäbin, die dank den Zufällen des Großen Krieges zu Straßburg geboren war, wo ihr Vater gerade als französischer General stand. Luise war Kammerfräulein bei der Kurfürstin, »noch sehr blöd, aber groß hübsche Augen«, eine sanfte, unehrgeizige Person, die La Vallière eines deutschen Fürsten, der kein Geld hatte, sparsam und religiös so duldsam war, daß er den verfemten Spinoza an seine Universität rufen wollte.

Karl Ludwig machte die Degenfeld zur Raugräfin, indem er den längst erloschenen Titel eines pfälzischen Lehens erneuerte. Liselotte, 1652 geboren, verlebte die Jahre 1659 bis 1663 bei der Tante Sophie im Hannoverschen, dann kehrte sie zurück und verstand sich, wenn auch nicht mit der zweiten Frau des Vaters, so doch mit den vielen Kindern dieser Ehe so gut, daß sie zeitlebens mit ihnen in Verbindung blieb.

Luise Degenfeld starb 1677, während ihrer vierzehnten Schwangerschaft. Alles in allem war sie mit dem jähzornigen und eifersüchtigen Karl Ludwig leidlich glücklich gewesen. Er hatte seiner Mutter und den meisten Geschwistern die Rückkehr nach Heidelberg verweigert, weil es zuviel Geld kostete. Auch für die Raugrafen und Raugräfinnen, die von der Thronfolge ausgeschlossen waren, sorgte er nicht, aus Unlust, ein Testament zu machen.

Die Lebensumstände dieser Kinder spiegeln den nicht immer freiwilligen Drang in die Ferne, der dem Jahrhundert eigentümlich ist. Der älteste Knabe, Karl Lutz, suchte oder nahm Dienste in England, Frankreich, Venedig, er sah die Levante, Morea, Tanger und starb auf Euböa. Von seinen Brüdern fiel der eine in Ungarn, ein anderer in Holland, der dritte sammelte in Hannover eine große Bibliothek.

Die älteste Schwester heiratete einen Sohn des Marschalls Schomberg, der es in England zum Herzog von Tarragh, Grafen von Bangor, Herzog von Leinster und Peer von

Irland brachte. Ihre Schwestern Luise und Ameliese heirateten nicht. Weder Sophie in Hannover noch Liselotte in Versailles durften sie zu sich kommen lassen, ihre Unebenbürtigkeit warf zu schwierige Etikettenfragen auf. In England war man weitherziger. Aber die Schwestern lebten am liebsten in ihrem Frankfurter Haus.

Die Verhältnisse im Heidelberger Schloß waren für die zwei legitimen Kinder des Kurfürsten nicht günstig. Es ist erstaunlich, daß Elisabeth Charlotte – Liselotte genannt – so wenig Schaden nahm. Karl, der Erbprinz, mißriet, er hatte nicht die robuste Natur der Schwester, die man am raschesten durchschaut, im Guten und im Schlechten, wenn man davon ausgeht, daß sensible Nerven, sensibles Herz nicht ihre Stärke waren.

Dem Knaben fehlte die mütterliche Liebe. Die Hand des so aufgeklärten, das Beste wollenden und doch so ungeduldigen Vaters lag schwer auf ihm. Samuel Puffendorf, der Jurist, und Ezechiel Spanheim, der Diplomat, unterrichteten ihn ohne Erfolg. Er verheiratete sich höchst unglücklich mit einer dänischen Prinzessin, kurz bevor Liselotte nach Frankreich ging, mußte sich Rats holen, wie man sich in der Brautnacht zu benehmen habe, und scheint nicht viel gelernt zu haben, die Ehe blieb kinderlos. Als er 1685 starb, erlosch die Linie Simmern, und dieses Ereignis steckte Europa in Brand. Die armen Pfälzer büßten für die Ehewirren Karl Ludwigs.

Liselotte war unverwüstlich derb und optimistisch angelegt. Der Vater erzog sie natürlicher als den Thronerben. Sie war nur ein Mädchen, es kam wohl nicht so darauf an. Mit den Bürgerkindern durfte sie in den Gassen toben und in den Wäldern am Königsstuhl Erdbeeren pflücken, mit den Bäuerinnen in Schwetzingen Lieder singen, daher sie einen Schatz von malerischen, bodenwüchsigen Worten nach Frankreich mitnahm und in den zahllosen Briefen anwandte, die in die Heimat gingen. Sie liebte eine nicht eben prinzliche Kost, am meisten Sauerkraut und Wurst. Auch am französischen Hof aß sie nach Herzenslust, nahm oft ein Purgativ und verabscheute alle Ärzte.

Anna Gonzaga dachte, als Henriette von Orléans starb, sofort an die achtzehnjährige Nichte. Der Todestag Henriettes war der 30. Juni 1670; bereits am 14. Juli machte Anna ihrem Schwager den ersten persönlichen Vorschlag, sie weilte gerade in der Frankfurter Gegend. Wieder in Paris, gewann sie Ludwig XIV. für den Gedanken. Eine große Mitgift war von Karl Ludwig nicht zu erwarten. Die pfälzischen Prinzessinnen pflegten für Schmuck, Toiletten, Ausstattung einen Betrag zu erhalten, der manchem Reichsstadtbürger nicht übermäßig erschienen wäre, in französischem Geld 10 400 Livres. Die Barmitgift betrug 32 000 Gulden und wurde mit Bangen und Hangen endlich 1679 ausgezahlt.

Ludwig tröstete sich damit, daß die kräftige Deutsche den Kindern des zarten Philipp gesundes Blut mitgeben werde. Politisch besaß die Verbindung einigen Wert für den Fall eines Krieges mit dem Kaiser.

3

Liselotte mußte im Ehevertrag auf alle Erbfolge verzichten, ausgenommen die Allodialgüter, worunter man die Privatgüter verstand, die beim Aussterben des Mannesstammes einer fürstlichen Familie verblieben – ein oft strittiger Begriff, wie sich auch in diesem Fall zeigen sollte.

Philipp seinerseits sicherte seiner Frau eine Witwenpension von 40 000 Livres und Schloß Montargie, dazu für 150 000 Livres Schmuck. Im August 1671 erfolgte die offizielle Werbung. Für die Hauptschwierigkeit, den Glaubenswechsel, fand die Vermittlerin Anna Gonzaga einen Ausweg. Liselotte würde in aller Heimlichkeit übertreten und den Vater, der bei den Untertanen das Gesicht zu wahren hatte, vor eine vollendete Tatsache stellen.

Gerade wollte Herr Chevreau, der Sekretär Sophies, in seine Heimat zurückkehren. Karl Ludwig stellte ihn als Rat an. Chevreau war nicht geistlich, niemals hätte sich an dem kalvinistischen Hof ein römischer Priester sehn lassen können. In zwei bis drei Wochen erledigte der Franzose seine Aufgabe, indem er Liselotte täglich Vortrag über die Wahrheiten der katholischen Lehre hielt. Sie blieb innerlich Protestantin und zeigt in ihren Briefen nicht das geringste Verständnis für den Glauben, den sie vor der Welt annahm. Es wäre geschmackvoller gewesen, sich in dieser Zwitterstellung der spöttischen Äußerungen über Wallfahrten und Heilige zu enthalten.

Karl Ludwig war mit der großen Partie, die seine Tochter machte, sehr zufrieden. Liselotte »heulte«, als die Stunde der Trennung kam, acht Tage lang. Der Kurfürst und der dreizehnjährige Raugraf Karl Lutz, der Halbbruder, brachten sie und Chevreau im Oktober nach Straßburg, wo die Tante Gonzaga mit einem Jesuitenpater wartete. Die Reise ging ohne den Vater nach Metz weiter. Hier heiratete der Marschall du Plessis-Praslin die Braut als Stellvertreter, und Chevreau kehrte zur Berichterstattung nach Heidelberg zurück. Daß der Kurfürst der Feierlichkeit nicht beiwohnte, ist auffällig. Entweder fürchtete er Etikettenschwierigkeiten, oder die Rolle, die er in der verabredeten Komödie zu spielen hatte, verlangte seine Abwesenheit.

In der Kathedrale von Metz schwor Liselotte ihren Glauben ab. Karl Ludwig gab alsbald der Verwunderung und dem Schmerz über eine Nachricht, auf die er nicht gefaßt gewesen sei, geziemend Ausdruck. Komödie hatten alle gespielt, der Kurfürst, seine Schwester Sophie, deren Gatte vorerst protestantischer Bischof von Osnabrück war, und die Schwägerin Anna.

In den Jahrzehnten, die auf den Westfälischen Frieden folgten, dachte man zum erstenmal gleichgültiger oder duldsamer über die Konfession und bemühte sich, sie aus der Politik auszuschalten. Der Kurfürst von Brandenburg verbündete sich abwechselnd mit dem katholischen König von Frankreich und dem katholischen Kaiser. Die religiöse Glut, unter der gerade die Pfalz so sehr leiden sollte, loderte erst wieder auf, als der Fall des protestantischen Straßburg, die Vertreibung der Türken, die Aufhebung des Edikts von Nantes, die Umstellung des französischen Hofes auf den Ton der Frau von Maintenon und die neuen Kriege die Geister schieden.

Nachdem Liselotte, nunmehr Madame, in Metz der ersten königlichen Ehren teilhaftig geworden war, reiste sie weiter. Vor Châlons erwartete sie Philipp. Er schickte zwei Boten aus, den einen an den König, den anderen an die Königin, um die Ankunft der Herzogin mitzuteilen. Die Begegnung der Gatten erfolgte unter großem Gepränge, mit Schweizergarden, Kompagnien des Regiments Königsmarck, Miliz zu Pferde. Monsieur stieg aus seiner Karosse, Madame aus ihrer; sie begrüßten sich, dann nahm Monsieur Platz bei Madame.

Am Tor von Châlons standen die Stadtschöffen barhäuptig mit einem Baldachin und gaben das Geleit bis zum Palast des Bischofs, bei dem das Paar wohnte. Ein Tedeum fand statt, ein Page Liselottes schwor zur größeren Erbauung seinen Glauben ab, die Neuvermählten speisten öffentlich, ein Feuerwerk wurde abgebrannt, die Stadt überreichte Konfitüren und Orangen aus Portugal.

Das nächste Ziel war Villers-Cotterets. Die Grande Mademoiselle empfing Madame und führte sie in ihre Gemächer. Die Mitglieder der königlichen Familie stellten sich ein, nach ein paar Tagen Condé und der König selbst. Am letzten Oktober war Liselotte in Saint-Germain und wurde vom König dem Hofe vorgestellt. Am Tag des großen Balles schenkte Ludwig XIV. der Schwägerin drei Kassetten, deren jede hunderttausend Pistolen enthielt, und die Königin eine Diamantenrose im Wert von vierzigtausend Talern.

Die Hofdamen fanden sie klein und häßlich, sie habe dicke Backen. Die Herren lobten die Farben der Haut. Ludwig gefiel sie besser als ihrem Mann. Er hatte Sinn für ihre Frische und Natürlichkeit.

Am 7. Dezember betrat Liselotte Paris und bezog ihre Zimmer im Palais-Royal. Zur Begrüßung waren da die Prinzessin Conti, die alte Prinzessin Carignan und ihre Tochter, jene Markgräfin von Baden-Baden, die von ihrem Mann getrennt lebte, und andere hohe Damen. Man zeigte ihr in der Folge Versailles, das im Bau war, Saint-Cloud, die Stadt. Der König gab im Winter Bälle ihr zu Ehren.

Sie aß gelegentlich zu viel und brachte sich selbst wieder in Ordnung mit Hilfe von Luft und Bewegung im Freien. Die Damen begriffen nicht, daß man bei offenem Fenster schlafen könne. Was der verzärtelte Philipp zu dieser neuen Sitte sagte, wird nicht berichtet.

4

Die Art, wie der König die junge Frau aufnahm, zeigt ihn von seiner besten Seite. Liselotte mag aufgeatmet haben. Ausgenommen zwei Tanten – die Pfalzgräfin Anna und Emilie von Hessen-Kassel, die mit Charles de la Trémoïlle, Herzog von Tarente, verheiratet war – kannte sie niemand im fremden

Land. Sie kam als Nachfolgerin einer Frau, die von einer Hofkamarilla allem Anschein nach vergiftet worden war. Wenige Monate nach ihrer Ankunft kehrte der Chevalier von Lothringen aus Rom zurück. Effiat, der, wie man sagte, das Gift verabreicht hatte, war überhaupt nicht verbannt worden. Der Kreatur des Chevaliers, Morel, wurde ihr Haushalt unterstellt.

Sie sah sich ganz auf ihren Mut angewiesen. Wenn sie Heimweh bekam und nicht damit fertig zu werden verstand, war sie verloren. Für ihre Ungeschminktheit, die sie in deutschen Augen zu einer erfrischenden Persönlichkeit macht, hatten Franzosen wenig Sinn. Am ehesten verstand man noch, daß sie das, was hierzulande als Geist in höchsten Ehren stand, durch Schlagfertigkeit ersetzte und daß sie Bosheit mit Bosheit, Abneigung mit Abneigung vergalt, wenn es denn sein mußte.

Gleich zu Anfang suchte sie Verständigung mit einer der mokantesten Zungen, der Frau von Fiennes: es hänge nur von ihr ab, ob sie in Frieden lebten. Komme ihr etwas zu Ohren, so werde sie sich an Herrn von Fiennes wenden, und wenn das nichts helfe, ihn von ihrem Hof entfernen. Frau von Fiennes ließ es sich gesagt sein, zum Erstaunen aller. Die achtzehnjährige Fremde war also nicht auf den Mund gefallen.

Menschen, die weniger zueinander paßten, sind selten zusammengegeben worden. Der Herzog bedauerte, nicht als Frau auf die Welt gekommen zu sein, und die Herzogin, nicht als Mann. Sie empfand sich selbst als so wenig reizvoll, daß sie in keinen Spiegel schauen mochte und Schmuck nur anlegte, wenn es nicht anders ging. Er hingegen war in Spiegel und Diamanten vernarrt. Bei großen Gelegenheiten überwachte er jedes Stück ihrer Toilette und legte ihr eigenhändig Rot auf. In der haute couture späterer Jahrhunderte würde er sein Brot verdient haben.

Philipp verabscheute das Reiten und die Jagd, die nur die Haut erhitzten. Liselotte kannte kein größeres Vergnügen und gewann hauptsächlich dadurch den König, der sie immer mitnahm. In ihren Schränken hingen nur Abendtoiletten und Jagdkostüme. Sie kam mit einem einzigen Morgenkleid aus, da sie sich sofort ankleidete. Monsieur wechselte die Kostüme so oft wie eine Schauspielerin. Mit den Schuheinlagen, die ihn größer machen sollten, tanzte er wie eine Frau, während Liselotte dem Tanzen aus dem Wege ging.

Ebenso gegensätzlich waren die Meinungen über die Reize des Spieltisches, über Bücher und Briefeschreiben, über die Freuden des Gaumens. Der eine liebte Süßigkeiten und aß einmal zur Einleitung achtzig Austern, die andere ließ sich wie ein Soldat in der Garnison Geräuchertes aus der Heimat schicken. Wenn Liselotte Zeit übrig hatte, schrieb sie Briefe auf Fortsetzung, mit Vorliebe an die Raugräfin Luise und an Sophie von Osnabrück, die 1679 Herzogin von Hannover und drei Jahre später Kurfürstin daselbst wurde.

Da sie, Liselotte, lange lebte, würden die Briefe so viele Bände wie die Werke des Herrn von Voltaire füllen, wenn sie sich alle erhalten hätten. Es sind auch so noch genug. Sie bilden eine unschätzbare Quelle, aus der tausend Einzelheiten des Lebens am Hof der Königssonne fließen. Die französischen Historiker müssen sie sich übersetzen lassen, daher ihnen das Atmosphärische der Sprache und des Naturells entgeht.

Was man an Henriette von England bewundert hatte, die Grazie eines gebrechlichen Körpers, die Schmiegsamkeit eines nervösen Temperaments, kommt bei Liselotte so wenig in Betracht, daß Vergleiche sich verbieten. Inmitten einer Gesellschaft, die jeden andern Maßstab, nur nicht den der bürgerlichen Tugenden an sich legte, blieb sie das, was man eine anständige Frau nennt. Sie lernte alle Perversionen kennen und berichtete darüber mit den Ausdrücken eines Stallknechtes, sie selbst blieb unberührt.

Wie alle war sie empfänglich für die Huld des Königs, der geruhte, sie zu den intimsten Samstagssoupers mit seinen Favoritinnen einzuladen. Sie empörte sich nicht moralisch, das lag ihr nicht. Ob man nun von einer gewissen Passivität oder von einer wirklichkeitsnahen Duldsamkeit sprechen will, diese Eigenschaften erlaubten ihr, sich zu behaupten, verhinderten aber auch, daß Schwingungen, Leben, Erregungen von ihr ausgingen oder ausgehn. Sie war zu hausbakken, um wie Henriette das Palais-Royal zu einem zweiten Brennpunkt des gesellschaftlichen Lebens zu machen.

Es hat nicht an Versuchen gefehlt, ihr Verhältnis zu Ludwig XIV. zu verdächtigen. Sie gehn auf Andeutungen der Frau von Sévigné zurück, die ihre Tochter um jeden Preis mit Neuigkeiten belieferte und unter dem Gesichtspunkt der Kritiklosigkeit, wenn auch unter keinem andern, Ähnlichkeit mit Liselotte besitzt.

Das Verhältnis Liselottes zum König hat seine eigene kleine Geschichte. Sie selbst sagt, daß ihre erste Zeit glücklich gewesen sei. Die Gnade Ludwigs dauerte zehn Jahre, dann kam eine lange Entfremdung von zwanzig Jahren, die mit der Versöhnung beim Tode Monsieurs endete. In den ersten Jahren fiel die Vorliebe des Königs für die Schwägerin allgemein auf. Er liebte es, wenn man oder wenigstens sie sich frei von der Leber weg mit ihm unterhielt, nach ihrem Ausdruck »schwetzte«. Sie brachte ihn zum Lachen, was ihm unter ersterbenden Höflingen wohl nicht oft begegnete. Vor allem aber war er mit ihr zufrieden, weil sie sich des Ehrgeizes, eine politische Rolle zu spielen, enthielt.

»Der König ist wahrlich ein gutter, braffer Herr, ich hab ihn recht lieb«, schrieb sie. Seine Höflichkeit und Würde machten ihr Eindruck, und es mag sein, daß sie sich ein wenig in ihn verliebte. Über Philipp hatte sie keine Illusionen. Sie erzählt mit einer wahrhaft barocken Offenherzigkeit, daß er ins Bett einen Rosenkranz, an dem viele Heiligenmedaillen hingen, mitnahm, um die Körperteile zu bestreichen, mit denen er unzufrieden war. Unter anderem litt er an Hämorrhoiden. Es wäre verzeihlich gewesen, wenn sie wie so viele Fürstinnen sich durch eine Leidenschaft schadlos gehalten hätte, aber sie kam ohne Liebeserfüllung aus, eine Frau mit untragischer Epidermis.

Sie hatte auch ihre spießigen Seiten. Daß der König sich mit der Witwe eines Poeten einlassen und sie sogar zu seiner Gemahlin machen konnte, erschien ihr schlechthin unmöglich. Sie brachte alle festumrissenen deutschen Ansichten über die gottgewollte Trennung der Stände mit. »Es ist recht impertinent von den adelichen Damen zu Hannover, daß sie den Reichsgräffinnen disputieren wollen, das ist ja nicht erhört worden«, meinte sie.

Ihr Wirklichkeitssinn, der sie den Verzicht auf die Wirrungen des Herzens lehrte, würde jede Bewunderung verdienen, wenn er sich nur mit etwas Tiefensinn verbände. Dem Verzicht fehlt die letzte Größe, die der Entsagung, die den religiösen Naturen vorbehalten ist. Es fiel ihr nicht schwer, sich abzufinden. Das Liebesgeschäft, das Kindermachen, wie sie sich ausdrückt, stieß sie ab. So wich sie den Versuchungen wohl aus, stellte sich ihnen aber auch nicht.

Henriette hatte Molière, Boileau, Racine ermutigt. Liselotte notierte zwar, daß sie bei ihrer Ankunft Könner und Schöpfer in einer Fülle vorfand, der man in Jahrhunderten nicht mehr begegnen werde, aber es blieb für sie, die Deutsche, eine fremde Kunst und Literatur. Sie hielt sich abseits, die vielen Briefe verraten es. Das ist die Tragödie im Leben dieser Frau, die man ein einziges Mal in Verzweiflung ausbrechen sieht: als Ludwig den grausamen Befehl gibt, die Pfalz zu verwüsten, um den Gegnern die Etappe zu zerstören.

5

1672 begann der holländische Krieg. Dank dem Bündnis mit dem Kurfürsten von Köln setzten die Franzosen den Angriff bei Wesel an. Philipp erhielt diesmal ein Kommando, unter ihm der Chevalier sein eigenes. Man ließ Philipp Zutphen in Geldern belagern, die Stadt ergab sich. Der König, der Dauphin, Turenne, Condé, Luxembourg standen im Feld, und die ersten Erfolge waren so groß, daß der Fall von Amsterdam erwartet wurde. Die Holländer setzten das Land unter Wasser, das Wasser gefror, die Franzosen kamen übers Eis; das Eis schmolz, sie zogen sich zurück. Aus dem kurzen Feldzug wurde ein siebenjähriger Krieg, der sich auf die Pfalz, das Elsaß, Baden ausdehnte.

Zwar machte noch der junge Karl Lutz Besuch, und Liselotte tollte selig mit ihm herum. Aber dann verwüstete Turenne die Pfalz so unbarmherzig, daß der Kurfürst ihn zum Zweikampf forderte. Turenne erwiderte, er tue nur seine Pflicht. Liselotte gebar 1673 den ersten Sohn, 1674 den zweiten. Der erste starb nach drei Jahren; der Titel, Herzog von Chartres, ging auf den Bruder über. Man stellte diesem das Horoskop und erklärte, er werde einst Papst. Doch es wurde aus ihm eher der Antichrist, der berüchtigte Regent.

Im nächsten Jahr verfiel Liselotte in eine schwere Krankheit. Philipp pflegte sie mit weiblicher Sorgfalt. Sie genas, und das Leben im Palais-Royal nahm seinen täglichen Verlauf, während am Oberrhein die Kanonen donnerten, Turenne fiel, Karl von Lothringen auf Montecuccoli folgte und den Franzosen Philippsburg wegnahm.

Man erhob sich gegen zehn und hörte die Messe. Nach Tisch war Damenempfang, der bis fünfeinhalb dauerte. Dann meldeten sich die Herren. Monsieur spielte mit ihnen Bassette oder Hocca. Madame mußte mitspielen und stand auf, sobald sie konnte. Sie fuhr in die Oper, die gegen neun endete. Wenn sie zurückkehrte, saßen die Herren oft noch beim Spiel. Gegen elf ging alles schlafen. War man beim König in einem der Schlösser, so verstrichen die Stunden bis drei Uhr mit der Jagd, die folgenden mit dem Ausruhen und dem Spiel. Um halb elf war die Komödie aus, dann gab es Souper und Ball, darüber wurde es oft zwei Uhr oder noch später.

Während Philipp wieder draußen war und sich ein wenig am Krieg beteiligte, gebar Liselotte ihr drittes und letztes Kind, eine Tochter. Die Geburt verlief schwer; Philipp machte den Vorschlag, das gemeinsame Bett aufzugeben, jeder sollte in seinem Zimmer schlafen. In den Briefen Liselottes nimmt sich diese Trennung harmlos aus. Sie meint, nun brauche sie nicht mehr Angst zu haben, wenn sie sich umdrehn wolle, auch aus dem Bett werde sie nicht mehr fallen.

In Wirklichkeit beweist das Abkommen, das stets der unlustige Partner macht, ein Erkalten der Beziehungen und deutet an, daß der Herzog seine eigenen Wege ging, die nicht immer normale waren. Es wird berichtet, daß um diese Zeit das Palais-Royal der Schauplatz derselben ›Orgien‹ wie in den letzten Jahren Henriettes wurde. Am bedenklichsten war, daß eine Clique aktiv Liselotte zu verdächtigen begann.

Im Oktober dieses Jahres 1676 erhielten die zwei noch lebenden Kinder – Philipp von Chartres und Elisabeth Charlotte von Chartres – zu Saint-Cloud die Taufe, mit der man damals lange, oft bis zum Ende des Wachstums, wartete. Neben diesen beiden Kindern lebten noch die zwei Töchter des Herzogs aus der Ehe mit Henriette: Marie Luise und Anne Marie.

Liselotte wurde dick. Auf französisch klingt es vornehmer, sie gewann an Embonpoint. Noch waren ihre Beziehungen zum König gut. Wenn sie im Spiel verlor, ersetzte er ihr den Schaden. Er gab ihrer Mutter, Charlotte von Hessen, die in Kassel nahezu verhungerte, weil Karl Ludwig sich nicht um sie kümmerte, eine Pension. Auch Karl Lutz, der im Jahr des

Friedens von Nymwegen, 1679, wieder zu Besuch kam, sah sich von Ludwig freundlich aufgenommen.

Die Herzogin von La Vallière lebte im Kloster, nachdem sie dem König vier Kinder geboren hatte. Ihre Stelle nahm die Montespan ein. Liselotte stand sich nicht gut mit ihr, sie empfand die natürliche und urgegebene Eifersucht. Frau von Montespan ihrerseits fürchtete immer, daß aus dem Palais-Royal, aus dem Hofstaat Liselottes, ihre Nachfolgerin hervorgehn könne. Das erste Mal trat diese Möglichkeit ein, als Liselotte dem König die Chanoinesse von Ludres überließ. Doch fiel die junge Dame rasch in Ungnade. Sie konnte nicht warten, behauptete, von Ludwig schwanger zu sein, und mußte ins Kloster gehn.

Erfolgreicher war Liselotte oder eine ihrer Hofdamen mit dem siebzehnjährigen Fräulein, das zur Herzogin von Fontanges erhoben wurde, nachdem jene Hofdame Ludwig nächtens das Zimmer der Schönen geöffnet hatte. Die Montespan, die bereits den Einfluß der Erzieherin ihrer Kinder, der Maintenon, fürchtete, war zuerst dem Fräulein von Fontanges behilflich und veranlaßte, daß man ihm in Saint-Germain ein für den König leicht erreichbares Zimmer gab. 1680 fiel die Fontanges in eine schleichende Krankheit, Liselotte glaubte an Gift. In diesem Jahr begann die Affäre der Giftmischerin Voisin, durch die Frau von Montespan so schwer belastet wurde.

Auch die Fontanges mußte sich in ein Kloster zurückziehn, sie trat zu anmaßend auf. Sie starb im nächsten Jahr, und da Ludwig die Gnade hatte, sie zu besuchen, sagte sie: »Ich kann sterben, meine letzten Blicke haben den König weinen sehn.«

1677 verschied Luise von Degenfeld. Karl Ludwig wollte nun die Scheidung von seiner hessischen Frau betreiben, um ein Fräulein von Berau zu heiraten, das ebenfalls den merkwürdigen Vornamen Hollandine führte. Es war ein Schweizermädchen, und Sophie, die Bischofin von Osnabrück, lobte, wenn auch nur unter dem physischen Gesichtspunkt, die Wahl der kräftigen Tochter der Berge: die Ausstrahlungen des jungen Körpers seien gewiß geeignet, die natürliche Hitzigkeit des Kurfürsten zu beleben. Das Fräulein bekam ein Kind, und Karl Ludwig beschleunigte die Stunde seines Todes.

Die Heiratspläne erregten den Unwillen des französischen

Schwiegersohnes und der Tochter, zumal da er, in Torschlußstimmung, zu guter Letzt auch die Raugrafen nicht nur legitim, sondern sogar thronfähig machen wollte. Den Ausschlag gab der Einspruch Ludwigs XIV. Der einzige Sohn des Kurfürsten hatte keine Kinder, und die Erbfolgefrage mußte in absehbarer Zeit aktuell werden. Durch die Jahre hatte die Kurfürstinmutter zu Kassel in einem jämmerlichen Zimmer nicht viel besser als eine Bettlerin gelebt, an Hemden notleidend und am täglichen Brot. Zuletzt war alle Welt aufmerksam geworden, auf sie und den Kurfürsten, der den Jugendtorheiten die des Alters folgen ließ.

Die Reunionskammern Ludwigs warfen den letzten drohenden Schatten auf sein Leben, das 1680 erlosch. Das Herz wurde in Heidelberg beigesetzt, der Leib neben der Degenfeld in der eben eingeweihten Eintrachtskirche zu Mannheim, die dem Frieden der drei christlichen Bekenntnisse gewidmet war. Weder von Eintracht noch von Frieden konnte die Rede sein. 1689 zerstörten die Franzosen mit der Stadt Mannheim auch die Kirche. Erst elf Jahre später barg man aus dem Schutt die beiden Särge.

Die Umgebung Monsieurs hielt es aus irgendeinem Grund für nötig, daß er Fräulein von Grancey als seine Mätresse ausgab. Der Vater des Kindes war eher der Chevalier oder Effiat. Wenn Philipp allein mit dieser falschen Geliebten war, bekam er sofort Kopf- oder Zahnweh und brachte sich in Sicherheit.

Mit der Stieftochter Marie Luise vertrug sich Liselotte gut. 1679 mußte die arme Prinzessin, die zum Erbarmen weinte, auf Befehl Ludwigs den letzten spanischen Habsburger heiraten. Er war ein Menschenwrack, aber man opferte ihm zwei Frauen. Die erste, die französische, wurde mit äußerstem Pomp in Fontainebleau vom Stellvertreter geheiratet, dann an die Bidassoa, den Grenzfluß, gebracht und den Spaniern ausgeliefert.

Diese Heirat lockte Sophie von Hannover nach Frankreich. Sie wünschte, wie auch Liselotte, ihre Tochter Sophie Charlotte mit dem Dauphin zu verloben. Aber Hannover war damals noch nicht Kurfürstentum, und man zog eine bayerische Prinzessin vor. Sophie Charlotte heiratete später den Kurfürsten von Brandenburg. Sie wurde die erste preußische Königin.

1680 beendete Ludwig XIV. das zweiundvierzigste Jahr, Frau von Montespan das neununddreißigste. Es waren nun zwanzig Jahre her, seitdem sie ihren Posten als Hofdame der Königin angetreten hatte. Ihr Stern sank, als im Verlauf des Prozesses jener Giftmischerin Voisin der König so unerwartete Dinge erfuhr, daß er die Akten versiegelte. Er ließ sie nicht fallen, sie hatte ihm sieben Kinder geboren, aber an ihre Stelle trat Françoise d'Aubigné, Witwe nach dem Dichter Scarron, neuerdings Marquise von Maintenon und jetzt fünfundvierzig alt. Ein Jahr nach dem Tode der Königin heiratete er sie heimlich, 1684. Liselotte stand mit ihr noch schlechter als mit der Montespan.

Dem Chevalier von Lothringen wurde nachgesagt, daß er nicht unschuldig an der Erschlaffung des Dauphin sei. Der Thronfolger hatte zwar einen ausgezeichneten Erzieher gehabt, der für ihn – daher ad usum delphini – die gedrängten Klassikerausgaben zusammenstellte. Aber er ermangelte der geistigen Interessen, seine Lektüre bestand in den Familienanzeigen der ›Gazette‹. Der König forderte den Chevalier auf, weniger oft am Hofe zu erscheinen. Der Chevalier rächte sich an Liselotte, seiner Anklägerin, indem er ausstreute, sie stehe in Beziehungen zu einem Offizier der Garden. Philipp behandelte sie wieder aufs kühlste.

Die Intrige wurde noch verwickelter dadurch, daß man auch die Lieblingshofdame Liselottes hineinzog und Philipp sie verabschiedete. Liselotte erklärte, sie habe früher nicht verstanden, daß man in ein Kloster gehn könne, jetzt sei sie so weit. Der König bemühte sich, den Herzog und die Herzogin auszusöhnen. Er befahl sogar, daß sie wieder das Bett zu teilen hätten. Der Chevalier kam mit einer kurzen Ungnade davon.

1684 starb die Pfalzgräfin Anna, die die Ehe Liselottes gestiftet und oft zwischen den Gatten vermittelt hatte. Im gleichen Jahre heiratete die zweite Stieftochter Liselottes den Herzog von Savoyen, der eben zur Regierung gelangte. Der junge Herzog sollte dem König noch viel zu schaffen machen. Bald verbündete er sich mit ihm, bald mit seinen Feinden. Zuletzt wurde er der erste König von Sardinien.

Mit Frau von Maintenon zog ein neuer Geist am Hofe ein,

der der strengen Observanz. Der freie Ton Liselottes vertrug sich nicht damit. Die Beichtväter gewannen an Bedeutung, und der des Königs übermittelte Liselotte den Befehl, vorsichtiger in ihren Ausdrücken, nachsichtiger gegen die Fehler ihrer Umgebung zu sein.

Das Jahr 1685 brachte die unglückselige Aufhebung des Edikts von Nantes. Sie schwächte die Kräfte Frankreichs und machte die protestantischen Fürsten zu seinen Gegnern, so auch den Großen Kurfürsten, der seit Nymwegen der Vasall der französischen Politik gewesen war. Im gleichen Jahr starb Liselottes Bruder, der letzte Kurfürst der Linie Simmern.

Erbfolgeberechtigt war die katholische Linie Pfalz-Neuburg, die in Düsseldorf residierte. Man konnte sich über die Allodialgüter nicht einigen, Ludwig erhob für seinen Bruder Anspruch darauf. Da seit der Wegnahme Straßburgs die Beziehungen zum Reich gespannt waren, fühlte Europa das Gespenst eines neuen großen Krieges nahen. Drei Jahre danach brach er aus und dauerte acht.

Die französischen Heere überrannten die Städte der Pfalz und Speyer. Louvois gab die barbarischen Befehle zu den Verwüstungen von 1689, die sich ins Badische und Schwäbische erstreckten. Die Gemälde des Heidelberger Schlosses wurden zum größten Teil Liselotte übergeben, aber auch der Chevalier hängte einige in seinen Räumen auf. Liselotte vergoß viele Tränen und jubelte, wenn die Franzosen eine Schlappe erlitten – was den König reizte. Als sie krank wurde, erkundigte er sich nicht nach ihrem Ergehn und ließ ihre Briefe unbeantwortet. Er lud sie auch nicht mehr zur Jagd ein.

Der Dauphin kehrte vom Rhein zurück, es gab einen feierlichen Empfang, dem Liselotte beiwohnen mußte. Schrecklich war ihr der Gedanke, daß in der Pfalz die Kontributionen in ihrem Namen erhoben wurden. Den verhaßten Chevalier belohnte der König für seine Teilnahme am Krieg damit, daß er huldvoll bei ihm frühstückte und ihn zum Ritter seines höchsten Ordens, vom Heiligen Geist, machte.

Aus einem Brief Liselottes erfährt man den tieferen Grund für diese Gnaden. Der Chevalier und Effiat suchten Philipp den Gedanken beizubringen, daß es eine Ehre sei, wenn sein Sohn, der Herzog von Chartres, die Tochter des Königs und der Montespan, Mademoiselle von Blois, heirate. Frau von Maintenon, die die junge Dame erzogen hatte, unterstützte den Plan.

Damit nicht genug, auch die Tochter Liselottes wurde in die Berechnungen der Frau von Maintenon hineingezogen. Sie wollte das Mädchen dem Sohn der Montespan geben, dem hinkenden, häßlichen, geizigen Herzog du Maine. Zwar kam es nicht zu dieser Heirat, wohl aber zur Verbindung des Herzogs von Chartres mit dem Fräulein von Blois: Liselotte wurde die Schwiegermutter eines Bastards. Vorerst wehrte sie sich noch.

1688 fiel der geliebte Karl Lutz auf Euböa, 1689 starb die Stieftochter, die Königin von Spanien, unter verdächtigen Umständen. Sie hatte sich vor Gift gefürchtet und die Eltern um ein Antidotum gebeten. Es kam drei Tage zu spät. Der Verdacht nahm zu, als Spanien auf die Seite der Gegner trat. Man beschuldigte Olympia von Soissons, die in Madrid weilte, zusammen mit dem österreichischen Gesandten die Königin beseitigt zu haben.

Die Stelle des Gouverneurs des Herzogs von Chartres wurde frei. Philipp bestimmte Effiat. Liselotte widersprach angesichts der anormalen Veranlagung des Marquis. Sie wandte sich an den König, der ihr in diesem Fall recht gab, aber weiterhin ungnädig blieb. Ihre Feindschaft gegen die Maintenon, ihre ungeschminkten Reden, ihr Haß auf die Zerstörer der Pfalz, ihr Einspruch gegen die zugedachte Schwiegertochter mißfielen ihm gründlich. Da sie nicht selbst auf die Dauer ablehnen konnte, unterstützte sie die Unlust des Sohnes, eine natürliche Tochter zu heiraten – der im übrigen am vollendeten elften Jahr noch einige Tage fehlten.

7

Der junge Philipp, der nun achtzehn Jahre alt wurde, war ein begabter Mensch, aber durch den Umgang mit den Günstlingen des Vaters schon verdorben und verderbt. Man kann den König für die Zersetzung der französischen Moral, die eine Generation später, zur Zeit der Regentschaft eben dieses Philipp, offensichtlich wurde, verantwortlich machen. Immerhin war Ludwig eine aktive und alles in allem gesunde

Natur. Die Erkrankung der Nation ging recht eigentlich von Philipp, dem Vater, von Effiat, vom Chevalier von Lothringen und ihresgleichen aus. Ludwigs Schuld besteht darin, daß er viel zu nachsichtig gegen dieses Sodom war.

Eines Tages im Januar 1692 ließ der König den Herzog von Chartres zu sich kommen und erklärte dem Sohn Liselottes, der Krieg, den er gegen das Reich, England, Spanien, Savoyen führe, erlaube ihm nicht, eine Frau aus den regierenden Häusern für ihn zu suchen – er biete ihm seine eigene Tochter von Blois an. Natürlich, fügte er mit majestätischer Würde hinzu, er wolle den jungen Mann nicht zwingen. Der junge Mann stammelte, der Wunsch des Königs sei Befehl. Der Vater, den Ludwig fragend anschaute, beeilte sich, das gleiche zu versichern. Er wurde aufgefordert, Madame zu unterrichten.

Den Abend dieses Tages hat Saint-Simon mit seiner großen Anschaulichkeit geschildert. Es fand gerade Appartement in Versailles statt. Das heißt, von sieben bis zehn, bevor der König sich zu Tisch setzte, nahm der Hof im großen Appartement, einer Zimmerflucht, an Tischen Platz, die für jede Art von Spiel hergerichtet waren. Auch ein Billard stand da, und ein Buffet mit Erfrischungen; es wurde Musik gemacht. Jeder konnte mit jedem spielen. Der König selbst arbeitete unterdessen in den Räumen der Frau von Maintenon mit den Ministern.

Monsieur saß mit dem Dauphin beim Lansquenet (Landsknecht), Madame hielt unlustig die Hombrekarten in der Hand, der Herzog von Chartres sah geistesabwesend auf das Schach, und das elfjährige Fräulein von Blois, das den Vater fürchtete, zitterte so, daß Frau von Maintenon sie auf den Knien hielt – als diese Figuranten eines Dramas zu seiner Majestät entboten wurden. Niemand spielte mehr, alle standen aufgeregt in Gruppen zusammen.

Die Hinausgerufenen kehrten zurück, die Verlobung war Tatsache geworden. Madame ging mit großen Schritten, unbeherrscht weinend, ein Taschentuch in den Fingern, neben ihrer Vertrauten, zu der sie laut und hemmungslos sprach. Man hätte sie, meint Saint-Simon, für Demeter halten können, die die entführte Proserpina sucht und von Zeus zurückverlangt. Jeder machte ihr Platz, sie sah niemand und nichts.

Monsieur hatte sich wieder zum Landsknecht gesetzt, völlig außer Fassung. Sein Sohn machte ein trostloses Gesicht, und das der Braut war nicht anders. Triumphierend schauten die Freunde des Chevaliers. Später bei Tisch reichte der König Madame jede Platte, die vor ihm stand, und sie wies alle zurück, die Tränen tropften ihr auf den Teller. Sie würdigte weder den Sohn noch den Gatten eines Blickes – mutige Männer waren das, o welche Feiglinge.

Der nächste Tag brachte die berühmte Ohrfeigenszene. Der Hof wartete auf den König, der aus dem Rat kam und zur Messe ging. Als Madame eintrat, schritt der Bräutigam, ihr Sohn, auf sie zu und wollte ihr wie herkömmlich die Hand küssen. In diesem Augenblick sahen und hörten die verblüfften Anwesenden den Backenstreich, den der junge Mann erhielt und der ihn aufs äußerste verwirrte.

Die Hochzeit fand im Februar statt. Der König von England – nicht Wilhelm von Oranien, dem Ludwig die Anerkennung versagte, sondern der vertriebene Stuart, Jakob II. – reichte dem Ehemann das Hemd und Madame der jungen Frau. Die beiden Könige warteten, bis das Paar sich gelegt hatte, der Kardinal segnete es. Fräulein von Blois wird als eine nicht reizlose kleine Person geschildert. Hören wir, wie sie sich bei Liselotte ausnimmt:

»Meines sohns gemahlin ist ein widerliches Mensch, seufft sich alle woch 3 oder 4 mahl sternvoll ... ihre Figur [Gesicht] ist perfect unahngenehm, sie gleicht met verlöff [mit Verlaub] einem ärschen wie 2 tropffen Wasser und ist gantz schäff [schief]; hatt eine abscheuliche Außsprache, alß wenn sie immer das Maul voll brey hette, undt der Kopf zittert ihr allzeit. Das ist das schöne Present, das unß die alte zott [Maintenon] geben hett.« Sie verstand zu hassen und zu schimpfen, die Frau, die das Gesicht der Schwiegertochter mit einem so drastischen Vergleich bedachte.

Im Jahre 1693 starb die Grande Mademoiselle, und Philipp vereinigte die orléansschen Güter in seiner Hand. Er, sein Sohn und der Dauphin zogen wieder in den Krieg. Der König nahm Philipp in den neugegründeten Orden des heiligen Ludwig auf. Liselotte bekam die Blattern. Keine Krankheit kehrt in den Berichten der Zeit so häufig wie diese wieder. Erstens war sie unverkennbar, zweitens erlosch sie nie.

Der Krieg gegen die europäische Koalition erschöpfte die Kräfte des Landes. 1696 begann man vom Frieden zu reden. Die französische Diplomatie verstand meisterlich, den Kaiser und England voneinander zu trennen. Ludwig erzielte in Rykswyk bessere Bedingungen, als er erwartet hatte. Insbesondere durfte er Straßburg behalten. Der Schwiegersohn Philipps, der Herzog von Savoyen, glich sich rechtzeitig mit ihm aus und verlobte seine Tochter mit dem Sohn des Dauphins, dem Herzog von Burgund.

Das Mädchen reiste nach Frankreich, heiratete ein Jahr später – mit zwölf – und wurde die Mutter Ludwigs XV. Der Stiefgroßmutter Liselotte schenkte es wenig Beachtung. Es zwitscherte, wie die Alten sangen, auch der König lud Liselotte selten ein.

8

Philipp, der den Sechzig näher kam, schminkte sich noch immer, obwohl er nun einen Bauch hatte. Er nahm mit, was sich bot. Das in der Pfalz geraubte Silber schmolz er ein und verspielte es. Liselottes größtes Vergnügen war wie in den jungen Jahren die Jagd. Bei der Wolfshatz stürzte sie und kugelte sich den Arm aus.

Die zweite Tochter hatte noch keinen Mann. Der Sohn Karls von Lothringen, Leopold, der im Frieden von Rykswyk sein Land unter einschränkenden Bedingungen zurückerhalten hatte, warb um Elisabeth Charlotte. Diese Ehe nahm einen glücklicheren Verlauf als die der übrigen Mitglieder der Familie Orléans. Der Herzog von Lothringen hatte wenig Geld. Der König gab die Mitgift, 900 000 Livres, Monsieur ungefähr ebensoviel.

Monsieur schloß die Reihe seiner Favoriten, deren man mindestens acht aufzählen kann, mit einem Gardekapitän. Aber gegen Ende des Jahrhunderts erlitt er einen Schlaganfall, und sein letzter Beichtvater war strenger als die Vorgänger. Den Teufel hatte der Herzog von je gefürchtet, immer auch einen Büßerstrick auf dem nackten Leib getragen. Jetzt bewog ihn der Jahrhundertwechsel zu trüben Betrachtungen wie der, daß er alle die schönen Salons und die schönen Gärten von Saint-Cloud bald nicht mehr sehn werde.

Jetzt endlich auch bewies er vor dem Bruder mehr Mut. Als Ludwig ihm Vorhaltungen über das anstößige Leben des Herzogs von Chartres machte, erwiderte er, es stehe ihm, Ludwig, schlecht an, da er selber ein wenig erbauliches Beispiel gegeben habe.

Im Juni 1701 sank Philipp in Saint-Cloud, nachdem er wieder einmal ungeheuer viel gegessen hatte, übereins um und fiel auf seinen Sohn. Man weckte den König um ein Uhr nachts, er fuhr von Versailles hinüber. Um acht kehrte er zurück und befahl dem Arzt, sich erst wieder sehn zu lassen, wenn der Herzog entweder tot oder außer Gefahr sei. Als der Arzt schon um Mittag sich meldete, sagte Ludwig: »Aha, mein Bruder ist gestorben.«

Das Mittagessen nahm er mit seinen Damen, Todesfälle erschütterten ihn nicht. Er verbrachte den Nachmittag bei Frau von Maintenon und arbeitete am Abend mit den Hausministern das Programm der Begräbnisfeierlichkeiten aus. Dann ging er schlafen. Am nächsten Tag sang Frau von Maintenon Arien, fuhr der Dauphin auf die Jagd und spielten die Prinzen Karten.

Noch während Philipp im Sterben lag, verhandelte im Auftrag des Königs Frau von Ventadour mit Liselotte über ihren Witwensitz. In Maubuisson war ihre Tante Luise Hollandine Äbtissin, vielleicht wünschte sie sich dorthin zurückzuziehn? Daraus konnte leicht ein Klosteraufenthalt für den Rest ihrer Tage werden. Meudon und Chaville wurden als Wohnort genannt – sie wolle in Versailles bleiben, erklärte sie.

Merkwürdige Szenen ereigneten sich, Saint-Simon zufolge, um den sterbenden Philipp. Als verscheide ein orientalischer Fürst, jammerten die Hausoffiziere und wer sonst nun Stellung oder Pension verlor, am schrillsten die Frauen. Die Herzogin von La Ferté, deren Tochter mit dem letzten Günstling Philipps verheiratet worden war, stellte sich vor ihn und schrie: »Eine gute Partie das, das muß man schon sagen.« Und Madame habe nur immer wiederholt: »Kein Kloster, daß mir keiner vom Kloster redet.« Dann, als der Herzog verschieden war, habe sie mit ihren Damen den Wagen bestiegen, um nach Versailles zu gelangen.

Die Entscheidung über die Zukunft Liselottes hing vom König und damit von der Frau ab, die zwar nicht die Königin, wohl aber seine Gattin war. Weder der König noch Frau von Maintenon benutzten diese Gelegenheit, um die Herzogin zu demütigen. Frau von Maintenon stattete ihr den Beileidsbesuch ab, es kam zu der unvermeidlichen Aussprache.

Liselotte beklagte sich darüber, daß der König sich während ihrer Krankheit nicht um sie gekümmert hatte, und erfuhr, der König seinerseits habe Grund, unzufrieden zu sein. Sie erwiderte, sie sei sich keines Verstoßes bewußt – Frau von Maintenon zog einen Brief aus der Tasche: ob sie die Schrift kenne? Es war ihre eigene. Der an Sophie von Hannover gerichtete Brief enthielt außer spöttischen Bemerkungen über die Maintenon andere über die schlechte Lage Frankreichs. Die Geheimpolizei hatte ihn geöffnet.

Liselotte machte das übliche, nicht geistreiche Gesicht. Nun erklärte Frau von Maintenon, der König und sie hielten den Verlust, den sie alle erlitten hätten, für den gegebenen Augenblick, um die guten Beziehungen wiederherzustellen. Die Unterredung endete mit Umarmungen. Es folgte noch eine Aussprache mit dem König, und Liselotte durfte in Versailles bleiben. Das Testament Philipps erwähnte sie nicht, Ludwig erhöhte ihre Witwenpension.

Das Herz Philipps wurde von Offizieren, die in langen Mänteln auf ebenso bekleideten Pferden saßen, und von Pagen, die Fackeln trugen, nach der Abtei Val-de-Grâce gebracht. Acht Pferde zogen die Karosse, die die Herzkapsel trug. Noch feierlicher war der Zug, der den Körper nach Saint-Denis geleitete. Liselotte verbrannte die Briefe, die Philipp mit seinen Günstlingen gewechselt hatte, ohne sie zu lesen. Der König löste den Haushalt des Bruders auf; der Herzog von Chartres, nunmehr Herzog von Orléans, richtete seinen neuen ein.

Liselotte lebte noch zwanzig Jahre, bis 1722. Der König starb, ihr Sohn übernahm die Regentschaft für den Urenkel Ludwigs XIV. Sie wurde neben Henriette und Philipp in Saint-Denis bestattet. Im Jahre 1793 befahl der Konvent, die Königsgräber zu öffnen und das Blei der Särge für die Verteidigung des Landes einzuschmelzen. Die Körper warf man in eine gemeinsame Kalkgrube, sie sind spurlos verschwunden. Das Haus Orléans dagegen überdauerte die Stürme der Zeit bis heute.

ZWEI DAMEN MONTMORENCY

I

JEANNE-MARGUERITE
Die Einsiedlerin

Ein Vorfall, der sich im Jahre 1661 zutrug, erregte großes Aufsehn. An einem Maitag verschwand die fünfzehnjährige Jeanne-Marguerite von Montmorency spurlos.

Sie sollte am Hof vorgestellt werden und verließ, entsprechend angezogen, in einer Kutsche das Hotel ihrer Tante Ventadour, worin sie, eine Waise, aufgewachsen war. Vor einer Kirche hielt sie und bat ihre Begleiterin, sich in der Nachbarschaft nach dem Zustand der kranken Marschallin von La Mothe zu erkundigen, während sie selbst ein Gebet spreche.

Man kannte ihre Frömmigkeit und ließ in allen Klöstern nachforschen. Sie war vermögend, ausgezeichnet erzogen, und ihre Großtante, die Mutter des Großen Condé, suchte einen Gatten für sie. Jeanne wollte nicht heiraten, sondern sich Gott weihen. Aus der Kirche flüchtete sie nach den Champs-Elysées; dahinter begann gleich das Gestrüpp und die Landstraße. Eine Bettlerin tauschte ihre Lumpen gegen die seidenen Röcke, die hohen Schuhe, den Mantel und das Dreispitzchen ein.

Jeanne schlug sich auf der Landstraße bis Auxerre durch. Hier vertraute sie ihr Abenteuer einem Geistlichen an, der vergebens auf sie einredete. Da es Abend wurde, brachte er sie zu einem Schreiner. Jeanne blieb in diesem Hause als Magd und nahm willig jede Arbeit auf sich. Das gleiche tat sie später in der Küche einer kranken alten Frau, bei der es niemand lange aushielt. Jeanne hielt es zehn Jahre aus, inmitten von Paris, ohne der Versuchung nachzugeben und zu den vornehmen Verwandten zurückzukehren.

Das Geld, das die Alte ihr hinterließ, gab sie den Spitälern und holte sich ihre Suppe jeden Mittag an der Pforte eines Klosters. Die Jahre der Jugend hatte sie mit Arbeit verbracht, sie arbeitete weiter. Die Haushälterin eines Pfarrers in Versailles brachte sie zu ihrem Herrn, dem sie sich offenbarte. Sie sah die Verwandten in den Hofkutschen vorüberfahren und war nicht häßlich; alles opferte sie der demütigen Entsagung. Um nicht entdeckt zu werden, wanderte sie heimlich weiter, nach dem Süden des Königreichs.

In den Pyrenäen fand sie eine Einöde, die doch nahe genug an der Kapelle eines Klosters und einer Quelle lag. Hie und da schrieb sie an den Pfarrer in Versailles, der sie beriet. Sie nährte sich von Kastanien, Waldpflaumen und wilden Bohnen, Mispeln und Wurzeln. Die Früchte dörrte sie auf dem heißen Gestein. Sie aß nur einmal am Tag, ihr Lager war in einer Felshöhle. Wenn die Versuchung kam, betete sie noch inbrünstiger und überwand sie. Fünf, sechs fromme Bücher waren ihre Lektüre, sie schnitzte ihre Kruzifixe selbst. Sie lebte in der Nachfolge der Heiligen und wiederum wie Robinson Crusoe, von dem man noch nichts wußte.

Die Tiere kommen zu ihr, Hasen, Eichhörnchen und Ziegen. Den Häschen lauern in den Felsen die Bussarde auf, die Welt ist nicht nur ein Idyll. Das Eichhörnchen weiß, daß es nicht stören darf, wenn sie betet. Es wartet, dann springt es ihr auf die Schulter. Auch Kinder suchen ihre Nähe auf. Das Fasten macht sie dünn, der Pfarrer mahnt. Schlimm sind Frost und Schnee. Sie ist eine unermüdliche Fußgängerin. In der Heiligen Nacht wandert sie zur Mitternachtsmesse im Kloster, es ist der schönste Augenblick im Jahr.

1696, als sie fünfzig alt ist, belegt der König in seiner Geldnot jeden Klosterinsassen mit einer Kopfsteuer. Der Pfarrer schickt ihr den Betrag. Wenn sie in die Kapelle geht, trägt sie ein Gewand aus Serge, Unterröcke, deren sie zwei hat, und das lange Haar mit zwei Kämmen aufgesteckt, mit sieben Ellen Band durchwunden. In der Einöde geht sie barfuß. Manchmal bedrohen sie Eber und hungrige Wölfe; sie vertreibt sie furchtlos. Sie hat Visionen, hört Schlangen zischen, schöne Sünderinnen beichten, fühlt die Schläge zweier fürchterlicher Teufel. Auf einer Pilgerfahrt nach Montserrat weist man sie zum Übernachten in den Stall. Sie geißelt sich inmitten der Ziegen, die wild werden.

Die Neugierde der Leute vertreibt sie, tiefer ins Gebirge; das Eichhörnchen folgt ihr. 1699 schreibt sie dem Pfarrer, daß sie im Jubeljahr 1700 nach Rom pilgern wird, um den großen

Ablaß zu gewinnen. Mitten in seiner Antwort ereilt ihn der Tod. Auch Jeanne muß bald danach heimgegangen sein. In Trient starb eine namenlose Pilgerin, auf die die Beschreibung des Äußeren paßt.

II

ISABELLE-ANGÉLIQUE
Herzogin von Mecklenburg

1

Sie war, wie wir schon gelegentlich erwähnten, die Tochter des Herzogs von Montmorency, der 1632 enthauptet wurde. Er hatte in den Kämpfen gegen die Hugenotten der Krone gedient, nahm aber als Gouverneur des Languedoc den aufständischen Gaston von Orléans auf und büßte es zu Toulouse auf dem Schafott. Die Hauptlinie der Montmorency erlosch mit ihm. Ihr Stammsitz war Montmorency bei Enghien. Auch das weiter nördlich gelegene Chantilly gehörte ihr und kam nun an Heinrich II. von Bourbon-Condé. Dieser war der Onkel Isabelles und sein Sohn, der Große Condé, ihr Vetter.

Isabelle wurde ein ziemlich vermögensloses Mädchen – mit ungemessenen Ansprüchen, starken Reizen und einem hemmungslosen Charakter. Sie wohnte zu Paris im Palais Condé und lernte nicht viel. Ihr Französisch schrieb sie nicht nach den Regeln, sondern nach dem Gehör – was sich für das Auge und auf dem Papier amüsant ausnimmt.

Gaspard von Coligny entführte sie. Er war der Sohn des Herzogs von Chatillon und der Anne von Polignac, Träger des berühmtesten hugenottischen Namens und mit den Condé verwandt. Marion de Lorme, die junge Aspasia der Zeit, versprach sich ihm, wenn er katholisch würde, und er überlegte nicht lange.

Die Erregung unter den Hugenotten war ungeheuer. Wenn dieser Name gestrichen werden mußte, blieb überhaupt nichts mehr. Man steckte sich hinter die schöne Dame, sie wurde hugenottisch, und Gaspard stand wieder da, wo er zu stehn hatte. Dann ging er zu Ninon de Lenclos über, einer Phryne, und zuletzt also entführte er Isabelle.

Er war eine der rabiatesten Gestalten in dieser wilden Generation, die zwischen dem Tod Heinrichs IV. und der Geburt Ludwigs XIV. heranwuchs. Was am Ende einer Entwicklung Dekadenz sein wird, ist an ihrem Anfang wildes, stürmisches Leben. Die Scherze, die Unterhaltungen, die Hälfte der Taten jener jungen Leute sträuben sich dagegen, erzählt zu werden.

Gaspard und Isabelle heirateten 1645. Isabelle mag damals gegen neunzehn gewesen sein. Ihr Geburtsjahr steht nicht so fest wie die Tatsache, daß sie schwarzhaarig war. Das Parlament in Paris weigerte sich, die Ehe, die von den beiden Familien mißbilligt wurde, anzuerkennen. Mazarin griff ein und gedachte das Paar zu verpflichten, indem er die Eheschließung veröffentlichte. Aber Dankbarkeit war nicht die starke Seite Isabelles.

Gaspard ging in den Krieg, denn tapfer waren diese Verführer und Raufer fast alle. Die schreckliche Schlacht bei Nördlingen trug ihm Lorbeeren ein: Sein Vater starb, er übernahm den Herzogstitel, und Isabelle war nun Madame de Chatillon.

Gaspard lief andern Frauen nach, und sie blieb ihm nichts schuldig. 1649 fiel Gaspard im Duell, am Arm trug er das blaue Strumpfband des Fräuleins von Guerchy. Isabelle kam mit einem nachgeborenen Sohn nieder, doch starb dieser Gaspard, der fünfte seines Namens, schon in der Kindheit.

Es wird berichtet, daß Isabelle am Abend der Beisetzung des Gatten ganz offenkundig ihren Alkoven dem Herzog von Nemours öffnete. Tallemant de Réaux, Bussy-Rabutin, Lovet, die Montpensier, die Motteville und andere Memoirenschreiber, andere Aufzeichner liefern im Überfluß solche Einzelheiten, die uns heute als Klatsch aus alten Tagen erscheinen mögen. Aber als diese alten Tage junge Tage waren, entsprang die Einzelheit und entsprang der Sinn dafür der Gesellschaftsform, einer bestimmten Phase des sozialen Ablaufs, und der Geschehensort, außerordentlich verdichtet, war Paris, eine Stadtlandschaft mit eigentümlicher Fauna oder Flora.

Warum treiben wir Geschichte oder lesen Geschichte? Zuletzt doch nur, weil uns der Mensch eine unermüdliche Neugier einflößt – wie lebte er, was für Ideen und Zustände hat er hervorgebracht? Die feudale Fauna, die demokratische, die bürgerliche, die sozialistische – zusammengesehn ergeben sie die Naturgeschichte des Menschen. Jede Fauna ist eine Periode, an deren Anfang, wie erwähnt, die Vitalität, die lebensstarke Energie, und an deren Ende die Ermattung, die Instinktbrechung stehn.

Zu jeder Faunaperiode gehören auch bestimmte hygienische und technische Zustände. Weiß man, daß die Gassen von Paris so schmutzig waren, daß jemand von Stand sie nicht zu Fuß durchschreiten konnte, so beginnt man die Wirklichkeit einer Stadt zu sehn, in der es Giftmischer, Räuberbanden, Engelmacher und alle jene tollen Unwahrscheinlichkeiten gab, die durch den Voisin- oder Brinvilliersprozeß enthüllt wurden.

In den Kämpfen der Fronde, die um 1650 Frankreich aufwühlten, stand die Herzogin auf der Condéschen, der mazarinfeindlichen Seite und war recht eigentlich die Seele einer Phalanx von politischen Damen – die Geschichte des französischen Individualismus ist im wesentlichen eine der Frauen. Diese Herzoginnen und Prinzessinnen waren so ungebärdig wie ihre Gatten oder Brüder und verloren gleich ihnen jede Bedeutung, als der Aufstand mit der Rückkehr Mazarins endigte. Das Ereignis kam einer Zäsur gleich, der Eigenwille des hohen Adels war gebrochen.

Der junge König, noch ein Kind, streichelte die Hände der Herzogin, wenn sie sich zu ihm aufs Bett setzte, und es ist ein Symbol. Was sie noch im Leben erreichte, erreichte sie als Frau, und selbst ihren Ehrgeiz stellte sie fortan in den Dienst des Königs.

2

Sie erreichte, daß ein deutscher regierender Herzog sie heiratete. So viele andere genossen ihre Gunst, daß Paris von spöttischen Versen widerhallte. Christian Ludwig von Mecklenburg-Schwerin gelangte nicht so einfach zum Ziel.

Er wurde 1623 als eines unter neunzehn Kindern geboren und war seit 1650 mit einer Kusine aus der Linie Mecklenburg-Güstrow verheiratet, die sich von ihm mißhandelt fühlte, daher sie zu einer Schwester nach Wolfenbüttel flüchtete. Er gehörte zu den deutschen Fürsten, die sich in ihrer Residenz langweilten und lieber draußen lebten. Die einen gingen nach Italien zum Karneval, die andern nach Paris an den anführenden Hof. Christian Ludwig verschrieb sich Paris.

Der König behandelte ihn mit großer Geduld, denn der Herzog war ein leerer Kopf, ein betriebsamer Müßiggänger, ein Neuigkeitsjäger, der bei allen Schauspielen in der vordersten Reihe stand und dann in die Salons eilte, um sich wichtig zu machen. Aber sein Land, von dem die Schweden ein Stück besetzt hielten, und seine Truppen waren dem König im diplomatischen Spiel unentbehrlich, er hielt grundsätzlich mit den Fürsten des zersplitterten Reiches gute Freundschaft, er spielte sie gegen den Kaiser aus.

Die zahllosen Geschwister und Vettern, die Christian Ludwig daheim hatte, erhoben mit denjenigen der verstoßenen Gemahlin Einspruch, als bekannt wurde, daß er in Paris wieder heiraten wollte, obwohl seine Ehe nicht geschieden war. Er hatte sich nur eine Reihe Gutachten von willigen Professoren und Konsistorialräten verschafft. Seine Frau wandte sich an den Kaiser, Christian Ludwig aber an den Papst. Er wurde katholisch und im Jahre 1664 zu Paris in Saint-Roch getraut. Der König schreckte vor dem Ansturm der Proteste zurück und erkannte die Heirat nicht an. Isabelle wagte sich nicht nach Schwerin.

Zwei Jahre vergingen mit Verwandtenhändeln, Gattengezänk und gegenseitigen Vorwürfen des jungen Paares von vierzig oder mehr. Dann tat die erste Frau dem Herzog den Gefallen, zu sterben, und niemand bestritt mehr Isabelle ihren Rang.

Der König und seine Minister atmeten auf, denn sie war eine schrecklich zähe Frau, die sie mit ihren Bitten, Briefen, Eingaben umgebracht hatte. Es gab erst Ruhe, als ihr die Ehren einer souveränen Fürstin bewilligt wurden. Darum und um nichts anderes handelte es sich bei der Anerkennung der Eheschließung.

Sie hätte nun nach Schwerin gehn können, mochte sich aber nicht von Paris trennen und ließ Christian Ludwig allein hin und her reisen. Sie intrigierte gegen die Montespan und schloß sich an die erste Frau Gastons von Orléans an, die unruhige, hübsche, kränkliche Henriette. Als diese nach dem Genuß eines Teeaufgusses sich zum Sterben legte und vergiftet zu sein behauptete, kostete Isabelle von dem Getränk, um nicht selbst in Verdacht zu kommen.

Zu gern hätte sie wieder eine politische Rolle gespielt und wurde für ihren Mann ehrgeizig. Aber es war nichts mit ihm anzufangen. Zu wenig folgsam, um von einer Frau geleitet zu werden, erwies er sich als zu unbedeutend, der König fand keine Verwendung für ihn. Zuletzt schickte er ihn nach Deutschland, um – dem französischen Gesandten den Orden vom heiligen Michael zu überbringen. Ganz konnte er Isabelle nicht fallen lassen, sie war die Schwester Luxembourgs, den er im geplanten holländischen Krieg brauchte.

Als dieser Krieg ausbrach, sah Isabelle eine neue Möglichkeit, sich und den Gatten dem König unentbehrlich zu machen. Sie ernannte sich sozusagen selber zu seinem Botschafter und ging nach Schwerin, um dort die französische Sache zu führen. Welche Genugtuung, in Lübeck vom Bürgermeister »nicht anders als die Kaiserin« und an der mecklenburgischen Grenze von Christian Ludwig, dem Kanzler und dem Adel des Landes empfangen zu werden.

Auf ihr Zureden hob Christian Ludwig Soldaten aus und verweigerte sie dem Kurfürsten von Brandenburg, der auf Seite der Holländer stand. Die Truppen marschierten zur Unterstützung Luxembourgs ab. Christian Ludwig tat noch mehr, er rüstete nochmals fünfhundert Berittene und führte sie selbst den Franzosen zu. Zwar waren die mecklenburgischen Pferde sehr gesucht, aber es verstieß gegen das Ansehn eines regierenden Herzogs, einem fremden Fürsten Hilfstruppen zu bringen, ohne selbst ein Kommando zu übernehmen.

Das kam in den Augen der französischen Generale nicht in Betracht. Sie verachteten diesen deutschen Potentaten und hatten auch allen Grund dazu. Es war ihm nur um eine Abwechslung und um einen Vorwand zu tun gewesen: er verließ das Feldlager und reiste, nur von einem zweifelhaften Zuflüsterer begleitet, nach Paris, um dort die wahllosen Genüsse zu suchen.

Bevor Christian Ludwig an die Front ging, Anfang 1673, setzte er Isabelle als Regentin ein. Es war ihre stolzeste Zeit. Sie unterzeichnete Regierungsakte, saß dem Ministerrat vor, empfing Gesandte, wurde mit »Durchlaucht« und »Euer Liebden« – »Votre Dilection« – angeredet, übernahm die

Patenschaft bei der Tochter des Herzogs von Lauenburg und hielt in Domitz an der Elbe die Flöße an, die Munition für den Kurfürsten von Brandenburg geladen hatten. Vor allem aber ging ein Kurier nach dem andern nach Holland, zu Ludwig XIV. und den Generalen, mit den militärischen Nachrichten, die sie sammelte.

Zwar nicht rechtlich, aber tatsächlich ist sie die Spionin Frankreichs im deutschen Lager, das in Parteigänger und Gegner des Sonnenkönigs zerfällt. Von Verrat könnte man erst sprechen, wenn der Kaiser den Reichskrieg erklärt haben wird, doch möchte auch das nicht viel besagen. Der Reichsverfassung zum Trotz schloß am Ende dieses holländischen Krieges der Große Kurfürst ein Bündnis mit Ludwig XIV. und bezog Jahrespensionen.

Die Regentenherrlichkeit dauerte nicht lange. Isabelle mußte doch wohl eine geheime Partei gegen sich haben. Dem Herzog in Paris wurden Mitteilungen gemacht, die ihn aufbrachten. Er selber lebte skandalös, aber das gab Isabelle in seinen Augen nicht das Recht, sich mit ihren fünfundvierzig Jahren durch den vierundzwanzigjährigen Kammerjunker Bernstorff ins Gerede bringen zu lassen. Dieser junge Mann wurde später Minister im Herzogtum Celle und ein vollendeter Höfling, bedenkenfrei und ehrgeizig; er endete als Minister Georgs I. von England aus dem Hause Hannover.

Bernstorff gedachte wohl, mit Hilfe Isabelles der mächtige Mann im Land zu werden. Eines Tages erschien ein Leutnant mit einem Zug Soldaten im Schloß und wollte ihn verhaften. Bernstorff war gerade mit Briefen nach Braunschweig unterwegs. Der Leutnant erklärte Isabelle, daß sie Stubengefangene sei. Sie schickte wieder Briefe in alle Welt, nach Wien, nach Paris. Christian Ludwig bat Ludwig XIV., sie in ein Kloster zu stecken. Der König befahl, sie kommen zu lassen.

Sie kam, und es gelang ihr, denselben Christian Ludwig, der sogar die ihr geschenkten Schmuckstücke zurückgefordert hatte, so weit umzustimmen, daß er sie unbehelligt in Châtillon-sur-Loing (der Ort schreibt sich mit dem Akzent) und am Hofe leben ließ. Mitgift, Monatsgeld und die Einkünfte aus Domitz, dem zugesicherten Witwensitz, enthielt er ihr freilich vor. Doch war sie als Herzoginwitwe von Chatillon eine reiche Frau, die einmal vier Millionen hinterlassen wird.

3

Fünf Jahre nach ihrer Rückkehr, 1678, verhandelte Ludwig XIV. in Nymwegen mit Holland und dem Kaiser über den Frieden. Im nächsten Jahr diktierte er dem Kurfürsten von Brandenburg die Bedingungen zu Saint-Germain und brachte ihn um die Früchte seiner Siege über die Schweden, die der Bundesgenosse Frankreichs gewesen waren.

Da der Krieg eines Tages weitergehn würde, kam viel darauf an, neben Brandenburg auch das andere in Norddeutschland aufstrebende Haus auf die französische Seite zu ziehn, das welfische, das in Hannover, Celle, Osnabrück, Braunschweig saß. Ein Teil hatte bereits den König durch seine neutrale Haltung unterstützt, Celle und Osnabrück waren noch zu gewinnen.

Das sah auch Isabelle, und während noch in Nymwegen verhandelt wurde, schlug sie dem König vor, die beiden Fürsten aufzusuchen und zu bearbeiten, sie war ja Sachverständige für diese deutschen Dinge. Unter dem Vorwand, ihre persönlichen Angelegenheiten zu ordnen, reiste sie in der Tat im Oktober 1678 zuerst nach Osnabrück.

Osnabrück war ein Bistum, das abwechselnd von einem katholischen und protestantischen Bischof regiert wurde – im Augenblick von Ernst August. Es gab auch eine Bischofin, Sophie von der Pfalz. Ernst August erhielt später Hannover, machte es zum Kurfürstentum und wurde der Stammvater der Linie, die auf den englischen Thron gelangte. Er und Sophie hatten eine Tochter, und Isabelle dachte sich den Plan aus, dieses Mädchen mit dem Dauphin zu verloben.

Isabelle wurde vom Bischof gut aufgenommen. Er lebte patriarchalisch-üppig und betrachtete die Frauen mit Wohlgefallen, es blieb nicht beim Betrachten, Sophie war schon eine etwas verbitterte Frau.

Von Osnabrück fuhr Isabelle nach Celle. Hier regierte der Bruder des Bischofs, Georg Wilhelm, als Herzog. Seine Frau war ein hugenottisches Fräulein, Eleonore von Olbreuse, die er zuerst zur Linken oder noch unbestimmter geheiratet, dann gegen den Willen der welfischen Familie anerkannt hatte. Sein Hofstaat war fast ganz französisch, sein Luxus groß. Isabelle entledigte sich ihrer Aufgabe aufs beste. Die Aufgabe war schwer. Es handelte sich darum, den Herzog zum Verzicht auf das den Schweden abgenommene Herzogtum Bremen zu bewegen und ihn doch zum Freunde Frankreichs zu machen. Ludwig bestand darauf, daß Bremen wieder an seinen Bundesgenossen falle.

Die französischen Neigungen des Herzogs, der Celle so gut wie es ging zu einem Klein-Versailles machte, kamen den Bemühungen Isabelles entgegen. Geschenke an die Herzogin, die Ankunft französischer Gesandten taten ein übriges. Auch der Kaiser und die norddeutschen Höfe schickten Gesandte, die gegen die Herzogin von Mecklenburg arbeiteten. Das Hinundher, der unendliche Eifer, die Intrigen würden einen Band füllen. Es war ein echt barockes hochgespanntes Ereignis an einem heute verschollenen deutschen Hof. Minister in Celle war jener Bernstorff, der Isabelle die Neigung des Gatten gekostet hatte. Er enttäuschte sie, denn er nahm nicht ihre Partei, aber sie setzte sich durch und kehrte befriedigt zurück, hatte sie doch dem König zu einem günstigen Vertrag verholfen, der erst zerbröckelte, als Ludwig das Edikt von Nantes aufhob, was ihn die Gefolgschaft der protestantischen Fürsten kostete.

Das Herzogspaar reiste in die Bäder von Pyrmont, Isabelle nach Frankfurt, um am Reichsgericht zu Speyer ihren Prozeß gegen Christian Ludwig zu betreiben. Während sonst dieses Gericht Jahre und Jahrzehnte brauchte, kam sie im Handumdrehn zum Ziel. Christian Ludwig wurde verurteilt, zu zahlen.

Isabelle kehrte nach Osnabrück zurück, um die Bischofin Sophie nebst junger Tochter zu holen. Die Tochter sollte dem Dauphin vorgeführt werden. Das geschah auch, zeitigte aber keinen Erfolg, der Dauphin heiratete eine Bayerin. Sophie wurde von Liselotte, der zweiten Frau des Herzogs von Orléans, stürmisch aufgenommen, denn Liselotte hatte lange Jahre bei ihr gelebt. Liselotte stand noch in Gunst beim König, die Huld strahlte auf Isabelle zurück.

Dann kam die schreckliche Zeit der Giftprozesse, die ganz Paris verdüsterten. Isabelles Bruder, Luxembourg, wurde jedes denkbaren Verbrechens beschuldigt, des Mordes, der Falschmünzerei, des Paktes mit dem Teufel. Die vornehme Gesellschaft lebte zu unbekümmert, bei den kleinen Leuten verdichtete sich der Eindruck zu Schauermythen. Luxembourg verlangte, vor Gericht gestellt zu werden, und ging freiwillig in die Bastille, die Familie Condé wurde energisch und holte ihn heraus. Der König überreichte ihm den Marschallstab.

Das war 1681. Isabelle faßte wieder Mut, aber nun bekam sie die Pocken, die ihr Gesicht so sehr entstellten, daß es in einem Briefe heißt: »Madame de Mecklembourg sieht nicht mehr menschlich aus. Man erschrickt beim Anblick ihrer Züge. Und die ganze Wut der Krankheit hat sich auf einen Arm geworfen, der dreimal so dick wie gewöhnlich ist.«

Mit ihrer Schönheit, die Mignard gemalt hatte, war es aus. Ihr Herz erstarrte. Nur noch Geiz lebte darin. Christian Ludwig kümmerte sich weder um das Reichsgericht in Speyer noch um das Châtelet in Paris, er zahlte ihr nicht, was er ihr schuldig war, kehrte zum Protestantismus zurück und wollte sogar wieder heiraten. Da er sich nicht an einen Vertrag hielt, der den französischen Truppen den Durchzug durch sein Gebiet gestattete, sperrte der König ihn 1684 für ein paar Wochen in Vincennes ein. Freigelassen, zog er nach Hamburg, um dort seinem geschäftigen Müßiggang zu leben. Er starb 1692.

Auch der Nachfolger zahlte das Witwengut nicht aus. Es ruhte kein Glück auf diesen ausländischen Heiraten. Die Liselottes mit Philipp von Orléans stürzte die Pfalz in namenloses Leid.

Isabelle kannte nur noch das Geld. Sie verheiratete ihre Nichten mit dem reichen Sohn eines Schuhmachers und dem Bastard des letzten Grafen von Soissons, nur weil jener ihr 400 000 Livres zahlte und dieser, ein Schenkenläufer, von der Herzogin von Nemours königlich ausgestattet wurde. Es ging mit den großen Familien abwärts. Die Selbstsucht, die Geld- und Genußgier, der schrankenlose Individualismus, wie wir heute sagen würden, töteten ihre Instinkte. Die Aushöhlung dauerte noch ein Jahrhundert, dann kam der wilde, gründliche Sturm, der diese Klasse hinwegfegte.

1695 starb Isabelles Bruder. Sogar in Deutschland erschienen Flugblätter, die seinen Pakt mit dem Gottseibeiuns im Original brachten. Isabelle schloß sich ein, und wenige Tage nachher fand man sie tot auf. Man hatte sie schon vergessen. Auch ihr war es nicht gelungen, aus den Jahren der Geltung in die des Alters zu lenken – für alle diese vornehmen Damen recht eigentlich *das* Problem.

DREI STAMMÜTTER FRIEDRICHS DES GROSSEN

ELEONORE VON OLBREUSE
SOPHIE VON DER PFALZ
DIE PRINZESSIN VON AHLDEN

1

Eleonore von Olbreuse wurde am 3. Januar 1639 geboren, in Poitou, nächst La Rochelle, als Tochter des Alexandre Desmier, Herrn auf Schloß Olbreuse, und der Jacquettes Poussard von Vandré. Olbreuse ist der Lehensname, den man in den französischen Familien neben dem eigentlichen führte.

Die Desmier waren guter alter Adel, nicht weniger, aber auch nicht mehr. Liselotte von Orléans, die geborene Pfälzerin, schrieb in ihrem Hochmut, Eleonore sei von recht niederer Herkunft, und es wäre für sie schon eine Ehre gewesen, Colin, den ersten Kammerdiener des Herzogs von Orléans, zum Mann zu bekommen. Aber Eleonore wurde nicht Frau Colin, sondern durch allerlei romanhafte Umstände die Gattin eines deutschen Herzogs.

Als sie es so weit gebracht hatte, reiste ein hannoverscher Genealoge, Greiffencranz, nach Frankreich, um die Geschichte der Desmier zu studieren. Er kehrte mit dem Nachweis zurück, daß Eleonore von Karl dem Großen abstamme. Nun gilt das nach einem bekannten Wort von uns allen, aber Herr von Greiffencranz verstand, den direkten Weg von der Enkelin zum Ahnherrn zu ziehen, und Leibniz, der selber Genealoge, insbesondere der Welfen war, stimmte zu.

Die Kämpfe mit den Hugenotten waren entschieden, und La Rochelle, ihre Hochburg, hatte sich Richelieu unterworfen, als Eleonore geboren wurde. Der Zweig Olbreuse blieb dem protestantischen Glauben treu; ohne Zweifel war das der Grund, weshalb Eleonore, die um 1661 den Hof in Paris sah, keinen Fuß faßte. Sie besaß religiöse Grundsätze und hielt sich für zu gut, um Abenteuer mit Kavalieren einzugehn.

ELEONORE VON OLBREUSE

Nach Paris war sie als Ehrenfräulein der Herzogin von Thouars aus dem Hause La Trémoïlle gekommen. Die La Trémoïlle, Fürsten von Talmond, erhoben aus einer alten Verbindung mit dem Hause Aragon Ansprüche auf Neapel. Daher führte der Sohn der Herzogin von Thouars den Titel eines Fürsten von Tarento. Er heiratete 1648 Emilie von Hessen-Kassel, die Tante Liselottes von der Pfalz. Ohne diesen Umstand hätte Eleonore nicht eine Reise nach Kassel gemacht und wäre nicht eine preußische Ahnmutter geworden.

Auch die Trémoïlles waren Hugenotten. Der Herzog von Thouars sah sich in Paris nicht genug geschätzt und ging als militärischer Berater der Generalstaaten nach Holland. Das Ehrenfräulein machte die Übersiedlung mit. Holland war der Zufluchtsort aller Vertriebenen. Die durch die englische Revolution verjagten Stuart hatten ihn freilich schon wieder verlassen, da das Jahr 1660 ihnen die große Wende brachte. Auch Karl Ludwig, der Sohn des Winterkönigs, war längst als Kurfürst nach Heidelberg zurückgekehrt, und die meisten seiner Geschwister suchten ihr Glück draußen in der Welt. Geblieben war ihre Mutter, Elisabeth Stuart.

Aus Frankreich trafen immer wieder Flüchtlinge und Gegner Ludwigs XIV. ein, so Gourville, der in den Sturz Fouquets verwickelt worden war. Er hat in seinen Memoiren ein Bild vom Treiben jener Tage entworfen, vom Hofhalt der Oranier und den vielen Besuchern, die mit dieser ursprünglich nassauischen Familie verwandt waren.

Eleonore von Olbreuse wird als ein Mädchen von ausgesprochener Schönheit geschildert: hoher Wuchs, schlanker Bau, dunkle Augen, schwarzes Haar, gesunde Zähne, zarte Haut, regsamer, gern neckender, nicht untiefer Geist, Taktgefühl und ein kluger Verstand der besten französischen, wirklichkeitsnahen Art.

Aber sie hatte kein Vermögen und wurde im Winter auf 1664, als die Herzogin von Thouars ihre Verwandten in Kassel besuchte, bereits fünfundzwanzig alt. In Kassel begann die »aventure historique«, das nicht erfundene Abenteuer, um den Titel zu benutzen, den ein in ihrem Auftrag geschriebener Lebensabriß – Paris 1679 – trägt. Sie begegnete in Kassel zwei Brüdern aus dem Hause Braunschweig-Lüneburg, von denen der eine regierender Herzog war, der andere nur ein Jahrgeld zum Verzehren hatte. Beide verliebten sich in sie. Neben diesen beiden Brüdern gab es noch zwei.

Dem welfischen Fürstenhaus waren von dem großen Besitz, den es unter Heinrich dem Löwen gehabt hatte, die hannoverisch-braunschweigischen Lande geblieben. Es zerfiel zur Zeit des Dreißigjährigen Krieges in die Linien Wolfenbüttel und Lüneburg. Georg von Lüneburg, der Hannover zur Residenz machte und 1641 starb, hinterließ vier Söhne, von denen er zwei abfand, so daß seine Lande nur unter zweien geteilt wurden.

Der älteste, der Celle und Lüneburg erhielt, spielt in unserer Geschichte erst eine Rolle, als er ohne Kinder starb. Die Hauptfiguren sind der zweite Bruder, Georg Wilhelm, und der vierte, Ernst August. Der dritte Bruder, Johann Wilhelm, ist der, dem das Jahrgeld hinterlassen wurde.

Georg Wilhelm bekam beim Tod des Vaters Hannover, Calenberg und Göttingen. Ernst August nannte außer ein paar Allodialgütern nichts als die Aussicht auf das Bistum Osnabrück sein eigen. Im Westfälischen Frieden hatte man die seltsame Abrede getroffen, daß Osnabrück abwechselnd von einem protestantischen und katholischen Bischof regiert werden solle. Im Augenblick, 1658, war ein Katholik Bischof und Ernst August sein Koadjutor.

Georg zu Lüneburg † 1641

Christian Ludwig 1622–1665	Georg Wilhelm 1624–1705	Johann Friedrich 1625–1679	Ernst August 1629–1698

Georg Wilhelm war, als er Herzog von Calenberg wurde – so lautete der Titel –, siebzehn Jahre alt. Noch wütete der Große Krieg, aber den jungen Prinzen kümmerte es nicht. Die Schlachten schlug man jetzt in Sachsen, Böhmen, Süddeutschland. Er wollte sein Leben genießen, überließ die Geschäfte dem Minister Bülow, verlangte von den Ständen Geld, nichts als Geld, und ging auf Reisen. Er sah England, Frankreich, Holland, Spanien, aber am liebsten weilte er in Italien, insbesondere in Venedig, wo der Karneval die Kavaliere, Abenteurer und unternehmenden Frauen des Erdteils vereinigte.

2

Diese Reise machte der Herzog fast jedes Jahr. Wenn zu Hannover die Stände seine Rückkehr verlangten, erwiderte er, in Venedig herrsche kurze Weile, daheim nur lange. Er wurde älter, der Serenissimussinn blieb der gleiche. Als Georg Wilhelm die Dreißig überschritten hatte, mahnten die Stände, zu heiraten. Er gab nach und erinnerte sich, in Heidelberg am Hofe Karl Ludwigs – der im Zank mit seiner Hessin lebte und die schöne Luise von Degenfeld heiraten wollte – Sophie gesehn zu haben, die Schwester des Kurfürsten und von der Mutter Elisabeth her eine Stuart.

Geld hatte sie nicht, war auch schon über fünfundzwanzig und vielleicht ein bißchen kühl. Auf ihre Abstammung war sie so stolz, wie man nur sein kann, obwohl die Stuart das Brot der Verbannten aßen. Aber schön war sie und eine ungewöhnliche Frau, von großem Verstand, unheimlich regsam, gebildet – Französisch, das auch er liebte, sprach sie so fließend wie Englisch und Holländisch, die Sprache ihrer Jugend. Zurückweisen würde sie ihn, einen Welfen, nicht, vielmehr froh sein, von dem mehr als sparsamen Bruder fortzukommen.

So schickte er einen Kammerherrn voraus, und als er selbst in Heidelberg war, folgte die Verlobung. Bevor er heiratete, wollte er noch einmal den Karneval genießen und reiste mit Ernst August, dem Koadjutor, nach Venedig. Das Spiel, das Tanzen, der Maskenzauber, die Kurtisanen hatten ihn wieder. Er geriet »in einen zum Heiraten sehr ungeeigneten Zustand«. Die Briefe nach Heidelberg fielen schwerer und schwerer – ein Hundsfott, wer tut, was er nicht tun will, und er paßte nun einmal nicht zum Ehemann.

Sophie absagen, was für eine unangenehme Aufgabe. Die Hauptsache war, daß sie nicht sitzenblieb: konnte nicht der Koadjutor sie heiraten? War doch Ernst August ein geschmeidiger Kavalier, ein schöner Mensch, zwar auch leichtsinnig, aber doch anders, ein geschickter, zäher, ehrgeiziger Mann.

Alsbald sprach er mit dem Bruder. Kein Geld zum Heiraten? Das wollte er ihm geben, in Form einer Rente, damit Sophie Frau Bischof werden konnte. Ernst August sagte nicht nein, aber auch nicht ja. Wie denn, was sollte aus

Calenberg werden, wenn Georg Wilhelm keine Frau nahm und keine Kinder bekam? Gerade weil er ein Hagestolz bleiben wollte, konnte er doch Ernst August oder dessen Kinder aus der Ehe mit Sophie als Nachfolger einsetzen.

Georg Wilhelm verkaufte, ein Mensch des Affekts, für das Linsengericht des fröhlichen Zölibats die Erbfolge. Es wurde ein Vertrag gemacht, wonach die Söhne Ernst Augusts den Thron besteigen sollten, wenn Georg Wilhelm starb, und Georg Wilhelm sich ausdrücklich verpflichtete, nie zu heiraten.

Es wäre ein Schimpf für jede andere Prinzessin gewesen, so verhandelt zu werden. In den alten Zeiten wäre ein düsteres Epenmotiv aufgesprungen; das verratene Mädchen hätte den Ersatzmann geheiratet und an beiden Männern Rache genommen. Sophie in Heidelberg dachte moderner. »J'étais trop fière pour en être touchée« – ich war zu stolz, um mich berührt zu fühlen, schreibt sie in ihren Memoiren.

Hätte sie nicht angenommen, so wäre sie ein im Stich gelassenes Mädchen von achtundzwanzig gewesen, ohne Aussicht, noch einen anderen Mann zu finden. Die Möglichkeit, Herzoginmutter zu werden, war nicht viel, aber wer wußte, was noch alles kam? Sie sprach mit kühlen Worten aus, ihr Sinn habe immer nur nach einem vernünftigen Unterkommen gestanden.

So war allen geholfen, und Sophie heiratete 1658 Ernst August – der nicht ahnte, was für eine gute Partie er machte. Schon 1660 konnten die Stuart sich wieder für die erste unter den königlichen Familien halten, nachdem Sophies Vetter, Karl II., König von England geworden war. Ein Jahr nach diesem Ereignis starb der katholische Bischof von Osnabrück. Ernst August, der protestantische Nachfolger, schlug seine Residenz in Iburg am Teutoburger Walde auf.

Die beiden Brüder kamen oft zusammen. Man jagte, spielte und ergötzte sich in der Natur. Venedig war nun fern, und Georg Wilhelm fand die Frau, die er abgetreten hatte, wieder aller Reize voll. Sie mußte zwischen den eifersüchtigen Herren ausgleichen, der hemmungslose Georg Wilhelm wurde lästig, und sie war froh, als sich eine Gelegenheit bot, ihn abzulenken. Er brauchte eine Frau, die ihn beschäftigte, ohne für die Hauspolitik gefährlich zu werden.

Bei einem Besuch in Kassel lernte er die beiden Ehrenfräulein kennen, die mit der Herzogin von Thouars aus Holland gekommen waren, die Damen Olbreuse und La Mothe. Eleonore Olbreuse gefiel ihm besser, und er machte ihr, die Zurückhaltung zeigte, den Hof. Das tat auch Johann Friedrich, der dritte der Brüder. Das Draufgängerische lag dem massigen, wenig entschlußkräftigen Mann nicht, und daß er katholisch geworden war, mochte in den Augen der Hugenottin kein Vorteil sein.

Die Herzogin von Thouars und die Ehrenfräulein kehrten nach Holland zurück. Als Sophie im Februar 1664 in Kassel eintraf, auf der Reise nach Italien begriffen, hörte sie viel von der Schönheit der zwei Französinnen reden und lud sie schriftlich ein, sie in den Süden zu begleiten. Eleonore lehnte ab, ihre Freundin nahm an.

Feuer hatten beide Brüder gefangen, aber sie zeigten es auf verschiedene Weise. Johann Friedrich, der auch nach Italien reiste, schrieb Briefe; Georg Wilhelm, immerhin ein regierender Herzog, begab sich nach dem Haag und führte seine Sache selbst. Johann Friedrich bot Eleonore eine Anstellung bei seiner künftigen Frau an, was nicht eben viel war, da er noch drei Jahre mit dem Heiraten wartete. Eleonore erwiderte ihm zunächst einmal, sie könne nach Italien kommen, wo ja Sophie weilte. Die Herzogin von Thouars kränkelte, und Johann Friedrich konnte Eleonore vielleicht behilflich sein, wenn sie sich nach einer neuen Stellung umsehn mußte.

Ihre Neigung besaß freilich Georg Wilhelm. Aber sie leistete ihm einen ungewöhnlichen Widerstand, so eifrig er sich auch um sie bemühte, ein bereits vierzigjähriger Mann. Er folgte ihr nach Breda, wohin man vor der Pest geflohn war, wandte sich gelegentlich einer andern zu und kehrte zum Hugenottenfräulein zurück. Es hieß, daß er ihrem Vater eine morganatische Verbindung vorgeschlagen und auch die Herzogin von Thouars dafür gewonnen habe. Als Eleonore in den ersten Tagen des neuen Jahres 1665 sechsundzwanzig alt wurde, gab er ein Fest im Haag und schenkte ihr ein Medaillon mit seinem Bildnis. Alles in allem war er wie ein Jüngling verliebt.

Die hannoverschen Stände zeigten sich mehr als unzufrieden über seine Abwesenheit. Da starb im März der älteste Bruder, dessen Hauptlande Celle und Lüneburg waren. Georg Wilhelm erhielt die überraschende Nachricht, daß

Johann Friedrich, der Herzog ohne Land, sich dieser Gebiete bemächtigt habe. Georg Wilhelm eilte nach Hannover, tat sich mit Ernst August zusammen und rüstete. Frankreich und Schweden, die Garanten des Westfälischen Friedens, mischten sich ein. Der Vergleich vom September verhalf Johann Friedrich zu Calenberg, Hannover, Göttingen, so daß Hannover nun die Residenz eines katholischen Fürsten war.

Als Ersatz für Hannover bekam Georg Wilhelm Celle. Er nannte sich fortan Herzog zu Celle. Für Ernst August fiel nur die Grafschaft Diepholz ab, doch war das der Anfang eines weltlichen und dauernden Besitzes. Wer weiß, was die Zukunft noch alles bringen mochte, tröstete sich Sophie, die an den Erbvertrag mit Georg Wilhelm dachte. Den Erbprinzen hatte sie schon geboren.

Georg Wilhelm vergaß Eleonore auch während der Trennung nicht. Sie saß ziemlich verlassen in Herzogenbusch, da die Herzogin von Thouars gestorben war. Um so weniger Schwierigkeiten wird sie machen, dachte Sophie und lud die Französin nach Iburg ein. Schon im September konnte sie Ernst August berichten, die Olbreuse habe den Vorschlag, bei ihr Hofdame zu werden, angenommen.

Fräulein von La Mothe fuhr in sechsspänniger Karosse nach Holland, um Eleonore und eine Begleiterin zu holen. Die Karosse kehrte mit drei Damen zurück.

3

So hatte Eleonore fürs erste eine Unterkunft, sie war Hoffräulein bei der Bischofin von Osnabrück. Sophie fand, daß man nicht übertrieben habe: sie sei sehr schön, sehr taktvoll und halte sich zurück. Auch Karl Ludwig von der Pfalz, der zu Besuch kam, stellte fest, daß sie nicht den Begriffen entspreche, die man von der französischen Koketterie habe.

Aber die hübsche Hugenottin war nicht gekommen, um Hoffräulein zu werden. Die gesamte Familie und der Hofstaat verhandelten über die Frage, unter welchen Bedingungen sie sich dem Herzog von Celle ausliefern könne. Jedes Jahrhundert hat seine eigenen Sitten, und das Beispiel Ludwigs XIV. wirkte bereits weithin.

Eleonore verlangte zunächst Heirat, das Ganze. Die Nichtebenbürtigkeit und der Vertrag mit Ernst August standen entgegen. Nicht einmal die morganatische Trauung, die er doch schon angeboten hatte, bewilligte Georg Wilhelm, ohne Zweifel unter dem Einfluß Sophies, die sich darauf nicht einließ.

Sie war es, die das Mädchen hatte kommen lassen, die Bedingungen machte sie.

Der Dame aus Poitou, wie Sophie später verächtlich sagte, blieb keine große Wahl, kaum eine andere, als nach Olbreuse zurückzukehren, wo der Vater eine zweite Frau genommen hatte. Sie war Georg Wilhelms ziemlich sicher, empfand auch Neigung für ihn, und so mochte sie wie Sophie denken, mit der Zeit komme auch der Rat.

Sophie sprach von einer Gewissensehe, die, wenn nicht vor den Menschen, so doch vor Gott gelte. Es wurde ein Vertrag aufgesetzt, worin der Herzog von Celle versprach, Eleonore nie zu verlassen, ihr jährlich 2000 Taler und nach seinem Tod eine Rente von 6000 zu gewähren. Als Garanten unterzeichneten Ernst August und Sophie.

Am 12. November 1665 schrieb Sophie ihrem Bruder nach Heidelberg: »Die Gewissensehe ist nun bekannt, obwohl die Vollziehung in aller Stille vor sich ging.« Es gab weder eine kirchliche Einsegnung noch eine Hoffeier. Vor den Leuten war Eleonore nichts als die Mätresse des Herzogs. Er verlieh ihr den Titel einer Frau von Harburg, der schon früher in der Familie geführt worden war. Zufriedener als Sophie konnte niemand sein.

Die Verbindung ließ sich glücklich an. Eleonore nannte sie in ihren Briefen Ehe. Der Herzog, der sich die Hörner abgelaufen hatte, behandelte seine Frau als aufmerksamer Kavalier, und das Bischofspaar bezeigte ihr alle Ehren. Die Französin erwies sich als gute Hausfrau, die auf das Silber, die Leinenkammer und die Dienerschaft achtete. Sie war klug und vermied Intrigen, gab sich natürlich und gewann die gute Meinung der armen Leute – zu Celle konnte man Zeuge einer Idylle sein. Georg Wilhelm holte ihren Rat in den öffentlichen Angelegenheiten ein, und was die Stände nicht erreicht hatten, das erreichte das Mädchen aus der Fremde: er war seßhaft geworden, und dazu noch in Celle, das damals alles andere als eine reizvolle Gegend war.

Er ließ das Schloß umbauen, um es wohnlich zu machen.

Überdies wurde er nun, was man auch nicht erwartet hatte, ein tüchtiger Regent, der nicht verschwendete und den Wohlstand des Landes hob. Mätressenwirtschaft konnte man diese Zustände nicht nennen. Es war eine Entwicklung, die Sophie mit steigender Sorge betrachtete.

Sie hatte die Französin zum *amusement* des Schwagers kommen lassen, nicht aber um vorzumachen, wie man in einer guten Ehe leben muß. Ihre eigene brachte viel Bitterkeit. Ernst August ging seine privaten Wege, die ihn noch öfter nach Venedig führten oder nach Rom, wo er schon anno 64 bei der Fürstin Maria Colonna eine Menge Geld im Spiel gelassen hatte. Was Johann Friedrich in Hannover betraf, so heiratete er Benedikta von der Pfalz, eine Tochter Annas von Gonzaga-Nevers.

Georg Wilhelm unterhielt gute Beziehungen zu Ludwig XIV., der einen Gesandten an seinem Hof besoldete. Bei den Truppen dienten französische Offiziere, ein Desmier wurde Oberstallmeister. Die Hofsprache war Französisch.

1666 gebar Eleonore eine Tochter, Sophie Dorothee, die Großmutter Friedrichs des Großen. Mit dieser Geburt hatte Sophie nicht gerechnet, vielmehr wie alle Welt geglaubt, der Lebemann Georg Wilhelm sei zeugungsunfähig. In der Folge sah sie, daß er das Kind wie ein legitimes aufzog und in dem Maße, wie es heranwuchs, Verantwortungsgefühlen zugänglich wurde.

Eleonores Stellung befestigte sich. Wer etwas beim Herzog zu erreichen wünschte, suchte ihre Huld durch Ehrerbietung zu gewinnen. War sie bislang beim Empfang von Fürstlichkeiten noch nicht erschienen, so trat 1671 eine Wendung ein. Die welfischen Herzöge reisten nach Altona zur Begrüßung der Königin von Dänemark, die ihre mit dem simmernschen Erbprinzen verlobte Tochter nach Heidelberg brachte: die Frau von Harburg nahm an der Tafel der Königin Platz.

Seit einem Jahr war in Celle Kanzler der Baron von Schütz, ein diplomatischer Kopf, der am raschesten Erfolg zu haben glaubte, wenn er sich den Plänen Eleonores zur Verfügung stellte. Sophie haßte ihn. Schütz arbeitete daran, seinen Herrn von jenem Vertrag zu befreien, der ihm das Heiraten verbot. Schütz stellte die Liebe des Herzogs zu seinem Töchterchen in die Rechnung ein.

In Braunschweig lebte der jüngere Bruder des regierenden Herzogs Anton Ulrich. Die Literaturgeschichte kennt ihn als Mitglied der Fruchtbringenden Gesellschaft und Dichter von geistlichen Liedern und zwei Romanen, die Kunstgeschichte als Sammler von Gemälden. Damals war er nichts als ein verschuldeter Prinz. Er wurde auf die Reichtümer des Vetters von Celle aufmerksam und schlug ihm vor, die sechsjährige Sophie Dorothee mit seinem Sohn, August Friedrich, zu verloben. Das Hindernis, die uneheliche Geburt, könne durch einen Gnadenakt des Kaisers beseitigt werden. Der Kaiser verlieh in solchen Fällen das Recht, das Wappen des Vaters ohne Querbalken zu führen.

So geschah es auch. Das Wiener Patent kostete eine beträchtliche Summe. Der Kaiser verlieh Eleonore den Titel einer Gräfin von Wilhelmsburg, und die Kaiserin schickte den nur an Fürstinnen verliehenen Orden der Tugend, genauer der Sklavinnen der Tugend. Der Haß Sophies war schon lange offensichtlich, gegen Mutter und Kind. Um sie zu schützen, bat Georg Wilhelm den König von Frankreich, im Notfall seiner früheren Untertanin eine Zuflucht zu gewähren.

Ludwig XIV. willigte ein. Die Politik drängte den Herzog freilich auf die kaiserliche Seite. Er führte die Truppen des niedersächsischen Kreises dem Heere zu, das im Elsaß gegen Turenne kämpfte, und war ein Jahr später wesentlich an der Rückeroberung von Trier beteiligt.

Er ging einen Schritt weiter, um die Zukunft seiner Tochter zu sichern. Er verlieh ihr das Recht, Namen und Wappen einer Prinzessin des Hauses zu führen, falls sie sich mit einem Prinzen verlobe. Der letzte Schritt bestand in der nachträglichen Heirat mit Eleonore. Die Verhandlungen fielen ins Jahr 1675. Der Bischof von Osnabrück machte seine Zustimmung davon abhängig, daß der Bruder den Erbvertrag erneuerte und die Stände des Herzogtums Celle ihm, Ernst August, huldigten, wenn Eleonore einen Sohn zur Welt bringen sollte.

Die neue Abmachung wurde unterzeichnet, der Kaiser bestätigte sie, Georg Wilhelm kehrte aus dem Feld zurück, und Eleonore schrieb an die Herzogin von Mecklenburg, geborene Montmorency, verwitwete Coligny: »Sie können sich denken, mit welchem Stolz ich den Herzog bei seiner

Rückkehr in die Arme schließen werde.« Sophie hingegen hatte, um Eleonore zu verwunden, geschrieben, die Truppen des Bischofs von Osnabrück hätten an der Mosel ihre Schuldigkeit getan, nicht aber die des Herzogs von Celle.

Georg Wilhelm schaffte Verlobungsringe an und feierte im April 1676 zwischen zwei Belagerungen – Stade und Bremervörde, die schwedisch waren – die kirchliche Vermählung mit der zur Prinzessin erhobenen Eleonore, die sich in andern Umständen befand, und die Verlobung der nun zehnjährigen Tochter mit August Friedrich von Braunschweig. Eleonore wurde in die Kirchengebete aufgenommen, und der kaiserliche Gesandte redete sie »Durchlauchtigste Herzogin« an.

Eleonore hatte alles erreicht, was sie wünschen konnte, es sei denn die Geburt eines Sohnes. Aber das Kind, das sie im Sommer gebar, starb sofort, wie bereits zwei andere. Die Niederkunft brachte sie selbst an den Rand des Grabes. Fortan kam die Mutterschaft nicht mehr für sie in Betracht. Georg Wilhelm blieb der Gewissenskonflikt erspart, der sich eingestellt hätte, wenn er gezwungen worden wäre, auf Grund eines leichtfertig gegebenen Versprechens einen Sohn seines Erbrechtes zu berauben.

4

Das Haus Braunschweig-Lüneburg war im Aufstieg begriffen. Die fremden Beobachter stellten fest, daß die Gebiete, die den drei Brüdern unterstanden, vereinigt einen Staat ergeben müßten, dem keine geringere Bedeutung als dem gleichfalls aufstrebenden Brandenburg zukomme. Die deutsche Geschichte würde vielleicht eine andere, welfische Richtung genommen haben, wenn die Herzöge von Hannover nicht Könige von England geworden wären und ihre Stammlande nur nebenher verwaltet hätten.

Bis 1679 hatte Celle die Führung. Es war die Zeit des holländischen Krieges, an dem das Reich teilnahm. Schweden entlastete das verbündete Frankreich durch einen Angriff auf Brandenburg. Der Große Kurfürst verließ den rheinischen Schauplatz, gewann die Schlacht von Fehrbellin und vertrieb die Schweden aus Pommern. Georg Wilhelm von

Celle benutzte die Gelegenheit, um das schwedische Herzogtum Bremen wegzunehmen. Seine Truppen halfen auch, Stralsund zu erobern.

Bei den Friedensverhandlungen von 1678 spielte er eine beachtliche Rolle. Eleonore stand in dauernder Verbindung mit dem Marschall von Estrades, einem der französischen Vertreter auf dem Kongreß in Nymwegen, und Ludwig XIV. schickte Unterhändler nach Celle. Es galt den schwedischen Bundesgenossen zu schonen und die Forderungen Georg Wilhelms herabzusetzen.

Als das gelang, machte Ludwig XIV. Eleonore Diamanten zum Geschenk. Sophie erklärte, für die Dame aus Poitou hätte ein Ring im Wert von 2000 Talern genügt. Georg Wilhelm erwiderte aufgebracht, ein vom König von Frankreich ausgezeichnetes Fräulein aus Poitou sei ihm lieber als die Tochter eines Scheinkönigs, womit er den Winterkönig meinte. Die alte Freundschaft mit dem Bruder und der Schwägerin war auf dem besten Weg, sich in das Gegenteil zu verwandeln. Seit der Verlobung der Tochter mit dem Wolfenbüttler stand der Herzog zwischen den beiden welfischen Linien. Da verlor der Bräutigam noch im gleichen Jahre 1676 bei der Belagerung von Philippsburg am Oberrhein das Leben.

Die Vertreter, die Georg Wilhelm in Wien, London und Warschau unterhielt, besaßen Gesandtenrang. Er schickte seinen Oberhofmarschall nach Paris und ersuchte auch dort darum. Auf die Periode der guten Beziehungen zu Frankreich folgte die der schlechten. Sie begann 1681 mit der Wegnahme Straßburgs und erreichte 1685 den Höhepunkt, als das Edikt von Nantes aufgehoben wurde. Ins Herzogtum ergoß sich ein Strom von Hugenotten und vermehrte die Zahl der mit Franzosen besetzten Stellen im Heer, in der Beamtenschaft und am Hofe.

Eleonore gründete die reformierte Gemeinde in Celle und unterhielt sie aus eigenen Mitteln. Überall begegnete man den tönenden und meist guten Namen des französischen Adels. Die Hofdamen Eleonores hießen Olbreuse, La Mothe-Fouqué, Beauregard, La Roche-Giffard. Durch Heiraten kam viel französisches Blut in die einheimischen Familien. Feldmarschall Chauvret, Sohn eines Schmiedes, arbeitete sich aus eigener Kraft herauf.

Eleonores ältere Schwester heiratete Heinrich V. von Reuß, den Liselotte in ihrer pittoresken Sprache »ein heßlicher schatz, ein großer dicker grober esel« nennt. Doch endete diese Ehe mit einer Scheidung. Bei einer Festtafel stellte man fest, daß sämtliche Eingeladenen Franzosen waren, und einer von ihnen meinte zu Georg Wilhelm: »Man könnte sagen, daß Euer Durchlaucht der einzige Ausländer hier seien.«

Für den Vertreter am französischen Hof, Boucœur, verlangte Georg Wilhelm im Jahre der Aufhebung des Edikts von Nantes die Erlaubnis, seine Güter verkaufen und das Land verlassen zu dürfen. Ludwig XIV. verweigerte sie und schickte den Hugenotten in die Bastille. Der Einfluß des Königs in Celle nahm ab, der seines gefährlichsten Gegners, des Oraniers, zu.

Das Jahr 1679 brachte in der Geschichte der lüneburgischen Lande die entscheidende Wendung. In Hannover starb Johann Friedrich und hinterließ nur drei Töchter (deren eine später den römischen König, Joseph, heiratete und Kaiserin wurde). Die Länder des Herzogtums Hannover fielen an Ernst August. Celle gab die Führung ab. Es mußte, dank dem unglücklichen Vertrag, mit dem Tode Georg Wilhelms gleichfalls Ernst August zufallen. Sophie empfand mit Genugtuung, daß die Zukunft ihr, nicht Eleonore, gehörte. Um ganz sicher zu gehn, war nur noch dafür zu sorgen, daß die Tochter Eleonores niemand heiratete, der eines Tages Schwierigkeiten machte.

Eleonore erzog das hübsche, lebhafte, sensible Kind nach Ideen, die nicht denen des Jahrhunderts und nicht denen der Umwelt entsprachen. Es waren romantische Ideen, oder großbürgerliche vom Ende des neunzehnten Jahrhunderts. Die Unterweisung ließ der kleinen Persönlichkeit freies Spiel, vermittelte nicht nur viel Bildung, sondern auch natürliches Empfinden. Sophie Dorothee hatte die Liebe der Eltern vor Augen, und man sagte ihr, auf Liebe komme es in der Ehe an. Eleonore, die glücklich verheiratet war, was nicht viele Fürstinnen von sich sagen konnten, hatte ein Ideal und gab es an die Tochter weiter. Das war alles gut und schön, vorausgesetzt, daß man unter den Fürsten des Barock den weißen Raben fand, der dieses Mädchen zu schätzen verstand.

Liselotte, die wußte, wie es in der Welt der Männer und der

Prinzen zuging, schlug die Hände über dem Kopf zusammen und ließ sich in einem Brief von 1685 an Sophie folgendermaßen vernehmen: »Wie kan die Hertzogin von Zelle glauben, daß ihre dochter nicht unglücklich werden würde mitt solchen maximen, wie sie [Eleonore] sie erzogen hatt! Den[n] welchen Herrn findt man in der welt, so allein seine Gemahlin liebt und nicht was andreß [eine Mätresse] dabei hatt... Ihrer dochter unglück wirdt ihr dieße wahrheiten nur gar zu viel lernen [lehren].«

Prophetische Worte, diesmal traf die Herzogin von Orléans den Nagel auf den Kopf. Man durfte ein Mädchen wie Sophie Dorothee nicht unter dem Gesichtspunkt der Staatsräson verheiraten, Eleonore durfte es nicht. Von dem wohlgemeinten Gedanken ausgehend, daß eine Verbindung Sophie Dorothees mit dem ältesten Sohn Ernst Augusts und Sophies nicht nur den Haß der Frauen aus der Welt schaffen, sondern auch die Einheit der lüneburgischen Lande herstellen werde, regte Georg Wilhelm Besprechungen in Hannover an, trotzdem sich andere Bewerber, ein Schwede, ein Nassauer, ein Däne, fanden.

Wenn Eleonore, wie man annehmen möchte, widersprach, hatte sie keinen Erfolg. Der Welfe und der Potentat in Georg Wilhelm bestimmten, was zu geschehn habe. Eleonore erlitt eine Niederlage. Nach dem Eheglück erlebte sie die Krise. Mit der Schönheit und der Jugend nahm auch der Einfluß ab.

In Hannover ahnte man noch nichts von der englischen Revolution, die 1688 die katholischen Stuarts hinwegfegte und nur noch die protestantischen für thronfähig erklärte. Schwerlich wäre man auf den Vorschlag aus Celle eingegangen.

Es fiel Sophie nicht leicht, ihren Sohn mit der Tochter der Dame aus Poitou zusammenzugeben. Jedoch als Realistin schrieb sie: »Es ist eine bittere Pille, aber wenn sie mit hunderttausend Talern vergoldet wird, schließt man die Augen und schluckt sie.« Georg Wilhelm hatte nur eine Rente von fünfzigtausend Talern geboten, Sophie verhandelte.

Ernst August und Georg Wilhelm waren sich einig. Sie hatten immer gut miteinander gestanden. Die Entfremdung ging vor allem Georg Wilhelm wider das Gefühl, er war dem Bruder nahezu hörig. Das fürstliche Dioskurenpaar nannte sie Leibniz, den noch Johann Friedrich als Rat und Bibliothekar nach Hannover gerufen hatte. Jetzt genoß er das Vertrauen Sophies, die geistige Interessen hatte. Sie teilte seine Lieblingsidee, nicht nur die Union der protestantischen Bekenntnisse, sondern auch die Wiedervereinigung mit der alten Kirche anzustreben. Im Hannoverschen lebte der protestantische Theologe Molanus, der mit Leibniz und Bossuet Briefe in dieser Angelegenheit wechselte. Dafür wiederum zeigte Eleonore Interesse.

Hatten sich Ernst August und Sophie zuerst bitten lassen, so betrieben sie nun, 1682, die Verlobung, als der nassauische Bewerber sich schon so sicher fühlte, daß er in Paris Kleider und in Amsterdam Juwelen bestellte. Der Sohn Sophies hieß Georg Ludwig und war zweiundzwanzig Jahre alt. Er machte das finsterste Gesicht von allen zu dieser Verbindung, in der sein deutscher und fürstlicher Hochmut eine Mésalliance sah. Er war nicht das, was man sich unter einem jungen Mann vorstellt, sondern kränklich, schwunglos, kühl wie die Mutter – einer der Menschen, bei denen nicht ein einziger sympathischer Zug versöhnt.

Georg Wilhelm gab dem Schwiegersohn eine Rente von 50000 Talern und ein Kapital von 150000, außerdem den Anspruch auf die von Holland und Spanien geschuldeten Subsidiengelder – damals begannen die Reichsfürsten, ihre Landeskinder zu vermieten. Die Lüneburger galten als das reichste deutsche Haus. Die Vermählung erfolgte im Dezember 1682 zu Celle, ohne Pompentfaltung. Noch im gleichen Monat siedelte das Paar nach Hannover über, was nichts anderes hieß, als daß Eleonore ihr Kind der Rivalin Sophie auslieferte.

Der Erbprinz Georg liebte, was Frauen betraf, Abwechslung. In diesem Punkt stimmte er mit seinem Vater überein, der in Hannover den Karneval von Venedig einführte. Es ging bei diesen Vergnügungen recht locker zu, sehr im Gegensatz zu Celle, wo Eleonore für den Anstand sorgte. Georg blieb Sophie Dorothee fremd. Auch ohne den Makel der Geburt wäre sie ihm nicht näher gekommen. Er war verschlossen, immer darauf bedacht, niemand Einfluß auf sich einzuräumen. Nach Liselotte ging eine Kälte von ihm aus, die alles in seiner Umgebung zu Eis erstarren ließ. Er besaß keine Illusionen, und die junge Frau, die mit sechzehn heiratete, war in Träumen von Liebe, Treue, Zärtlichkeit groß geworden.

Mit siebzehn gebar sie ihren ersten Sohn. Vor, während und nach der Niederkunft lebte sie einsam in ihren Gemächern, der Erbprinz kümmerte sich kaum um sie. Der Schwiegervater und Onkel war freundlich zu ihr, aber das ist wenig, wenn man die Schwiegermutter und den Gatten gegen sich hat. An den vielen Jagden fand sie kein Vergnügen, eher an den Theateraufführungen. Die Brüder hielten sich eine französische Truppe gemeinsam.

Im Winter 1685 reisten Vater und Sohn nach Venedig. Sophie Dorothee begleitete sie. Die italienischen Sitten waren die freisten der Welt. Eine Frau, die nicht von ihrem ersten, zweiten, dritten Anbeter begleitet war, fiel aus dem Rahmen. In Hannover entrüstete sich Sophie, in Saint-Cloud Liselotte bei der Nachricht, daß Sophie Dorothee in Venedig die Huldigung einiger Prinzen angenommen habe. Im nächsten Jahr führte Georg sein Kontingent nach Ungarn, das der Kaiser den Türken abzunehmen begann. Als er zurückkehrte, gebar Sophie Dorothee ihr zweites Kind, das ihre Namen erhielt.

Georg zeigte sich öffentlich mit seinen Favoritinnen. Melusine von der Schulenburg machte später in England als Herzogin von Kendale von sich reden. Andere waren die Gräfin Kielmannsegg und die jüngere Gräfin Platen. Ihre Mutter, eine geborene Meysenbug, hatte alle Macht über ihn. Sophie Dorothee besaß nicht den geringsten Einfluß am Hof. Ihre bitteren Bemerkungen, so die, daß sie jede Marquise in Versailles beneide, wurden hinterbracht und verspottet.

5

Das Jahr 1692 trug Ernst August den Kurhut ein, genauer die eigenmächtige Verleihung durch Kaiser Leopold, der die übrigen Kurfürsten nicht befragte. Die Kurfürsten, und nicht nur sie, erhoben Einspruch. Ein eigens zur Abwehr gegründeter Fürstenbund wandte sich an Frankreich, mit dem der Kaiser wieder im Kriege lag. Es dauerte noch lange, bis Ernst August ins Kurfürstenkollegium aufgenommen wurde, aber das Ziel war erreicht. Der pfälzische Krieg verhalf ihm dazu, wie neun Jahre später der spanische dem Kurfürsten von Brandenburg zur Königskrone – beide Male war der Kaiser auf die Hilfe dieser norddeutschen Militärmächte angewiesen.

Der neue Kurfürst führte die Primogenitur ein. Von fünf jüngeren Söhnen empörte sich Maximilian und fand auswärtige Unterstützung. Die Fäden liefen durch die Hand des Oberjägermeisters von Moltke. Ernst August ließ ihn verhaften. Moltke machte einen Fluchtversuch und wurde wegen Hochverrats im Sommer 1692 enthauptet. Ernst August war ein sehr menschlicher Mann, aber wer in diesem Zeitalter die Rechte eines Fürsten bedrohte, erfuhr, daß man unbarmherzig zuschlagen konnte. Auch Sophie Dorothee sollte es erfahren.

Die Königsmarck waren ein altmärkisches Geschlecht, seit der Mitte des Jahrhunderts Grafen. Im Dreißigjährigen Krieg trat Hanns Christoffer von Königsmarck aus kaiserlichen Diensten in die Gustav Adolfs über und wurde einer dieser schwedischen Generale, die kreuz und quer zogen, überall Schrecken verbreitend. Noch im letzten Jahr des Krieges verheerte er mit Turenne Bayern. Eine seiner Enkelinnen war Aurora, eine andere heiratete als Gräfin Löwenhaupt nach Schweden. Der Bruder dieser Damen wiederum, Graf Philipp, trieb sich als vornehmer Abenteurer in England, Hamburg, Flandern herum. In Hannover finden wir den Sechsundzwanzigjährigen 1691 als Oberst eines Regiments. Der englische Gesandte in Dresden warnte seinen Kollegen in Hannover, Königsmarck sei ein Wüstling.

Er war zum mindesten ein leichtsinniger Kavalier im Stil der Zeit, vermutlich eine ebenso blendende Erscheinung wie seine schöne Schwester Aurora (deren Vorname ein Jahrhundert später auf ihre illegitime Urenkelin, die Schriftstellerin George Sand, überging). Als in der Oper zu Hannover Feuer ausbrach, rief Königsmarck, wie Leibniz berichtet: »Man rette die Kronprinzessin«, hielt in der Dunkelheit die Kurfürstin von Brandenburg für Sophie Dorothee, erkannte den Irrtum und ließ jene stehn, um nach der Frau, die er liebte, zu suchen. Dieser Vorfall trug sich 1692 zu.

Zwei Jahre später sollte er als General nach Dresden gehn. Er verdoppelte seine Aufmerksamkeiten und besuchte Sophie Dorothee täglich. So leicht es an einem Hofe war, sich mit einer der Damen einzulassen, so schwer, mit der Fürstin selbst. Man hat allen Anlaß anzunehmen, daß die Umgebung, der Erbprinz, Sophie sich stellten, als bemerkten sie nichts, um das Paar zu verderben. Die Gräfin Platen, die Frau des Ministers, war ohne Zweifel im Komplott.

Um diese Zeit überließ man sich in Hannover bereits großen Plänen oder Träumen. 1688 war der katholische Jakob II. nach Frankreich geflohn, als der Mann seiner protestantischen Tochter Maria, Wilhelm von Oranien, landete. Das Parlament hatte dann auf ewige Zeiten die katholischen Mitglieder der Familie Stuart ausgeschlossen. Die Ehe des neuen Königs blieb kinderlos. Anna, die Schwester Marias, gleichfalls protestantisch und mit einem dänischen Prinzen verheiratet, brachte wohl ein Kind nach dem andern zur Welt, im ganzen dreizehn, aber nur eines war noch am Leben. Wer folgte auf Anna, wenn auch dieser Sohn starb? Die letzte protestantische Stuart nach ihr war Sophie von Hannover.

Die Ansprüche des vertriebenen Jakob und seiner beiden Kinder auf den englischen Thron wurden nur von Ludwig XIV. unterstützt, er erkannte Wilhelm von Oranien nicht an. Darüber mußte der Ausgang des Krieges entscheiden, der als der pfälzische begonnen, aber längst Europa einbezogen hatte.

Ob Sophie und ihr Sohn Georg schon so weit dachten, daß sie fürchteten, der Makel der Geburt, der Sophie Dorothee in ihren Augen anhaftete, könne eines Tages den englischen Aussichten schaden, bleibe dahingestellt. Es genügt, daß der Fall Königsmarck ihnen die Möglichkeit bot, die junge Frau derart auszuschalten, daß alles Unrecht auf ihrer Seite war: weder die Mitgift mußte zurückgegeben werden, noch wurden die Ansprüche auf Celle bedroht. Eine Scheidung, die Sophie Dorothee den Weg zu einer zweiten Ehe verlegte, war das ideale Mittel. Man bezweifelt heute nicht mehr, daß das Verhältnis zwischen Sophie Dorothee und Königsmarck sich zum mindesten so weit entwickelt hatte, daß sie auf den Vorschlag des Grafen, sie bei seiner Abreise nach Dresden zu entführen, einging.

Im Sommer 1694 fuhr der Erbprinz nach Berlin, worauf Sophie Dorothee ihren Vater in Celle besuchte und ihn anflehte, ihr die Trennung von Georg zu ermöglichen. Georg

Wilhelm wies die Tochter ab. Wenn Eleonore bereit war, ihr zu helfen, drang sie nicht durch. Sophie Dorothee kehrte nach Hannover zurück.

Am 1. Juli machte Königsmarck seinen Abschiedsbesuch bei ihr. Kein Hindernis: man ließ ihn ein, man ließ ihn bis in die späten Abendstunden mit ihr allein. Als er fortging, verhaftete man ihn entweder direkt und schaffte ihn an einen Ort, wo sein Schicksal sich erfüllte, oder eine Wache trat ihm in den Weg, er setzte sich zur Wehr und wurde erstochen.

Es ist wahrscheinlicher, daß man die Absicht hatte, ihn als Belastungszeugen zu benutzen. Wenn die Großen einen Druck ausüben, finden sich immer Richter, die willig sind. In Hannover zeigte man noch lange einen Kratzer an der Wand eines Korridors: der Degen des Grafen habe ihn hervorgebracht. Saint-Simon berichtet, daß er ins Gefängnis geführt worden sei. Wie immer der Vorgang sich abgespielt haben mag, Tatsache ist, daß Königsmarck spurlos verschwand und die Sonne nie an den Tag gebracht hat, was mit seinem Leichnam geschah. Als der Gatte Sophie Dorothees aus Berlin zurückkehrte, war alles vorüber.

Schriftliche Belegstücke wurden vernichtet, auch in Celle. In den Protokollen des Geheimen Rates von Celle fehlt der Jahrgang 1694, in der Korrespondenz Sophies mit Liselotte die Zeit vom 8. Juli bis 18. November. Die Prozeßakten wären unbekannt, wenn nicht eine Abschrift, die der Anwalt Sophie Dorothees heimlich nahm und zu verbergen wußte, eines Tages zum Vorschein gekommen wäre. Auch Briefe der Räte an ihre Verwandten oder Freunde tauchten auf, als im Anfang des neunzehnten Jahrhunderts der Herzog von Cambridge als Vizekönig von Hannover diese alte Tragödie aufzuhellen trachtete.

Ferner war Königsmarck so vorsichtig gewesen, die Briefe, die er mit Sophie Dorothee gewechselt hatte, seiner Schwester Löwenhaupt zu übergeben, die sie nach Schweden brachte. Die Briefe fielen zuletzt der Universität Lund zu. Lange hielt man sie für eine Fälschung – sie scheinen echt zu sein und lassen keinen Zweifel darüber bestehn, daß die Beziehung Sophie Dorothees zu Königsmarck ein Liebesverhältnis war.

Fräulein von dem Knesebeck, die Vertraute der Kurprinzessin, leugnete freilich, obwohl mit der Folter bedroht, jede sträfliche Beziehung: Königsmarck sei niemals nächtlich bei Sophie Dorothee gewesen. Ein Rest von Briefen, den man beschlagnahmte, enthielt auch nichts, was schwer belastet hätte. Aber der Hof war entschlossen, die Scheidung durchzusetzen. Den Königsmarckschen Verwandten, die nach Hannover kamen, wurde versichert, das Verschwinden des Grafen sei ein Rätsel. Die Gesandten des Kurfürsten gaben überall die Erklärung ab, zwischen diesem Verschwinden und einer »gewissen froideur« der Gatten, die man nicht leugne, bestehe kein Zusammenhang. Das Aufsehn, das der Fall in Europa machte, war ungeheuer.

Die Familie Königsmarck blieb nicht müßig. Aurora lernte bei dieser Gelegenheit, da sie nach Dresden ging, um Hilfe zu erbitten, den Kurfürsten Friedrich August – August der Starke genannt – kennen. Sie wurde seine Geliebte und die Mutter des Grafen Moritz von Sachsen. An den Höfen, die der Verleihung der Kurwürde an Hannover widersprachen, äußerte man sich wenig günstig. Dieser Umstand steigerte zu Hannover die Erbitterung gegen Sophie Dorothee. Man mußte nicht nur verhindern, daß sie wieder heiratete, sie durfte überhaupt nicht mehr in die Lage kommen, sich zu rechtfertigen. Erklärte sie nach der Scheidung, der Lebenswandel des Kurprinzen und die von ihm erfahrene Behandlung habe sie einem andern in die Arme getrieben, so gewann sie Anhänger, eine Partei, die Möglichkeit, eine Revision des Urteils zu verlangen. Es gab nur ein Mittel, alle diese Weiterungen zu verhindern: wenn man sie für den Rest ihres Lebens der Freiheit beraubte.

Dieser ungeheuerliche Plan wurde von Anfang bis Ende durchgeführt, man opferte das blühende Leben einer noch nicht dreißigjährigen Frau dem Götzen der Hauspolitik. Man brachte sie nach Ahlden, einem einsamen, düstern Wasserschloß im Herzogtum Celle. Unfaßbar ist das Verhalten Georg Wilhelms. Was hatte er zu verlieren, wenn er sich schützend vor sie stellte? Sein Herzogtum? Es gehörte ihm nur auf Lebenszeit. Man konnte ihn vertreiben – er hätte wenigstens die Tochter mitnehmen können, da ihr Gefängnis ja auf seinem eigenen Gebiete lag.

Sein dynastischer Sinn oder seine Hörigkeit war größer. Er ließ zu, daß die Räte Celles mit denen von Hannover sich im voraus auf das Urteil und seine Bedingungen einigten.

Eleonore setzte, wie ein Zeuge schrieb, Himmel und Hölle in Bewegung, es nützte nichts. Das aus Geistlichen beider Länder gemischte Ehegericht schickte den Anwalt der Angeklagten, der ein Beamter, ein Hofrat, war, und ließ die Kurprinzessin ihren Namen unter ein Schriftstück setzen, das aussagte, daß sie in die Scheidung einwillige. Sie sah nur ihren heißesten Wunsch erfüllt und glaubte, es werde noch alles gut.

Der Anwalt des Kurprinzen beantragte am 3. Dezember 1694 Scheidung und Verbot der Wiederverheiratung. Die Meinung in Celle schlug unter dem Einfluß Eleonores um. Man wollte, da ein Ehebruch ein Ehebruch war, die Scheidung annehmen, nicht aber das Verbot. Die politischen Bedenken, der Hinweis auf alle die Weiterungen, die sich ergeben konnten, trugen den Sieg davon. Der Minister, dessen Frau die Mätresse Ernst Augusts war, schrieb nach Berlin: »Der Dame ist ausdrücklich verboten, sich wieder zu verheiraten.«

Der Name Sophie Dorothees verschwand nach der Verkündigung des Urteils aus den Kirchengebeten, sie selbst für immer hinter den Wassergräben von Ahlden. Sie war zwischen acht- und neunundzwanzig alt; einunddreißig Jahre dauerte ihre Gefangenschaft, bis zum Tode. Sie sah ihre Kinder nie wieder. Der Sohn war damals gegen zwölf, die Tochter gegen acht Jahre alt. Der Haß Sophies und ihres Sohnes blieben unerbittlich. Liselotte in Frankreich billigte ihn. Noch nach Jahrzehnten, als der von Sophie Dorothee geschiedene Gatte König von England geworden war, warf sie ihm den Makel, der auf der Abstammung seiner Nachkommen ruhe, vor.

6

Schon 1688 wurde Ludwig XIV. mitgeteilt, daß der Einfluß Eleonores auf den Herzog von Celle nicht mehr so groß wie früher sei. Georg Wilhelm zählte damals immerhin schon vierundsechzig Jahre. Er wurde mit dem Alter wohl rechthaberisch und starr. Man braucht nicht zu bezweifeln, daß die Ehe so glücklich gewesen war, wie übereinstimmend berichtet wird – aber auch hinter Eleonore lag nun die Jugend und die Macht der Reize, sie hatte nicht mehr so viel wie einst zu sagen.

Sophie Dorothee machte einmal eine spöttische Bemerkung, daß der Vater geschwätzig wie andere Greise werde: er erfuhr es und erregte sich darüber.

Über den Ehebruch mit Königsmarck urteilte er strenger als ein deutscher Konsistorialrat oder gar ein englischer Puritaner, und war doch ein Fürst, der selber sehr fröhlich gelebt hatte, dazu wie alle seinesgleichen Prinzen für Geschöpfe hielt, an die man ihren eigenen Maßstab legen müsse. Es wäre an ihm gewesen, wenn nicht sofort, so wenigstens später die Entschuldigungen zu finden, die man der so unglücklich verheirateten Frau nicht versagen durfte, wenn man es für richtig fand, daß ihr Gatte und ihr Schwiegervater die Frauen der Minister oder Hofherren zu Mätressen hatten.

Der alternde Herzog, der sich zum Kerkermeister der einmal heiß geliebten Tochter hergibt, ist kein erfreuliches Bild. Liselotte fand, alte Liebe roste nicht, und meinte Sophie von der Pfalz damit. Bernstorff, der cellesche Minister, hing seinen Mantel gleichfalls nach dem Wind, der von Hannover, von seinem künftigen Herrn, wehte. So kam es, daß Georg Wilhelm sich, statt vom Gewissen, vom Familienrat lenken ließ und starb, ohne Sophie Dorothee noch einmal gesehn zu haben.

Ernst August hatte 1684 seine Tochter Sophie Charlotte mit Friedrich von Brandenburg verheiratet; sie wurde die erste Königin von Preußen. Bald nach dem Frieden von Rÿkswÿk, in dem Ludwig XIV. seinen Gast, Jakob II., fallen ließ und König Wilhelm anerkannte, starb Ernst August. Kurfürst war nun der Mann ohne Frau, Georg, der eine so starre, unfürstliche Seele besaß.

Im Winter auf 1699 kam König Wilhelm nach Celle zu Besuch; die Regelung der englischen Thronfolge stand vor der Tür. Der französische Gesandte meldete nach Versailles, Eleonore wolle den König bitten, ein Wort für die gefangene Tochter einzulegen, aber man nehme an, daß der Herzog ihm sofort zu verstehn geben werde, dieser Schritt sei unerwünscht. Wenn der eigene Vater so handelte, hatte der König von England keinen Anlaß, sich einzumischen. Er teilte der Kurfürstenwitwe Sophie mit, daß er für sie und ihre Nachkommenschaft eintreten werde, wenn das Parlament die Erbfolge regele.

Das geschah 1701, als auch das letzte Kind Anna Stuarts nicht mehr lebte. Ihre Schwester Maria, die Frau des Oraniers, war 1695 gestorben, Wilhelm selbst starb 1702: so stand zwischen dem englischen Thron und Sophie von Hannover oder ihrem Sohn Georg nur noch die neue Königin Anna. 1714 verschied auch sie. Ohne das Unglück von 1694 wäre Sophie Dorothee Königin von England geworden.

Sie hieß überall die Prinzessin von Ahlden. Ihr Hofstaat umfaßte drei Personen, die eidlich verpflichtet waren, außer der Mutter niemand Zutritt zu gewähren. Bisweilen durfte die Staatsgefangene in Begleitung einer bewaffneten Eskorte Ausfahrten machen. Ihre Tochter, auch eine Sophie Dorothee, fuhr 1706 mit außerordentlichem Gepränge nach Berlin, um den Kronprinzen Friedrich Wilhelm zu heiraten. Als Sohn ihrer Tante Sophie Charlotte war er ihr Vetter, so daß im Stammbaum Friedrichs des Großen, der dieser Verbindung entsprang, Sophie von der Pfalz sowohl im väterlichen wie im mütterlichen Ast als Urgroßmutter steht.

Auch die Kronprinzessin von Preußen, auch der Berliner Hof konnten das Schicksal der Prinzessin von Ahlden nicht mildern. Sie selbst schrieb an den Gatten, an die Schwiegermutter, bat um Verzeihung und flehte um die Erlaubnis, ihren Sohn umarmen zu dürfen; man lehnte ab. Ganz selten erhielt der Pastor der reformierten Kirche oder ein Mitglied der französischen Gemeinde die Genehmigung zu einem Besuch.

Wir erfahren durch Leibniz, daß Eleonore eine Zeitlang an den Übertritt zum Katholizismus dachte und am Arm ein Bildnis des Heiligen Vaters trug. Am französischen Hof setzte sie sich weiterhin für bedrängte Hugenotten ein. Im Laufe der Jahre fiel ihr in Frankreich eine Reihe von Gütern zu, die sie nicht verkaufte; die Einkünfte wurden den Armen zugeteilt.

1704 feierte Georg Wilhelm seinen achtzigsten Geburtstag. Eleonore dachte durch die Jahre mit Besorgnis an den Tag, an dem sie, die fünfzehn Jahre jünger war, sich auf den guten Willen der Hannoveraner angewiesen sah. Georg Wilhelm tat alles, um ihr diese Sorge abzunehmen, baute für sie in

Lüneburg ein Schloß als Witwensitz und ließ sie noch bei seinen Lebzeiten ihr Testament machen, um es bestätigen zu können.

Im Jahre 1705 erkältete er sich auf der Jagd und starb schmerzlos, »von den Seinigen umgeben«, doch Sophie Dorothee, das einzige Kind, war nicht dabei. Das Herzogtum wurde mit Hannover vereinigt. Er seinerseits hatte es um das kleine Herzogtum Lauenburg vergrößert, das er 1689, als der letzte Lauenburger starb, rasch besetzen ließ, um den übrigen Anwärtern zuvorzukommen. Der Kaiser stellte es zwar dann unter Sequester, bestätigte aber 1715 die Ansprüche Hannovers.

Eleonore siedelte in ihr Haus zu Lüneburg über. Das Schloß in Celle stand leer, unter den Fachwerkhäuschen des kleinen Ortes. Sie lebte still; bisweilen kam Besuch, von Anton Ulrich von Braunschweig, dessen Sohn sich einst mit Sophie Dorothee verlobt hatte, wie lange war das her, oder von der preußischen Enkelin und ihrem Gatten, einem rauhen Mann. Sie hatte einen Hofstaat und eine Dienerschaft von insgesamt dreiunddreißig Personen. In Lüneburg gab es eine Ritterakademie, einige Gelehrte, vor den Toren ein Damenstift, sonst nur die Kleinbürger einer bescheidenen Stadt.

Wenn sie ihre Tochter in Ahlden besuchte, mußte sie die Lüneburger Heide durchqueren. Die Wege waren fürchterlich, keine Kleinigkeit für eine Frau von siebzig und mehr. Sie schickte Sophie Dorothee Bücher und schrieb ihr täglich. Als 1714 Georg König von England wurde, versuchte sie von neuem, die Freilassung ihres Kindes zu erwirken. Achtundvierzig war die Unglückliche nun alt und hatte zwanzig Jahre lang gebüßt, heiraten würde sie gewiß nicht mehr.

Die englische Meinung erregte sich, auch Friedrich Wilhelm von Preußen fand, daß es des Leides genug sei. Auch der Prinz von Wales bat für die Mutter und hängte wider das Verbot ihr Bild auf. Georg untersagte den Hofleuten, die Zimmer des Sohnes zu betreten. Es war eine negative, schon krankhafte Hartnäckigkeit – er empfand in seinem toten Herzen nichts mehr.

Eleonore schöpfte ihre Alterskraft aus dem Glauben. Sie gab alles Entbehrliche an andere her, daheim, in Frankreich, in Holland, wo sie eine Anzahl von Réfugiés unterhielt. In ihrem Testament bedachte sie nicht weniger als 342 Personen, nachdem sie sich zu Lebzeiten um jedes kranke Kind gekümmert hatte. Mildtätigkeit war, anders als später, noch direktes, persönliches Handanlegen. Eleonore ist ein Beispiel dafür, daß die Nichtigkeit des Irdischen auch ein protestantisches Erlebnis sein kann.

Als Sophie von Hannover starb, erreichte Eleonore das eine, daß sie wieder das Schloß von Celle beziehn durfte, wo Sophie Dorothee näher war. In Celle verbrachte sie die letzten fünf Jahre, fast erblindet. Im Feburar 1722 ereilte sie der Tod, den sie in vollkommener Demut erwartete. Von ihrem bedeutenden Besitz hinterließ sie der Tochter außer dem Nießbrauch des ganzen Vermögens 60000 Taler, die Herrschaft Olbreuse, die Juwelen, die Möbel und das Silber. Die Haupterben waren der Prinz von Wales, ihr Enkel, und die Königin von Preußen, ihre Enkelin. 60000 Taler wurden für Legate bestimmt.

Glück und Leid verteilten sich auf ihr Leben mit seltener Gleichmäßigkeit, rein zeitlich gesehn. Die Reinheit ihrer Sitten erkennt sogar Vehse, der Chronist der Höfe, an. Liselotte schrieb: »Die Herzogin von Celle hat ein schönes Ende gefunden, wolle Gott, daß mir gleiches beschieden sei.« Auch sie starb in diesem Jahre.

Sophie Dorothee mußte noch vier Jahre ausharren. Von den sechzig, die sie lebte, verbrachte sie die Hälfte und noch etwas mehr in der Gefangenschaft. Wir wissen wenig von ihren Gedanken, da Georg I. ihre Papiere verbrennen ließ, aber immerhin so viel, daß sie wie die Mutter Trost in der Religion und den barmherzigen Werken fand. Erhalten sind die Bände, in die sie, um eine Beschäftigung zu haben, die Ausgaben des winzigen Hofes eintrug. Die Schriftzüge sind durch die Jahre fest, bis zum 18. Oktober 1726. Dann künden vier letzte Tage die Krankheit an, die über einen Monat dauerte.

Die Regierung verordnete Landestrauer, Georg in London untersagte sie. Er verbot auch die Bestattung mit fürstlichen Ehren. Eleonore und sie wurden in der Stadtkirche von Celle bestattet. Zwei Bleisärge ohne Schmuck und Inschrift stehn zwischen den gold- oder silberüberzogenen Sarkophagen der Welfen.

Georg von England starb ein Jahr nach Sophie Dorothee.

MARIA BEATRICE VON ESTE-MODENA

Die Frau des letzten Stuartkönigs

1

Wenn man sich erinnern will, so heiratete Laura Martinozzi, eine der Nichten Mazarins, 1655 den Sohn des Herzogs von Modena. Später wurde sie Regentin für den unmündigen Sohn und begleitete 1673 ihre Tochter Maria Beatrice, die mit dem Stellvertreter des Herzogs von York vermählt worden war, auf der Reise nach England. Unterwegs besuchten die Damen Ludwig XIV., der ihnen das noch nicht fertige Versailles zeigte.

Maria Beatrice war fünfzehn Jahre alt, als sie dem Wunsch des Papstes nachgab und auf den Eintritt ins Kloster verzichtete. In Dover erblickte sie den Gatten, James oder, wie wir sagen, Jakob. Er war schon vierzig, schon Witwer und Vater nicht nur zweier legitimer Töchter aus der Ehe mit Anna Hyde, sondern auch einiger natürlicher Kinder aus der Verbindung mit Arabella Churchill, Schwester des Lord Marlborough.

Er selber gehörte durch Taufe der anglikanischen Kirche an, wie sein Vater, der unglückliche Karl I., wie sein Großvater Jakob I., der Sohn der katholischen Maria Stuart und des Lord Darnley – war aber im französischen Exil von Jesuiten erzogen worden und 1669 offen übergetreten. Der Herzog von York nahm die Stelle eines Prinzen von Wales ein, er konnte König werden, wenn sein Bruder, der sich mit Mätressen vertat, keine Kinder zeugte.

Der Bruder, Karl II., war 1660, als der Sohn Cromwells starb, zurückgekehrt. Auch er neigte dem Katholizismus zu. Die Mutter der beiden war die Tochter Heinrichs IV. und die Schwester Ludwigs XIII. gewesen, das katholische Blut regte sich in den Söhnen. England aber wollte entweder anglikanisch oder puritanisch, in keinem Fall katholisch sein. Der fürchterliche Bürgerkrieg von 1642 bis 1649 hatte es bewiesen. Es wollte auch nicht absolutistisch, sondern parlamentarisch regiert werden – zweifach schillerte der Gegensatz zwischen Krone und Nation.

Eine dieser Mächte mußte siegen, eine weichen. Entweder kehrte das Land zum katholischen Glauben zurück, oder es entledigte sich der Königsfamilie. Am Gesetz der Entscheidung ging das Haus Stuart zugrunde, und Jakob, dem Gatten der Maria Beatrice von Este, war bestimmt, dieses Schicksal zu erfüllen.

Der Atem schwerer Konflikte, gespannter Leidenschaften wehte die blutjunge Frau an, kaum daß sie fröstelnd den Boden der Nordländer betrat. Was für ein Empfang: das Haus der Gemeinen hatte Bußtage und Kirchengebete vorgeschlagen, um der Gefahr, die von der Papistin drohe, zu begegnen. Jetzt verlangte es, daß der Thronfolger mit dieser Frau nicht in Saint James, sondern fern von der Hauptstadt auf dem Land leben solle.

Es ging auch in dieser Periode der englischen Geschichte wahrhaft shakespearisch zu. Mit vierzig hatte der Prinz viel erlebt. Den dreizehnjährigen Knaben nahmen die Parlamentstruppen gefangen. Als es ihm gelang, zu fliehn, blieb der Vater zurück und wurde aufs Schafott geschickt. Nach der Erziehung durch die Jesuiten kamen die Soldatenjahre, zuerst unter Turenne im französischen Heer, dann unter Condé im spanischen. Mazarin schloß mit Cromwell einen Vertrag und wies die Prätendentensöhne aus Frankreich aus. Im Jahr des Pyrenäenfriedens, 1659, heiratete Jakob die Tochter des Royalisten Hyde, der mit ins Exil gegangen war. Die schöne, leichtfertige Frau gebar ihm die späteren Königinnen Maria und Anna.

Als die große Wende, die Rückkehr der Stuarts, kam, bewilligte das Parlament dem Herzog die Apanage, die er bitter nötig hatte. Der Kanzler Hyde wurde jetzt Lord Clarendon, aber die Ehe mit seiner Tochter war auch nach englischen Begriffen nicht standesgemäß – in Deutschland hätte sie den Bruder des Königs thronunfähig gemacht. Schlimm war, daß Anna Hyde kein Vermögen mitbrachte, Jakobs Geldverlegenheiten kamen denen Karls gleich.

Karl heiratete eine portugiesische Prinzessin. Beim Empfang in Portsmouth gab es einen Zwischenfall. Der portugiesische Gesandte, der seinen Monarchen vertrat, ging die Treppe vor dem Vetter des englischen Königs hinauf. Der Vetter war Ruprecht von der Pfalz, der Sohn jenes Kurfürsten, der bei Ausbruch des Dreißigjährigen Krieges für einen Winter König in Böhmen wurde, und der Elisabeth Stuart,

Maria Stuarts Enkelin. Diese Verbindung der Häuser Pfalz und Stuart zeitigte Folgen im siebzehnten Jahrhundert, die größten an seinem Ende, als England auf die letzten protestantischen Nachkommen der Elisabeth Stuart zurückgriff.

Ruprecht also, Ruprecht der Kavalier genannt, ein heimatloser Mann, obwohl er englischer Admiral war, packte den portugiesischen Gesandten an der Schulter und hinderte ihn am Vortritt. Er lieferte der mächtigen holländischen Flotte Schlachten, an denen auch Jakob als Admiral teilnahm. Damals kam England in den Besitz von Neu-Niederland, das Jakob zu Ehren in New York umgetauft und ihm geschenkt wurde. Jakob und Ruprecht waren ausgesprochene Feinde. Ruprecht führte die antifranzösische Partei und schrieb es dem Einfluß Jakobs zu, daß der König sich gegen Pensionen an Ludwig XIV. verkaufte.

Ruprecht war ein Puritaner, durch unbefriedigendes Leben verdüstert. Auch er hatte seit dem Tag, an dem er in Prag als Kronprinz geboren worden war, so viel durchgemacht, daß er, der Mann mit den verwitterten Zügen, sagen konnte, er habe mehrere Leben gelebt. Da er selber seinem verfehlten Dasein keine Wurzeln geben konnte, wollte er wenigstens der Familie dienen und ließ 1679 aus Hannover Georg, den Sohn seiner Schwester Sophie, kommen, um ihn mit Jakobs Tochter Anna zu verloben. Anna, vierzehn Jahre alt, mißfiel dem Prinzen von neunzehn. Er reiste ab, ohne einen Antrag gemacht zu haben. Anna heiratete ein paar Jahre später einen dänischen Prinzen.

2

Ruprecht hatte kein Glück mit seiner Politik, obwohl er alles versuchte, um den Herzog von York zu stürzen. 1672 erließ der König die Indulgenzakte zugunsten der Katholiken, 1673 antwortete das Parlament mit der berühmten Testakte, die jeden Bewerber um ein Amt verpflichten sollte, das Abendmahl nach dem Gebrauch der anglikanischen Kirche zu empfangen. Dieses Gesetz vom März zielte schon auf Jakob, der sich um die katholische Este bemühte. Es zwang ihn, als die Heirat stattfand, seine Stellen niederzulegen, insbesondere den Posten des Admirals.

Ein Jahr später unterschrieben die Beamten und Soldaten die von der Testakte verlangte Erklärung, daß sie nicht an die Verwandlung von Brot und Wein glaubten, daß der Papismus Götzendienst, die Verehrung der Heiligen eine verwerfliche Übung sei. Das sogenannte Cabalministerium, das den Krieg gegen Holland auf der französischen Seite mitgemacht hatte, wurde gestürzt und Friede mit Holland geschlossen.

Das nächste Ziel war nun, der Gefahr zu begegnen, daß England nochmals einen katholischen König bekomme, wenn nämlich die Herzogin von York Kinder gebäre, mit andern Worten die Ausschließung vom Thron. In der Folge nahm das Unterhaus die Ausschließungsbill an, das Oberhaus verwarf sie. Einen vollen Sieg des Unterhauses bedeutete dagegen die Annahme der Habeascorpusakte, die den Engländer vor willkürlicher Verhaftung schützte.

Inzwischen kam Wilhelm von Oranien nach London, zwar ein junger, aber kein sehr gesunder und am wenigsten ein gefälliger Mann. Gleichwohl verliebte sich Jakobs älteste Tochter Maria bis zur Selbstentäußerung in den Holländer, und er warb um sie. Jakob widersprach, sein Bruder gab die Erlaubnis. Es kam eine Heirat zustande, die für das Land wie für Jakob schicksalhafte Bedeutung erlangte: alle Puritaner schauten fortan auf den kalvinistischen Wilhelm als ihre Hoffnung hin.

1678 brach eine jener Hysterien aus, die den Revolutionen eigentümlich und den Nichtbeteiligten unverständlich sind. Titus Oates, ein Jesuitenschüler, den der Orden selbst abgeschüttelt hatte, beschuldigte den Herzog von York, die Königin, die Katholiken und die Jesuiten einer Verschwörung gegen das Leben des Königs. Die Einzelheiten, die von Oates und einigen Journalisten vorgebracht wurden, waren die einer Schauergeschichte; aber aus den Papieren des Sekretärs der Herzogin von York ging hervor, daß Maria Beatrice mit Père Lachaise, dem Beichtvater des Königs von Frankreich, Briefe tauschte, wenn sie auch nur Gewissensfragen behandelten. Dann starb noch plötzlich der Friedensrichter, der die Untersuchung leitete, und sofort hieß es, man habe ihn beseitigt.

Die Gefängnisse füllten sich mit Katholiken. Die katholischen Peers verloren ihre Sitze im Oberhaus. Die Tories, wie man zu sagen begann, um die Legitimisten und Royalisten zu bezeichnen, verhinderten zwar die Prozessierung der Königin und der Herzogin von York, nicht aber die mittelalterlichen Grausamkeiten, die an den Verfolgten begangen wurden. Als auch noch das Unterhaus den Minister Danby in Anklagezustand versetzte, zogen sich Jakob und seine Frau nach Brüssel zurück. Der König suchte durch die Berufung von Whigs – sie leiteten die königliche Macht aus dem Willen der Nation ab – die Wogen zu glätten.

Es half nichts, die Zeiten von 1642 waren zurückgekehrt. Der König löste das Parlament auf, ließ ein neues wählen und vertagte auch dieses, was als unerhört empfunden wurde. Das Land kochte, jede Grafschaft schickte Adressen für oder gegen die Vertagung. Der Zorn der Tories richtete sich auch wider den unehlichen Sohn des Königs, den Herzog von Monmouth, der in Schottland die Covenanters niederwarf und bei den Whigs Glauben mit der Behauptung fand, seine Mutter, das liederliche Fräulein Walters, sei mit dem König in heimlicher Ehe verbunden gewesen. Die Whigs und das Volk wünschten Monmouth zum Thronnachfolger an Stelle des Herzogs von York. Die Ausschließung Yorks kam abermals vors Unterhaus und wurde angenommen, vom Oberhaus mühsam genug verworfen.

Ein neues Parlament von 1681 ging bereits zur offenen Revolte über und erklärte, der große Brand von 1666, der London halb zerstört hatte, sei von den Papisten gelegt worden. Dem vierten, nach Oxford berufenen Parlament machte der König den Vorschlag, daß nach seinem Tod zwar der Herzog von York König werden, die Regierung aber an seine Tochter, Maria von Oranien, übergehn solle. Das Parlament bestand auf der völligen Ausschließung Yorks.

Nun löste der König auch dieses Parlament auf und berief kein neues mehr, bereitete vielmehr durch Stadt- und Grafschaftswahlen einen breiten Sieg der Royalisten unter den Sheriffs und Richtern vor. Jakob kehrte zurück. Die Whigs, von Adligen geführt, die in den Schulen von Oxford über die Freiheit der alten Römer zu reden gelernt hatten, machten eine Verschwörung mit Monmouth.

Die Verschwörung scheiterte durch Verrat. Einige Teilnehmer flohn rechtzeitig, andere wurden enthauptet, so Russel und Sidney, 1683. Sidney ging mit einem Mut, der Bewunderung erregte, aufs Schafott. Schlosser, der Papa der

Weltgeschichte, meint, der Mut sei verdienstlos, da er von der körperlichen Verfassung abhänge. Immerhin war Monmouth ein Feigling, der den König und York kniefällig um Verzeihung bat und sich zum Kronzeugen hergab.

Das Strafgericht der Tories war schrecklich, der Lordoberrichter Jeffereys folterte und konfiszierte. Die Theologen von Oxford verkündeten die Pflicht des Untertans zum schweigenden Gehorsam. Jakob wurde wieder Großadmiral und Mitglied des Geheimen Rats. Auch führte er in Schottland die grausame Beruhigung durch.

Im Februar 1685 starb Karl II., nachdem er auf dem Totenbett sich zum katholischen Glauben bekannt hatte. Jakob II. bestieg den Thron, und Maria Beatrice wurde Königin. Ruprecht war 1682 gestorben, er hinterließ einen natürlichen Sohn.

3

Die Thronbesteigung Jakobs verlief dank den letzten Erfolgen seines Bruders ruhig. Dieser Umstand ließ ihn eine Lage verkennen, die für die Dynastie nur noch zu retten war, wenn sie sich entschloß, ein Opfer zu bringen und den Zwiespalt mit der Nation dadurch zu beseitigen, daß sie ihre Kinder protestantisch erzog.

Jakob sah nach Frankreich, wo Ludwig XIV. gerade das Edikt von Nantes aufheben konnte, weil der größere Teil der Nation keine Frage des Seins oder Nichtseins daraus machte und sich abfand. Man kann sowohl sagen, daß die Dinge in England völlig anders lagen, als auch, daß das Ziel das gleiche war: eine geeinte Nation zu werden, in der es eine einzige Staatsreligion gab.

Maria Beatrice hatte bisher acht Kinder geboren, aber sie waren alle im frühen Alter gestorben. Jakob stand, als er König wurde, im zweiundfünfzigsten Jahr. Seine Gesundheit war bereits erschüttert. Wie viele katholische Fürsten, die durch die Höhen und Tiefen gegangen sind, wandelten ihn Zweifel am Werte der Macht an und endeten vorerst mit verstärktem Eifer, dem Glauben zu dienen. Darin unterschied er sich von seinem Bruder Karl, er war aus Überzeugung gläubig.

Gleich nach der Krönung, die im anglikanischen Ritus erfolgte, ging er öffentlich zur Messe. Er ließ die Rekusanten frei, die Leute, die im Gefängnis saßen, weil sie nicht der Staatskirche angehören wollten. Monmouth erhob Anspruch auf den Thron und landete, um ihn mit Waffengewalt zu erzwingen. Jakobs Schwiegersohn, Wilhelm von Oranien, unterstützte ihn. Monmouths Genosse war Argyll. Beide unterlagen, sie wurden gefangen und hingerichtet. Bei der Enthauptung Monmouths benahm der Scharfrichter sich so ungeschickt, daß das Volk ihn lynchen wollte und mit seinem Namen, John Ketch, fortan alle Henker benannte. Gleich verhaßt war der des Obersten Kirk und des Lordoberrichters Jeffereys, die überall Standgerichte einsetzten, folterten, auspeitschten und nach Westindien verbannten.

Jakob stellte Katholiken an und verlangte die Aufhebung der Testakte, durch die sie ausgeschlossen worden waren. An sich eine Handlung der Duldsamkeit und der Gleichheit der Staatsbürger, wurde diese Forderung, wie die Verhältnisse lagen, als Anmaßung eines Tyrannen betrachtet und konnte erst 1830 durchdringen. Freundlich erwies sich Jakob den Quäkern, die der Staatskirche ein Dorn im Auge waren. William Penn, der schon New Jersey angekauft hatte, um ihnen eine Zuflucht zu schaffen, erwarb ein großes Gebiet am Delaware, das nach ihm Pennsylvanien genannt wurde. Mit den Rekusanten erhielten fünfzehnhundert Quäker die Freiheit. Penn nahm auch Katholiken in seinen unermeßlichen Kolonien auf, womit er wiederum bei den Intoleranten Anstoß erregte.

Jakob machte den Anfang mit einem stehenden Heer. Das Geld hätte ihm das Parlament vielleicht bewilligt, nicht aber die katholischen Offiziere, die er einstellte. Damit begann die Wandlung in der Haltung des Parlaments. Während die andern Länder Hugenotten aufnahmen, ließ England Jesuiten und Franziskaner herein, denen der König protestantisches Kirchengut zuwies, für Schulen und Klöster.

Er benahm sich äußerst ungeschickt. Zuletzt bestand sein Ministerium nur noch aus Katholiken. Die Unzufriedenen wanderten nach Holland aus. Wilhelm von Oranien nahm die entlassenen Protestanten in sechs Regimentern auf. Da das Parlament für die Aufhebung der Testakte nicht zu haben war, erließ Jakob im April 1687 die Indulgenzakte, die allen

Ausnahmegesetzen ein Ende bereitete. Er mußte sich notgedrungen auf Ludwig XIV. stützen, der nun das Haupt des kriegführenden Katholizismus geworden war. Ganz automatisch wurde Wilhelm von Oranien das des protestantischen Lagers.

Nichts fehlte Wilhelm als eine Krone, die er in der kapitalistischen Republik Holland nicht fand. Er war nur erblicher Generalissimus und in der Provinz Holland Erbstatthalter. Maria, seine Gattin, wurde von einem Abgesandten des englischen Adels dazu gebracht, Wilhelm zu versprechen, daß sie, wenn jemals der englische Thron ihr zufalle, die königlichen Rechte auf ihn übertragen werde.

Dann kam die Nachricht, daß Maria Beatrice wieder schwanger sei. Im Juni 1688 gebar sie einen Sohn, Jakob Eduard. Zwar erklärte man alsbald, dieses Kind sei untergeschoben, aber darum spitzte sich die Lage nicht weniger zu. Hatte man bis dahin hoffen können, daß nach dem Tode Jakobs England einen protestantischen König erhalten werde, so war nun die Erbfolge der katholischen Stuarts gewiß.

Die Stunde Wilhelms war gekommen, jetzt oder nie. Er sicherte sich den Rücken durch ein Bündnis mit seinen braunschweigischen und brandenburgischen Verwandten. Der Sohn des eben verstorbenen Großen Kurfürsten überließ ihm seinen Generalissimus, den Marschall von Schomberg, einen Pfälzer, der es im Dienst Ludwigs XIV. zum Herzog gebracht, aber neuerdings als Protestant Frankreich verlassen hatte. Man kann diese Fahrt über den Kanal mit der des normannischen Eroberers vergleichen, jenes andern Wilhelm.

Der halbe Adel der drei Königreiche war im Geheimnis, aber Jakob glaubte den Nachrichten nicht: der eigene Schwiegersohn, die eigene Tochter, wollten sie ihm das Schicksal König Lears bereiten? Sechzig Kriegssegler deckten die angeblich zehnfache Zahl der Transportschiffe. Die Überfahrt dauerte vom ersten bis zum siebten November 1688. Das jakobitische Heer war dem wilhelminischen überlegen, und wenn auch Neigung zum Überlaufen bestand, sah doch die Lage nicht ungünstig für den König aus, wenn er sofort angriff.

Er zögerte, die schlechten Nachrichten mehrten sich; er verzagte, die zweite Tochter Anna ging mit ihrem dänischen

Prinzen ins feindliche Lager, nun war er wirklich Lear. Er knüpfte von London aus Verhandlungen an und hätte noch immer dem Oranier Schwierigkeiten bereiten können. Da entschloß er sich, in Frankreich günstigere Zeiten abzuwarten, und schickte Maria Beatrice mit dem sechs Monate alten Prinzen von Wales bei Nacht und Nebel voraus. Sie kam glücklich in Calais an.

Er selbst verließ, in derselben düstern Szenerie, verkleidet Whitehall.

Unterwegs erkannte man den Flüchtling und brachte ihn zurück. Wilhelm wies ihm unter dem Vorwand, in London sei er vor dem Pöbel nicht sicher, Ham an und ließ es so schlecht bewachen, daß Jakob am 24. Dezember von neuem floh, diesmal mit Erfolg. Wilhelm konnte nichts lieber sein. Das Parlament erklärte, der Thron sei durch die freiwillige Flucht erledigt, und bot ihn Maria von Oranien an.

Wir haben in der Geschichte der Grande Mademoiselle den Grafen von Lauzun kennengelernt, dem Ludwig XIV. zuerst unbegreiflich genug erlaubte, die älteste Tochter Gastons von Orléans zu heiraten, dann es verbot. Als Lauzun gegen Frau von Maintenon tobte, kam er auf die Festung Pinerolo, wo Fouquet und der Mann mit der eisernen Maske saßen. Die Gefangenschaft dauerte nach den einen fünf, nach den andern zehn Jahre. Nehmen wir fünf an, Mademoiselle wäre gar zu alt gewesen, als sie Lauzun durch Verzicht auf einige Herzogtümer zugunsten der Kinder der Montespan freibekam und heimlich heiratete.

Nachdem die beiden sich als Eheleute geprügelt hatten, gingen sie auseinander, und Lauzun reiste herum. 1688 kam er an den englischen Hof, wo man hoch spielte; darauf verstand er sich bestens. Er war nun fünfundfünfzig alt. Als Jakob einen Franzosen suchte, dem er die Königin und den Thronerben in Windeln anvertrauen könne, war Lauzun der gegebene Mann.

Dieser Ritterdienst trug ihm die Verzeihung Ludwigs XIV. ein, der die Königin von England nicht nur höflich, sondern herzlich aufnahm. Er fuhr ihr von Saint-Germain mit hundert sechsspännigen Karossen entgegen, er, der Dauphin, dessen drei Söhne, Monsieur und die Herren des Hofes. Maria, die im einunddreißigsten Jahre stand, erfüllte die nicht geringen Forderungen, die man an eine Königin im

Exil stellte. Ihre Würde entsprach ihrer guten Erscheinung. Sie war eine schöngewachsene, schlanke Frau mit dunkeln, lebhaften Augen und südlich matter Haut.

Als dagegen Anfang Januar 1689 auch Jakob eintraf – er war in einer offenen Barke mit seinem achtzehnjährigen natürlichen Sohn, dem Herzog von Berwick, und einem Kammerherrn geflohn –, enttäuschte er die Erwartungen. Manche hatten ihn als Jüngling zur Zeit seines ersten Exils gekannt, als energischen Soldaten und kühnen Seemann – jetzt war er mit fünfundfünfzig ein vorzeitig gealterter Mann, der seinen Degen so ungeschickt wie den zu großen Hut trug, aufgeregt von den Hindernissen der Flucht sprach und statt der Majestät, die man verlangte, in seiner Haltung die Ergebenheit eines Christen ausdrückte.

Von Maria Beatrice erklärte Ludwig, sie sei Königin an Erscheinung und Geist; von Jakob schrieb Frau von Sévigné, die unermüdliche Chronistin, man habe einen braven Mann kennengelernt.

4

Maria Beatrice war seit fünfzehn Jahren mit ihm verheiratet und hatte das herkömmliche Los der Fürstinnen erlebt, die endlosen Wochenbetten, die viel zu früh begannen, das Sterben der Kinder, die kurzen Seitensprünge und die längeren Beziehungen des Gatten. Sie selber besaß ein durchaus nicht kühles Temperament. Gleichwohl war sie nie ins Gerede gekommen, sei es aus Stolz, sei es aus Religion, sei es aus beidem. Wenn sie den König nicht liebte, so hing sie doch an ihm. Im Exil entfaltete sie ihre besten Eigenschaften, war eine gute Mutter und übte die einer Christin vorgeschriebene Wohltätigkeit.

Sie hatte auf der Jacht, die Lauzun so glücklich durch den Kanal steuerte, an dreißig Personen mitgebracht, darunter die Amme des Prinzen, der nach englischer Sitte nicht gewickelt wurde. Im Lauf der Zeit kamen viele Schotten herüber, um dem König zu dienen. Jakob war mittellos. Ludwig hatte mit königlicher Aufmerksamkeit Maria Beatrice sofort in einer Kassette 6000 Louisdor überreichen lassen und setzte dem Paar nun eine Pension von 50 000 Livres aus.

Als Residenz wies er ihm das Alte Schloß in Saint-Germain an, das er seit der Übersiedlung nach Versailles entbehren konnte. Mit den leeren Terrassen und tiefen Wäldern, die gleich dahinter begannen, war es ein schöner, aber vereinsamter Aufenthalt. Auch Maria Stuart hatte hier gewohnt.

Zuerst mußte eine wichtige Frage entschieden werden, bevor der Verkehr dieses Hofes mit dem von Versailles beginnen konnte: das Zeremoniell. Seitdem es in den Schlössern Ludwigs XIV. und der Frau von Maintenon keine sichtbaren Liebesgeschichten mehr gab, drehten sich alle Gedanken um den Ehrgeiz und den Rang. König Jakob, verabredete man, würde Monseigneur, den Dauphin, als seinesgleichen behandeln, der Dauphin ebenso den Prinzen von Wales. Die Prinzen von Geblüt würden sich bedecken, wenn der König von England es getan hatte, und in seiner Gegenwart nur auf Klappstühlen, nicht auf Sesseln Platz nehmen.

Die Frauen waren schwerer zufriedenzustellen. Die Dauphine – Maria Anna von Bayern – verlangte einen Fauteuil zur Rechten der englischen Königin. Da das nicht zu erreichen war, beschloß sie, nie Besuch in Saint-Germain zu machen und, wenn sie ihn erhalte, bettlägerig zu sein. Madame – Liselotte von Orléans – würde den Sessel zur Linken der Königin einnehmen. Was die andern französischen Herzoginnen betraf, so hatten Damen ihres Ranges in Frankreich das Recht, sich bei der Königin zu setzen, und in England, ihr die Hand zu küssen. Maria Beatrice erklärte, jede der Bestimmungen Ludwigs sei ihr recht, sie werde keine Schwierigkeiten machen.

Man nahm in Saint-Germain und in Versailles an, daß das Exil nur von kurzer Dauer sei. Es sollte für Maria Beatrice dreißig Jahre währen, bis zu ihrem Tod. Ludwig erkannte Wilhelm von Oranien nicht an, vom Standpunkt des Legitimismus mochte er im Rechte sein. Die Nichtanerkennung, aus der unter Umständen eine Anerkennung werden konnte, war einer der Trümpfe Ludwigs im pfälzischen Erbfolgekrieg, der gerade ausbrach und ein großer Koalitionskrieg wurde. Die Gastfreundschaft, die Jakob genoß, hatte auch, so großherzig sie an sich sein mochte, einen politischen Beweggrund.

Zunächst, noch auf Jahre hinaus, fand zwischen den beiden

Höfen ein eifriger, fast täglicher Verkehr statt. Die Beziehungen hatten ihren Honigmond. Am 13. Januar machte Maria Beatrice Besuch in Versailles. Der König bot ihr einen Sessel an, der etwas tiefer als sein eigener stand. Dann ging sie zur Dauphine, die keine Bettlägerigkeit vorschützte, sondern sie stehend empfing. Der König ließ die Damen allein, da die Dauphine in seiner Gegenwart kein Anrecht auf einen Sessel hatte. Maria Beatrice erhielt den guten Platz, die Dauphine den zur Rechten, Liselotte den zur Linken, und auch für die drei Söhne der Dauphine waren Sessel da. Jedes Jahrhundert hat seine eigenen Sorgen.

Ludwig und sein Hof erwiderten den Besuch. Der Erzbischof von Reims, ein Bruder Louvois', hielt es für geistreich, beim Anblick Jakobs, der gerade aus der Messe kam, ein Scherzwort Heinrichs IV. zu wiederholen: das sei ein Mann, der drei Königreiche für eine Messe in Frankreich aufgegeben habe, meinte er. Man tadelte ihn dafür.

Frau von Maintenon, die zweite, stille Gattin des Königs, beteiligte sich niemals an offiziellen Empfängen oder Besuchen. Sie kam allein nach Saint-Germain, die beiden Frauen fanden Gefallen aneinander. Jakob nahm vom Oranier, der erfolgreicher als Monmouth gewesen war, nichts an, als echter Engländer bat er nur um seine Pferde. Bei der Flucht hatte er seine Tagebücher dem toskanischen Gesandten anvertraut und so große Besorgnis gezeigt, daß der Gesandte glaubte, die Kassette enthalte die Kronjuwelen.

Die Kassette machte eine abenteuerliche Reise nach Livorno, wurde gestohlen und zurückentwendet. Der Großherzog schickte sie unter phantastischen Vorsichtsmaßregeln nach Saint-Germain. Von Poststation zu Poststation ritten Offiziere mit, und alle vermeinten, es seien ihnen ungeheure Schätze anvertraut.

Um den englischen Gästen ein Vergnügen zu bereiten, führte man in Saint-Cyr, einer Stiftung der Maintenon zur Erziehung armer Mädchen aus dem Adel, mehrfach Racine auf. Der Bischof von Chartres erhob Einspruch, die jungen Damen würden durch die Begegnung mit dem Hof aufgeregt, verabscheuten die gewohnte Einfachheit und wollten nicht mehr in der Kirche singen, weil Psalm und Latein die Stimme verdürben.

Frauen von tadellosem Rufe fielen auf. So die Hofdame

Liselottes, Fräulein von Châteautiers, die sich von den Chansonniers einen Tugenddrachen nennen lassen mußte. Ludwig XIV. war in reifen Jahren sehr empfänglich für die Tugend. Auch die Dauphine, die schon 1690 starb, gehörte zu den Frauen, denen man nichts nachsagte; sie hatte von ihrer savoyischen Mutter Geist geerbt. Den Kavalieren waren Damen wie die Prinzessin Marie Anne Conti lieber. Sie war die Tochter der Frau von La Vallière, mit neunzehn bereits Witwe und so schön, daß der Italiener Visconti in seinen Memoiren erzählt, er habe hundert Höflinge sagen hören, sie seien bereit, eine Viertelstunde, nachdem sie sie besessen hätten, gehängt zu werden. Sie ging mit jungen Jahren ins Kloster.

In London beendete Wilhelm die »glorious revolution« mit Hilfe des Parlaments, das sich seine Rechte bestätigen ließ und die Periode des Absolutismus zum Abschluß brachte. In wenigen Jahren festigten sich die Züge des neuen England, die im wesentlichen noch heute gelten. Es ist unwahrscheinlich, daß Jakob Shakespeare las. Im ›König Lear‹ hätte er hundert Stellen gefunden, die auf ihn und seine Töchter paßten. La Bruyère faßte die öffentliche Meinung Frankreichs in dem Satz zusammen: »Ein Mann hat gesagt: Ich will übers Meer fahren, meinem Vater wegnehmen, was ihm gehört, und ihn, sein Weib, sein Kind vertreiben – dieser Mann hat sein Wort gehalten.«

Es liegt hier einer der Fälle vor, wo die menschliche Teilnahme gegen die Tatsache steht, daß jemand von der Geschichte zur Seite geschoben worden ist. Durch die Vertreibung Jakobs schloß England die wilde Zeit der Religionskriege ab und verwandelte sich mit überraschender Schnelligkeit in die Großmacht, die die Weltherrschaft antrat. Die Versuche Jakobs, noch einmal das Waffenglück anzurufen, scheiterten ungeachtet der Hilfe Ludwigs.

5

Ludwig, der den pfälzischen Krieg eröffnete, stattete auch Jakob sofort mit allem aus, was zu einem Angriff auf Irland nötig war. In Irland hielten sich noch jakobitische Truppen. Er gab ihm zwei Millionen, Fregatten, Offiziere, Waffen. Am

25 Februar 1689 hielt Jakob in Notre-Dame ein Kapitel der Hosenbandritter ab und nahm Lauzun in den Orden auf. Er schenkte ihm die kostbaren Insignien Karls I. An diesem Tag legte er auch in einem Kloster die Hand auf einen Skrofulösen, nach altem Glauben heilte die Berührung des Königs von England. Aber der Erfolg blieb aus.

Der Wagen, mit dem Jakob nach Brest fuhr, brach unterwegs, ein schlechtes Vorzeichen. Am 7. März ging der König in See, am 22. landete er in Kinsal, am 24. zog er in Dublin ein, der Hauptstadt eines verwüsteten Landes.

An seiner Tafel wurden Brot und Wein eingeteilt, alle andern mußten Fladen aus Hafermehl essen. Der Marsch ging nach Norden, wo die Protestanten standen. Jedoch das belagerte Londonderry ergab sich nicht. Lauzun führte das französische Korps, der achtzigjährige Schomberg das oranische.

Ein Jahr lang regierte Jakob in Dublin, wohin er auch ein Parlament berief. Unter den soldatischen Fähigkeiten fehlte ihm die Entschlußkraft. Er ließ Wilhelm Zeit, Truppen zu sammeln. Im Sommer 1690 kam Wilhelm und schlug ihn am Boynefluß mit einer Armee aus allen Völkern Europas in einer blutigen Schlacht, die Schomberg das Leben kostete. Eine französische Fregatte führte Jakob nach Brest zurück. Am 25. Juli 1690 war er wieder in Saint-Germain. Zwei Tage später kam in Paris das Gerücht auf, der Oranier sei seinen Wunden erlegen. Die Bastille schoß Freudensalut, die Stadt jubelte eine Nacht lang, die Vornehmen wurden in ihren Kutschen angehalten und mußten mit dem Volk trinken.

Jakob tröstete sich, Gott habe gewollt, daß er nicht siege. Er schickte nach Versailles einen Kammerherrn, der Ludwig sein Beileid zum Tode des Kriegsministers Louvois überbrachte. Louvois war in Ungnade gefallen und soll sich vergiftet haben. Da er nicht mehr widersprechen konnte und da die schottischen Hochländer sich gegen Wilhelm erhoben, wiederholte Ludwig XIV. den Versuch, Jakob zurückzuführen. Er nahm den Plan Napoleons voraus: an der Küste der Normandie in einem Lager die Truppen mit allen Vorräten zu sammeln und den Weg durch einen Seesieg zu erzwingen.

Die Seeschlacht fand im Mai 1692 bei La Hogue statt. Jakob verfolgte vom Land die Operationen des Feindes, die so erfolgreich waren, daß er sich über die Taten »seiner

Engländer« begeisterte. Sie steckten die französischen Schiffe in Brand und brachten die Küstenbatterien zum Schweigen. Ludwig verlor sechzehn Hochseeschiffe, Wilhelm einen Brander. Die französische Flotte war keine Gefahr mehr für das neue England, die holländische hatte schon ihren Rang eingebüßt.

Jakob schlug Ludwig vor, ihn in »irgendeinen Winkel der Welt« zu schicken. Maria Beatrice, die ein Kind trug, schüttete ihren Kummer in einem Brief an die Äbtissin von Chaillot aus: Wie anders sind die Wege Gottes als die, die wir gehn möchten; es ist schwer, aber man darf nicht hadern. Auch Jakob schickte Briefe nach England an seine »getreuen und geliebten Lords«. Der Himmel habe seine Ehe nochmals gesegnet, und er fordere die Herren auf, der Niederkunft beizuwohnen, damit sie sich überzeugen könnten, daß es bei dieser Geburt mit so rechten Dingen wie bei der des Prinzen von Wales zugehe – der König von Frankreich gestehe jedem sicheres Geleit zu.

Aber es kam nicht auf den König von Frankreich, sondern auf Wilhelm von England an, und keiner der Lords war anwesend, als Maria Beatrice im Juni 1692 eine Prinzessin gebar, die Luise Marie genannt wurde. Sie kam zu spät, um den Lebensmut Jakobs aufzufrischen. Seitdem er bei den Zisterziensern von La Trappe einen ersten Besuch abgestattet hatte, zog es ihn immer wieder zu diesen Mönchen, die seit der Reform des Abtes Rancé nach den strengsten Grundsätzen lebten: ewiges Schweigen, harte Feldarbeit, vegetarische Ernährung.

Wenn Jakob sich an den kargen Tisch Rancés setzte, las er auf einer Tafel, daß ein Christ die üble Nachrede meiden, den Nächsten lieben und dem Feind vergeben müsse. In der Welt, der die Könige angehören, gilt eine andere Lehre, und wenn sie unter dieser Gegensätzlichkeit leiden, geben sie sich auf. In den Wäldern hinter dem Kloster der Trappisten bewohnte ein Marquis, dem man einst unter den Hofleuten begegnet war, eine Einsiedlerhütte. Jakob besuchte ihn, und beim Abschied zog er tief den Hut.

Er begann, geistliche Betrachtungen niederzuschreiben. Der Gedanke, daß seine irdischen Prüfungen nicht genügten und daß er ihre Fortsetzung im Jenseits wünschen müsse, beschäftigte ihn. Das ist der Weg, der einige wenige zur

LUISE MARIE STUART

Heiligkeit führt. Er legte schriftlich eine Tagesordnung für sich fest, die allein am Vormittag ein Frühgebet und zwei Messen enthielt. Der entthronte Jakob, der nur noch ein einfacher Christ sein wollte, wurde mehr als ein Alltagsmensch, sagt Chateaubriand, der das Leben Rancés beschrieben hat.

Auch in England erfuhr man, daß Jakob stundenlang vor dem Altar seiner Kapelle kniete, bis er vor Schwäche umsank. Die Protestanten zuckten die Achseln, die Katholiken fühlten sich ergriffen, und keiner verstand den andern, die große Spaltung in den europäischen Seelen war da. Karl V. handelte konsequenter als Jakob. Er wußte, daß tief sich beugen muß, wer hoch steht, und daß kein Beruf dramatischer als der eines Königs ist, daher er die Abdankung verlangt, sobald man ihn nicht mehr mit allen Fasern bejaht.

6

Die Frömmigkeit Maria Beatrices war nicht geringer, aber natürlicher, von je geübt und die einer Frau. Jakob hingegen, eine ehemals sinnliche, jetzt mystische Natur, schwankte zwischen der neuen Gottgefälligkeit und dem Bewußtsein seiner Stellung. Der Prinz von Wales war noch zu jung, als daß der Vater zu seinen Gunsten hätte verzichten können. Nach jener verlorenen Schlacht richtete Jakob an das englische Parlament ein unglückliches Manifest: er werde, wenn er wiederkehre, die Staatskirche achten, die Testakte nicht ändern, die Macht mit der Volksvertretung teilen und in Irland den protestantischen Siegern die Güter lassen, die sie den Eingeborenen abgenommen hatten. Damit stieß er seine treusten, die irischen Anhänger, vor den Kopf.

Das zu späte Bekenntnis zum Ausgleich mit dem Parlament half ihm nichts, man wollte keinen Trappisten zum König. Er war alles in allem ein ungeschmeidiger Mann, dem rechnenden Politiker, dem kühlen Protestanten Wilhelm nicht gewachsen. Und als in Rÿkswÿk über den Frieden verhandelt wurde, mußte Ludwig XIV. ihn fallen lassen. Die Anerkennung Wilhelms war der Preis, den Ludwig zahlte, um den Oranier von den Mitgliedern der großen Koalition, dem Kaiser und Spanien, zu trennen. Zu Ludwigs Ehre sei gesagt, daß er seinen Gast nur deshalb aufgab, weil er am Ende der Kräfte war. Das Verlangen, ihn auch auszuweisen, lehnte er ab.

Fortan war Jakob nur noch ein Prätendent. Es konnten politische Verwicklungen daraus entstehn, und der Haushalt des Stuart kostete Ludwig, durch die Jahre gerechnet, ungeheure Summen. Als in Polen 1697 Sobieski starb und das Land einen neuen König suchte, fand Ludwig, es sei eine Gelegenheit, Jakob auf eine saubere Weise loszuwerden, und bot ihm an, seinen großen Einfluß in Polen einzusetzen. Jakob wies den Vorschlag unwillig zurück.

Die von Ludwig gewährte Pension reichte nicht aus, um die vielen Schotten und Irländer zu unterhalten, die oft mit Frau und Kind eintrafen oder in Saint-Germain eine Familie gründeten. Wer waffenfähig war, nahm Dienst in der französischen Armee. Es gab in ihr Kompanien gemeiner Soldaten, die aus schottischen Adligen bestanden. Der Legitimismus wurzelte tief im englischen Wesen.

Auch flüchtige Protestanten stellten sich ein. Jakob erlaubte ihnen ihren bescheidenen eigenen Gottesdienst, aber damit waren nun wieder die Franzosen unzufrieden. Es ging in der englischen Kolonie kleinlich, gereizt, gehässig zu, wie schließlich aller Orten. Not erhebt die Menschen nur in seltenen Augenblicken.

Die Kaufleute verweigerten den Kredit, der übermäßig in Anspruch genommen wurde. Die Wälder waren mit Wilddieben gefüllt. Die Königin setzte sich in Versailles oder Fontainebleau an den Spieltisch, um Geld für ihre Armen zu gewinnen. Ludwig ließ ihr in dieser oder andrer Form Beträge zukommen. Die Trunksucht und das Wetten nahmen unter Flüchtlingen, die nicht mehr auf die Heimkehr hoffen konnten, erschreckend zu. An Spitzeln, die jedes Wort nach London berichteten, fehlte es nicht. Ludwig, der sparen mußte, setzte die Pension des Königspaares herab und zahlte manchmal mit Verzögerung.

Eine Schwester Arabella Churchills, der ehemaligen Geliebten Jakobs, die Herzogin von Tyrconnel, übergab einem gewissen Archbold von niederer Herkunft Silbergeschirr und Schmuck, um in Paris 5000 Livres darauf zu leihen. Archbold fügte auf der Vollmacht einige Zeilen hinzu, die ein Heiratsversprechen darstellten, und schrieb der Herzogin anstößige Briefe. Das war nicht der einzige Skandal, der die Gemüter in Saint-Germain aufregte.

Jakob mußte Lady, seine natürliche Tochter aus der Verbindung mit Catharina Sidley, die einen Waldgrave geheiratet hatte, ins Kloster schicken, weil sie »sich in einem Zustand befand, worin eine Witwe nicht sein darf«, und den Urheber nicht nennen wollte. Indessen heiratete sie ihn bald darauf und wurde Lady Galmoy. Sie knüpfte mit König Wilhelm an und ging wie die legitimen Töchter Jakobs zu seinem Todfeind über. Ihre Mutter haßte, seitdem sie verheiratet war, Jakob, obwohl er ihre Kinder gegen die Bitten Maria Beatrices anerkannt hatte.

Das Leben war für die Königin schwer geworden. Ihre Würde und gute Haltung litten nicht darunter. Ihre Ideen waren festgegründet, römisch und französisch orientiert. Das erlaubte ihr zwar, Jakob eine Stütze zu sein, nicht aber, ihn auf den Weg der Vorsicht und der Anpassung zu führen. Sie begriff so wenig wie er, daß der Katholizismus in England ausgespielt hatte.

7

Es war eine seltsame Zeit – es sei denn, daß man alle Zeiten seltsam findet. Jakobs erste Frau, Anna Hyde, war Protestantin gewesen und zum katholischen Glauben übergetreten. Er hatte nicht erlauben wollen, daß die Töchter aus dieser Ehe protestantisch konfirmiert würden, und nur dem Befehl Karls II. gehorcht. Er hatte Wilhelm von Oranien, der früh die Hoffnung aller Protestanten in Europa geworden war, gehaßt und ihm doch Maria zur Frau gegeben, wiederum auf Verlangen Karls, der zwar auch England katholisch machen wollte, aber es nach und nach zu überlisten gedachte.

Auch Ludwig XIV. hatte einmal mit Jakobs Tochter Maria gerechnet, für seinen Sohn. Heiratsfähige Töchter waren so wichtige Rechengrößen wie Mätressen. Wilhelm und Maria führten ihre Ehe im bürgerlichen Stil, mit persönlicher Neigung und persönlichem Vertrauen. Ihm war es nicht gegeben, Menschen zu gewinnen, in Maria muß man die Ausnahme sehn. Als Jakob den Vorstoß in Irland machte, hatte Wilhelm noch die meisten Parteien gegen sich. Maria glich aus, Maria wählte den Admiral, der die Seeschlacht bei La Hogue gewann.

Maria von Oranien, als Königin Maria II., war es auch, die den schwankenden John Churchill, um ihn von Jakob fernzuhalten, für eine Zeitlang in den Tower schickte. Den Titel eines Lord Marlborough verdankte er Jakob, dem er bei der Niederwerfung Monmouths geholfen hatte. Der bestechende Mann, ein Kavalier großen Stils, der freilich das Geld nahm, woher es kam, eine der ersten Ausformungen des Gentleman, der Bildung mit dem Sinn für Staatsgeschäfte verband, Churchill also hatte Jakobs andere Tochter Anna in der Hand, durch seine Gattin Sarah Jennings, die Ehrendame der Prinzessin. Vermögen hatte die schöne Sarah nicht mitgebracht, wohl aber Begabung für die Intrige und Herrschsucht.

Anna, die voraussichtliche Nachfolgerin Marias und Wilhelms, die kinderlos blieben, besaß keinen besondern Verstand. Die Schwangerschaften – im ganzen waren es dreizehn – beschäftigten sie vollauf. Den oranischen Schwager liebte sie nicht. Auf Befehl Marias mußte sie Lady Sarah entlassen, die in den Verdacht kam, zwischen ihr und Jakob zu vermitteln. Die an sich sanftere Maria war nun in den Augen Jakobs die herzlose, die heftigere Anna die bessere Tochter.

Das alles sei gestreift, einmal um zu belegen, daß es auch an diesem Hof bewegt zuging, sodann um zu zeigen, daß nach dem Tode Marias II. – Ende 1694 englischen, Anfang 1695 europäischen Stils – Jakob immer noch Aussichten hatte, den Thron wenn nicht für sich, so doch für seinen Sohn zu retten. Denn von den vielen Kindern Annas starb nur eines nicht vor dem zehnten Jahr. Und die Jahre Wilhelms, der an ihrer Stelle weiter regierte, waren ohne Zweifel gezählt.

England trauerte um Königin Maria, wie man es nur in diesem Lande versteht. Auf dem Kontinent legten die Hugenotten Schwarz an; Jakob verbot seinem Hof, das gleiche zu tun. Wilhelm erbaute ihr zum Gedenken dort, wo der Palast von Greenwich abgebrannt war, das große Hospital. Die englische Meinung, die dem Witwer nicht allzu günstig war, schlug um, als ein Attentat auf ihn gemacht werden sollte und durch die Anzeige eines irischen Katholiken an den Tag kam. Der englische Charakter, wie man ihn bis heute kennt, trat als vollzogene Tatsache auf.

Kehren wir nach Saint-Germain zurück. Graf Anthony Hamilton, ein katholischer Engländer, war Jakob ins Exil gefolgt, zusammen mit seiner Schwester, die einen Franzosen, den Grafen Philibert von Gramont, geheiratet hatte. Hamilton gehört der französischen Literatur an, er beschrieb die abenteuerlichen Lebensumstände dieses Schwagers in den ›Memoiren des Grafen von Hamilton‹, die eine Art Roman sind, und verfaßte Feengeschichten, Märchen, welche Gattung damals aufkam.

Wir erfahren von ihm, daß zu Saint-Germain die Hofdamen im Lauf der Jahre nicht jünger geworden waren und daß es ein stiller Ort zu werden begann. 1700 verheiratete Jakob noch seinen natürlichen Sohn, den Herzog von Albemarle, und führte in der Urkunde nicht nur die ihm zukommenden drei Königstitel, sondern auch den eines Königs von Frankreich an, nach einem Brauch, der auf die Zeiten der Jeanne d'Arc zurückging. Im September 1701 beendete Jakob sein Leben nach einem langen Todeskampf.

Ludwig XIV. ließ sich von Frau von Maintenon zu einem Schritt bewegen, der völlige Unkenntnis des englischen Charakters verriet. Er lernte bei dieser Gelegenheit, daß es bei dieser Nation etwas gab, was auf dem Festland fehlte, die öffentliche Meinung als Faktor, der in die Rechnung aufgenommen werden muß.

Ende 1700 war in Madrid der letzte spanische Habsburger, Karl II., gestorben. Die Frage, wer dieses Reich mit den ungeheuren Kolonien erben solle, hatte durch die Jahre die Höfe erregt und Ludwig sie durch den Einmarsch seines Enkels beantwortet, entgegen den mit Wilhelm getroffenen Verabredungen. Noch zögerte Wilhelm, der sich selbst dem Tode verfallen fühlte, an der Seite der österreichischen Habsburger ihm den Krieg zu erklären. Die City wollte Geschäfte machen und haßte neue Verwicklungen. Die Unlust änderte sich mit einem Schlage, als Ludwig dem sterbenden Jakob erklärte, daß er den Prinzen von Wales als Nachfolger und König anerkennen werde.

Jakob starb getröstet, aber England war nun eins mit Wilhelm, dem dieser Schimpf zugefügt worden war. England trat in den spanischen Erbfolgekrieg ein. Wilhelm, der ein paar Monate nach Jakob starb, erlebte die Kriegserklärung nicht mehr, wohl aber die endgültige Regelung der

Thronfolge, durch eine Akte, die zugunsten Sophies von Hannover und ihrer Söhne entschied. Sophie war, wenn Anna, nunmehr Königin, verschied, die letzte protestantische Stuartenkelin. 1700 war auch das letzte von Annas dreizehn Kindern hinweggerafft worden.

Jakob starb im Geruch der Heiligkeit. Als man den Körper öffnete, um die Todesursache festzustellen, tauchten die Wachen ihre Halsbinden und Taschentücher in sein Blut. Ein merkwürdiges Aktenbündel hat sich erhalten, Bescheinigungen von Priestern und Ärzten über eine Reihe Heilungen von Lupus, Krebs, Lähmungen, die sich ereigneten, wenn kranke Leute Haare des Königs auflegten oder ihn gar anriefen.

8

Kaum hatte er die Augen geschlossen, so trat der Wappenherold von Irland mit Trompetern an das Gitter des Alten Schlosses von Saint-Germain und rief auf Lateinisch, Französisch, Englisch den Kronprinzen als Jakob III. von England, Jakob VIII. von Schottland aus. Die erste Audienz erteilte der neue, dreizehnjährige König den Herren seines Hofes und dem Herzog von Berwick, seinem natürlichen Bruder.

Die Eingeweide Jakobs wurden auf zwei Kirchen verteilt, das Herz im Kloster von Chaillot beigesetzt. Den Sarg mit dem Körper wiederum stellte man in der Kapelle einer englischen Benediktinerkirche im Faubourg Saint-Jacques auf, um ihn bei der ersten günstigen Wendung nach England zu bringen. Aber er stand noch 1793 dort. Die Jakobiner, das Wort in einem andern, neuen Sinn gebraucht, erbrachen ihn, man brauchte Blei. Einer von ihnen erzählte später, die von Bändern gehaltene Mumie sei in so gutem Zustand gewesen, daß er vergeblich versucht habe, ihr einen der Zähne auszureißen, den ein mitgefangenes Mädchen begehrte. Auch die Augäpfel hätten sich nicht bewegen lassen. Die Mumie wurde in irgendein Kalkloch geworfen. Habent sua fata reges.

Maria Beatrice fand Trost in dem Gedanken, daß ihr zwei Kinder blieben. Luise Marie stand, als Jakob starb, im zehnten Jahr. Bei ihrer Geburt hatte er gemeint, nun besitze er eine Tochter, die nicht gegen den Vater gesündigt habe.

Nach englischer Mode zog man ihr schon im ersten Jahr ein Kleid, Schuhe und Strümpfe an. Sie erhielt eine sorgfältige Erziehung und wurde ein ernsthaftes Kind. Die Mutter nahm sie früh nach Chaillot mit, sie liebte dieses Kloster. Mit der ersten Kommunion schloß die Kindheit ab, die Zwölfjährige erschien nun am Hof von Versailles.

An Ludwig, Herzog von Burgund, dem Sohn des Dauphin, hingen alle Hoffnungen. Begabt, von Fénelon erzogen, plante er Reformen. 1704 war er zweiundzwanzig Jahre alt, Marie Adelheid von Savoyen, seine Frau, neunzehn. Der Hof des fast siebzigjährigen Königs und der Frau von Maintenon erlebte eine neue Jugend. Die Herzogin liebte das Tanzen so sehr, daß sie Karneval mit dem Oktober hätte beginnen lassen. Ludwig veranstaltete ihr zu Gefallen Fest auf Fest wie in den alten Zeiten, als er mit Maria oder Olympia Mancini Pantomimen tanzte. Jetzt waren die leichtblütigen Jahre der Prinzessin von England.

Sie wußte sehr früh, daß man das Gnadenbrot aß und daß der hohe Rang nicht mit den Mitteln, nicht mit den Aussichten in Einklang stand. Sie sparte sich vom Taschengeld die Almosen für die Armen der Kolonie ab. Und in Versailles gab es Schauspiele, Musik, Ballett, Lotterien, Maskenbälle und Kavaliere, die ihr huldigten, denn sie war ein schönes, schlankes Mädchen. Sie genoß diese Tage, als fühle sie, daß es ihr nicht beschieden sei, lange zu leben.

Wenn sie sich mit ihrem Bruder, dem knabenhaften König, in den Gassen von Paris zeigte, war sie den Leuten ein Wohlgefallen und wurde begrüßt, als wäre sie eine französische Prinzessin. In der Tat, sie hatte nie etwas anderes als Frankreich gesehn. Der etwas zu schmale junge Mann neben ihr zeigte dasselbe langgestreckte Gesicht. Die Ähnlichkeit war so groß, daß das Gerede, Jakob Eduard sei ein untergeschobenes Kind, verstummen mußte.

Die frommen Nonnen von Chaillot fürchteten, Luise Marie könne in all dem Glanz von Versailles den Kopf verlieren. Es war dafür gesorgt, daß sie nicht wie andere Mädchen ihres Alters übermütig wurde. Der Mutter ging es nicht gut. Im Verlauf des Jahres 1705 vermuteten die Ärzte, daß sie Brustkrebs habe. Luise Marie pflegte die Mutter und begleitete sie öfter als je nach Chaillot, wo die Königin am liebsten ganz geblieben wäre.

Dieses Chaillot spielt in der Geschichte des höfischen Katholizismus eine gewisse Rolle. Zuerst war es ein von Katharina von Medici erbautes Schloß, der Hügel lag damals außerhalb der Pariser Wälle. Zur Zeit der Fronde machte Henriette von England, die eine geborene Henriette von Frankreich war, ein Kloster für aristokratische Damen daraus. Die Nonnen gehörten dem Orden von der Heimsuchung Mariä an, im Volk hießen sie die Marientöchter. Fräulein von La Vallière zog sich bei ihrem ersten Zerwürfnis mit Ludwig XIV. dahin zurück. Bossuet legte hier den Grund zu seinem Ruhm als Kanzelprediger, der Hof erschien oft, um ihm zuzuhören.

Die Herzogin von Burgund fuhr zum Kloster, um mit Luise Marie spazierenzugehn und bei Lauzun zu frühstücken. Lauzun hatte mit zweiundsechzig eine Sechzehnjährige geheiratet; inzwischen waren beide zehn Jahre älter geworden. Die Herzogin von Burgund brachte auch ein Jagdkostüm für Luise Marie mit, die so arm war, daß sie keines besaß. Nicht einmal ein eigenes Pferd hatte die Schwester des legitimen Königs von England.

Einem Hasen nachsetzend, stürzte sie und brach sich die Nase. Ihre erste Frage, als sie aufsprang, war, ob er erlegt sei. Sie war ein Wildfang, der dann wieder, als habe er die Weisheit Senecas studiert, schreiben konnte: »Wer wie ich in der Not geboren ist, findet sich leichter mit ihr ab als die andern, und wenn ihm die schönsten Jahre seines Lebens leid tun, bleibt ihm ein Trost: er darf hoffen.«

9

Die Herzogin von Burgund wollte ihren zweiten Schwager, den Herzog von Berry, mit Luise Marie verheiraten. Aber die Wahl fiel auf eine Enkelin Liselottes. Maria Beatrice und Frau von Maintenon hatten sich jede Mühe gegeben, um die Verbindung mit diesem Enkel des Königs von Frankreich zustandezubringen, die Staats- oder Familienräson bestimmte es anders. Das war 1710. Ein Jahr später starb der Dauphin. Thronfolger war nun sein Sohn, der Herzog von Burgund.

Wieder ein Jahr danach, im Feburar 1712, rafften die Blattern nicht nur ihn, sondern auch seine Frau hinweg. Es war ein fürchterlicher Schlag für Ludwig XIV., dessen Sache auch im Feld zum Verzweifeln stand. Als Dauphin blieb sein Urenkel zurück, ein Kind, das eines Tages Ludwig XV. wurde.

Die Blattern wüteten in ganz Europa. Der junge Kaiser Joseph erlag der Krankheit, die eine Kriegsseuche war. Im April legte sie die Hand auf ein Mädchen, das gerade seine zwanzigjährige Schönheit vor dem Spiegel schmückte. Es war Luise Marie. Am nächsten Tage schon legte sie die Generalbeichte ab. Die Ärzte ließen sie am Fuß zur Ader und reichten weißen Mohn als Schlafmittel. Nach einem Fieber von acht Tagen verschied sie. Der Sarg kam zu dem des Vaters in jene Kapelle des Faubourg Saint-Jacques und wartete gleich ihm auf die Stunde, die der Überführung nach England günstig sei. Achtzig Jahre später stand er noch dort, wie berichtet. Auch Luise Maries letzte Reste lösten sich in einer Kalkgrube auf.

Seit Januar verhandelte man in Paris den Frieden, der dann in Utrecht unterzeichnet wurde. Ludwig XIV. mußte sich darin verpflichten, Jakob III. fallen zu lassen und aus Frankreich auszuweisen. Unter diesen Umständen verbot sich sogar, eine Leichenfeier für Luise Marie Stuart zu veranstalten. Ein belangloses Ereignis, und doch eine große Demütigung des Königs, der mit Frau von Maintenon beim Tod des liebenswerten Mädchens geweint hatte.

Jakob III. war, was man einen verständigen jungen Mann nennt. Die strenge und etwas enge Erziehung durch Maria Beatrice hatte ihm die Eigenwilligkeit genommen, im guten wie im schlechten Sinn. Fénelon lobte an ihm, daß er nicht den Launen, sondern der Vernunft folge, und ermahnte ihn, nie den Glauben seiner Untertanen anzutasten. Dazu war Jakob bereit, vorausgesetzt, daß man ihm den seinen ließ.

Voltaire, der damals heranwuchs und Umgang mit Engländern hatte, versichert, Königin Anna von England, die alte Schwester des so jungen Mannes, habe ihren Nachfolger Georg von Hannover verabscheut und mit Jakob verhandelt, um doch noch ihn auf den Thron zu bringen – alles sei an der Weigerung, den Glauben zu wechseln, gescheitert. Das Haus Stuart ist an seiner Treue zum Katholizismus zugrunde gegangen.

Ein Versuch von 1707, auf französischen Schiffen in

Schottland, das ungern nichts weiter als eine englische Provinz geworden war, zu landen, mißlang. Königin Anna verbot, die schottischen Anhänger Jakobs zu verfolgen, und gewann damit das Volk. An Stelle der bisherigen Personalunion trat nun die Gemeinsamkeit des Parlaments. Jakob kehrte bedrückt nach Saint-Germain zurück. Ludwig behandelte ihn nach wie vor als Souverän. Er setzte sich nicht, solange der König von England tanzte.

Jakob tat Dienst an der flandrischen Front, nahm an der Schlacht bei Malplaquet teil, die von Marlborough – jetzt Herzog – und Prinz Eugen gewonnen wurde und die Ludwig in die Knie zwang. Nur der Sturz des Whigministeriums und die Abberufung Marlboroughs retteten ihn. Jakob nannte sich als französischer Soldat erstmalig Chevalier von Saint-Georges. Außer Frankreich erkannten ihn nur der Papst, Spanien und Modena an.

Als der Friede von Utrecht ihn in den Stand eines Prätendenten zurückstieß, schied er in Freundschaft von Ludwig XIV. Er begab sich zunächst an den Hof des in Bar regierenden Herzogs von Lothringen. 1714 starb Königin Anna, und Georg übersiedelte von Hannover nach England, der Sprache unkundig und unlustig, seinen neuen Untertanen und seinem eigenen Sohn eine Abneigung. Bis zuletzt hatte Anna die Nachfolge Jakobs im Auge behalten. Ihr Minister Bolingbroke war in die Angelegenheit verwickelt. Er mußte Georg weichen und ging nach Saint-Germain, zu den letzten Stuartanhängern.

Jakob machte einen neuen Versuch, seine Rechte zu verteidigen. Nach Liselotte hatte er einmal Lord Douglas gefragt: »Was kann ich tun, um die Sympathie meiner Nation zu erlangen?« und die Antwort erhalten: »Schiffen Sie sich ein, nehmen Sie zwölf Jesuiten mit, und lassen Sie die bei der Landung öffentlich hängen, dann haben Sie England für sich.« Jakob befolgte nur die Hälfte des drastischen Vorschlags, er landete im Dezember 1715, zog als König in Aberdeen und Dundee ein und schlug seinen Hof in Scone auf.

Die jakobitischen Damen opferten ihre Steine als Schmuck für die neue Krone. Drei Wochen später drängte ihn der Herzog von Argyll aus Schottland heraus. Jakob III. kehrte als Chevalier von Saint-Georges nach Saint-Germain zurück. Ludwig XIV. lebte nicht mehr. Der Regent von Orléans befahl Jakob, wieder nach Lothringen zu gehn. Berwick hatte abgelehnt, die Armee des Bruders zu führen. Er war Franzose, Feldherr, Marschall geworden. Anno 34 fiel er vor Philippsburg, das der alte Prinz Eugen nicht halten konnte – der junge Friedrich von Preußen war als Zuschauer dabei.

Statt nach Bar begab sich Jakob nach dem päpstlichen Avignon und traf dort von seinen Anhängern die, denen es gelungen war, aus Schottland zu fliehn. Die andern büßten den Aufstand mit dem Leben, ein paar Hochlandballaden erinnern daran. Saint-Germain wiederum füllte sich mit flüchtigen Frauen und Kindern, denen Maria Beatrice nicht helfen konnte.

Die Tochter tot, der Sohn endgültig ein heimatloser Prätendent, sie selbst eine alte kranke Frau, die auch die letzte Freundin, Françoise von Maintenon, jeden Tag verlieren konnte – was blieb? Nur noch die Tröstungen der Religion. Drüben in Deutschland trugen ihr Leid ebenso demütig zwei Frauen, deren Schicksal mit ihrem eigenen verknüpft war, Eleonore von Celle und ihre Tochter Sophie Dorothee, die jetzt Königin von England hätte sein können, wenn sie von dem unversöhnlichen Georg nicht verstoßen worden wäre.

10

Auf einer grünenden Höhe bei und neuerdings in Paris lag das Kloster de la Visitation. In den Jahren nach dem Tode der Tochter wohnte Maria Beatrice fast immer darin. Die Nonnen zeichneten jedes ihrer Worte auf, doch sind nur ein paar Jahre erhalten.

Die Pension Ludwigs nahm sie so wenig wie möglich in Anspruch. Geschenke waren ihr unerwünscht, da sie selbst nichts geben konnte. Für Menschen, die aus der Regel fielen, hatte sie wenig Verständnis. Ein Jahrhundert später hätte man von ihr sagen können, daß sie das Romantische ablehne und eine klassische Natur habe. Das Protestantische berührte diese Frau trotz der fünfzehn Jahre, die sie in England verbracht hatte, nie. Die Selbstbeschränkung macht sie so geschlossen.

1716 einigte sich der Regent mit Georg von England auf

einen Vertrag, der in Hannover unterzeichnet wurde und unter anderem die Bestimmung enthielt, daß Jakob, der Prätendent, mit Waffengewalt aus Avignon zu entfernen sei, wenn er es nicht freiwillig verlasse; auch Lothringen komme für ihn nicht mehr in Betracht, nur noch der Kirchenstaat. Um nachzuhelfen, ließ der Regent die Mutter Jakobs auf die Pension warten.

Der Chevalier von Saint-Georges schlug seinen Wohnsitz in Urbino auf. Seine Mutter gab den letzten Heller für die Jakobiten von Saint-Germain aus. Das Elend unter diesen Verbannten war groß. Der Wappenherold bezog achtzehn Livres im Monat.

Als es anno 1718 Mai wurde, starb Maria Beatrice im Alten Schloß. Niemand als ihr Beichtvater war zugegen. Die Beisetzung erfolgte im Kloster Chaillot. Liselotte schrieb zwar, alles Unglück der Königin sei aus ihrer maßlosen Devotion gekommen, fand aber im übrigen Worte, die bei ihr selten sind: Maria Beatrice habe immer abgelehnt, über irgend jemand etwas Schlechtes zu sagen, und wie eine Heilige gelebt. Im nächsten Jahr endeten auch die Tage der Frau von Maintenon.

Der Chevalier von Saint-Georges heiratete eine Tochter Sobieskis. Sie gebar ihm 1720 seinen ersten Sohn, Karl Eduard. Karl Eduard, ein glänzender Kavalier, machte 1745, als Frankreich und England wieder im Kriege lagen, den letzten Versuch, die Krone für das Haus Stuart zurückzugewinnen. Er landete in Schottland, sah sich geschlagen und allem Widerstand zum Trotz durch den Frieden von Aachen aus Frankreich ausgewiesen, verfiel dem Trunk und heiratete in reifen Jahren die junge Prinzessin von Stolberg aus der Linie Gedern, die ihn verließ. Als Gräfin von Albany erlebte sie in Florenz den Liebesroman mit dem Dichter Alfieri.

Der Bruder Karl Eduards starb 1807, und die männliche Hauptlinie der Stuart erlosch. Seitenlinien blühten weiter; noch im neunzehnten Jahrhundert wallfahrteten viele Schotten oder Iren nach Saint-Germain. Als man 1824 dort die Kirche ausbesserte, wurden drei Bleikästen gefunden, deren einer die Inschrift trug: »Hier ist ein Stück des Fleisches und der edlen Teile des sehr hohen ... Fürsten Jakob Stuart, des zweiten seines Namens.«

Die beiden andern Kästen dürften Reste Maria Beatrices

und Luise Maries enthalten. Georg IV. von England, der vorletzte König aus dem Hause Hannover, ließ damals Jakob II. in einer Kapelle der Kirche von Saint-Germain ein Denkmal errichten, nachdem schon auf seine Veranlassung Canova ein Mausoleum im Vatikan gebaut hatte, das den zerstreuten Stuartpapieren als Archiv dient.

Die Zeit löscht allen Haß aus, und die Erinnerung führt zusammen, was sich in der Wirklichkeit feindlich getrennt hatte.

Einige Stammbäume

I
STUART – PFALZ – HANNOVER

Maria Stuart † 1587
G: Lord Darnley

Jakob I. † 1625

Elisabeth † 1662
G: Friedrich V. von der Pfalz

Karl I. † 1649
G: Henriette von Frankreich † 1669

Karl Ludwig
v. d. Pfalz
† 1680

Sophie † 1714
G: Ernst August v. Lüneburg † 1698

Karl II. † 1685

Jakob II. † 1701
1. G: Anna Hyde † 1671
2. G: Maria Beatrice v. Este † 1718

Liselotte † 1722
G: Philipp
v. Orléans

Georg Kurfürst
v. Hannover u.
König v. England † 1727

1
Maria II. † 1694
G: Wilhelm
v. Oranien

1
Anna I. † 1714
G: Georg
v. Dänemark

2
Jakob Eduard
† 1766

2
Luise Marie
† 1712

Karl Eduard
† 1788

Heinrich † 1807,
letzter Stuart

II

DIE GESCHWISTER GASTONS VON ORLÉANS

Heinrich IV. † 1610
G: Maria v. Medici

Ludwig XIII. † 1643 G: Anna v. Spanien † 1666	Elisabeth G: Philipp IV. v. Spanien	Christine G: Viktor Amadeus I. v. Savoyen	Gaston v. Orléans † 1660 siehe IV	Henriette † 1669 G: Karl I. v. England
Ludwig XIV.; Philipp v. Orléans siehe III	Maria Theresia G: Ludwig XIV.	Karl Emanuel II.; Margarete † 1663; Adelheid † 1676		Henriette † 1670 G: Philipp v. Orléans
		Viktor Amadeus II. (Sohn von Karl Emanuel II.); Maria Anna G: Dauphin (Tochter von Adelheid)		

III
LUDWIG XIV. UND PHILIPP VON ORLÉANS

- Heinrich IV. † 1610
  G: Maria v. Medici
  - Ludwig XIII. † 1643
    - Ludwig XIV. † 1715
      G: Maria Theresia v. Spanien
      † 1683
      - Ludwig, Dauphin
        1661–1711
        G: Maria Anna
        v. Bayern † 1690
        - Ludwig, Herzog
          v. Burgund
          † 1712
          G: Maria Adelheid v. Savoyen
          † 1712
          - Ludwig XV.
        - Philipp
          v. Anjou
          - Linie Parma und Spanien
            besteht noch heute
        - Karl
          v. Berry
    - Philipp v. Orléans † 1701
      1. G: Henriette v. England † 1670
      2. G: Liselotte v. d. Pfalz † 1722
      - 1 Marie Luise † 1689
        G: Karl II. v. Spanien
      - 1 Anna Maria † 1728
        G: Viktor Amadeus II. v. Savoyen
        - Marie Adelheid
          † 1712
          G: Herzog v.
          Burgund
      - 2 Philipp v. Chartres,
        der Regent † 1723
        G: Françoise
        v. Blois
        - Linie Orléans
          besteht noch heute
      - 2 Elisabeth Charlotte † 1744
        G: Leopold
        v. Lothringen
        - Franz I., Deutscher
          Kaiser † 1745
          G: Maria Theresia
  - Gaston v. Orléans † 1660

IV

DAS ÄLTERE HAUS ORLÉANS

Gaston von Orléans 1608–1660

1. G: Maria von Bourbon, Herzogin von Montpensier † 1627

2. G: Margarete von Lothringen † 1672

1	2	2	2
Grande Mademoiselle 1627–1693	Margarete 1645–1721 G: Cosimo v. Toskana	Isabella 1646–1696 G: Herzog v. Guise	Franziska 1648–1666 G: Karl Emanuel II. v. Savoyen

Ferdinand 1663–1713 G: Yolanthe v. Bayern	Anna Luisa 1667–1743 G: Johann Wilhelm v. d. Pfalz	Gian Gastone 1671–1737, letzter Medici G: AnnaMaria v. Lauenburg

V

DIE KINDER LUDWIGS XIV.

Gattinnen: 1. Maria Theresia von Spanien † 1683, 6 Kinder

2. Françoise von Maintenon † 1719, keine Kinder

Mätressen: 3. Luise von La Vallière † 1702, 4 Kinder

4. Françoise von Montespan † 1705, 7 Kinder

1	3	4	4
Ludwig, Dauphin 1661–1710 G: Maria Anna v. Bayern † 1690	Maria Anna 1666–1690 G: Prinz v. Conti	Ludwig, Herzog v. Maine, geb. 1670 G: Luise Benedikta v. Condé	Françoise v. Blois geb. 1681 G: Philipp v. Chartres

Ludwig, Herzog v. Burgund 1682–1711 G: Maria Adelheid v. Savoyen † 1711

Ludwig v. d. Bretagne, geb. 1707 = Ludwig XV.

VI

SAVOYEN UND SOISSONS

Karl Emanuel I. von Savoyen † 1630

Viktor Amadeus I. † 1637 G: Christine v. Frankreich † 1663			Thomas von Carignano † 1656 G: Maria v. Bourbon (Soissons)
Karl Emanuel II. † 1675 G: Françoise v. Orléans † 1664	Margarete 1635–1663 G: Parma	Adelheid † 1676 G: Ferdinand Maria, Kurfürst von Bayern	Eugen Moritz v. Carignano, Graf v. Soissons G: Olympia Mancini
Viktor Amadeus II. † 1732 G: Anna Maria v. Orléans	Max Emanuel, Kurfürst von Bayern	Maria Anna 1660–1690 G: Dauphin	Prinz Eugen und sechs andere Kinder
Maria Adelheid 1685–1712 G: Herzog v. Burgund		Herzog v. Burgund	Vom Schwager Olympia Mancinis stammt die heutige italienische Dynastie
Ludwig XV.		Ludwig XV.	

VII

DIE LETZTEN PFALZ-SIMMERN

Friedrich V. † 1632, der Winterkönig von 1619–1620

G: Elisabeth Stuart, Tochter Jakobs I. † 1662

Elisabeth, Äbtissin v. Herford † 1680	Ruprecht der Kavalier † 1682	Luise Hollandine, Äbtissin v. Maubuisson	Eduard G: Anna v. Gonzaga-Nevers † 1684	Karl Ludwig Kurfürst † 1680 G: Charlotte v. Hessen	Sophie † 1714 G: Ernst August v. Lüneburg, zuletzt Kurfürst v. Hannover

	Luise v. Salm	Anna v. Condé	Benedikta G: Johann Friedrich v. Hannover	Liselotte G: Philipp v. Orléans	siehe VIII

VIII

LÜNEBURG – CELLE – HANNOVER – England – Preußen

Georg von Lüneburg zu Calenberg † 1641
G: Anna Eleonore von Darmstadt

Christian von Celle † 1665	Georg Wilhelm von Celle † 1705 G: Eleonore v. Olbreuse † 1726	Johann Friedrich von Hannover † 1679 G: Benedikte v. d. Pfalz	Ernst August † 1698, Bischof v. Osnabrück, Kurfürst v. Hannover G: Sophie v. d. Pfalz	
	Sophie Dorothee v. Celle † 1726, die Prinzessin v. Ahlden G: Georg v. Hannover und England	Amalie † 1742 G: Kaiser Joseph I.	Georg I. v. England † 1727 G: Sophie Dorothee v. Celle	Sophie Charlotte † 1705 G: Friedrich I. v. Preußen † 1713
	Georg II. v. England	Georg II. v. England	Sophie Dorothee † 1757	Friedrich Wilhelm I. v. Preußen † 1740
			Friedrich der Große	

LITERATUR

Amédée Renée: ›Les nièces de Mazarin‹ (3. vermehrte Auflage 1857).

R. Chantelauze: ›Louis XIV et Marie Mancini‹ (1880).

Etienne Huyard: ›Les premières amours du Grand Roi‹ (1937).

Fr. Funck-Brentano: ›Le drame des poisons‹ (1935).

Saint-Évremond: ›Schriften und Briefe des Herrn von Saint-Évremond und die Memoiren der Herzogin von Mazarin.‹ Deutsch von K. Federn. 2 Bände 1912.

E. Rodonachi: ›Les infortunes d'une petite-fille d'Henri IV, Marguerite d' Orléans‹ (1901 oder später).

Guy de la Batut: ›La cour de Monsieur‹ (1927).

Marthe Bassenne: ›Le Chevalier de Lorraine et la mort de Madame‹ (1930).

Madelaine D'Ernemont: ›Jeanne-Marguerite de Montmorency‹ (1927).

Liselotte: ›Briefe der Prinzessin Elisabeth Charlotte von Orléans an die Raugräfin Louise.‹ Herausgegeben von W. Menzel (1843).

Michael Strich: ›Liselotte und Ludwig XIV.‹ (1912).

Horric de Beaucaire: ›Die letzte Herzogin von Celle, Eleonore d'Olbreuse.‹ Deutsch von Emmo Grote (1886).

Sophie von Hannover: ›Memoiren der Kurfürstin Sophie von Hannover. Publikationen aus den Kgl. Preußischen Staatsarchiven IV.‹ (1879).

G. Du Boscq de Beaumont et M. Bernos: ›La cour des Stuarts à Saint-Germain-en-Laye 1689-1718.‹ (3. Auflage 1912).

F. Aussaresses et H. Gauthier-Villars: ›La vie privée d'un prince allemand au XVIIe siècle. l'Electeur palatin Charles Louis‹ (1926).

Johann Hübner: ›Drey hundert drey und dreißig Genealogische Tabellen‹ (1708).

Ferner die Memoiren der Zeit.

BILDER